金城出版社
GOLD WALL PRESS

图书在版编目（CIP）数据

心理学统治世界.3，战争篇：理性操控 /（法）勒庞著；张晓宁译．
—北京：金城出版社，2013.8（2020.8 重印）
ISBN 978-7-5155-0810-8

Ⅰ．①心… Ⅱ．①勒… ②张… Ⅲ．①政治心理学—通俗读物
Ⅳ．① D0-49

中国版本图书馆 CIP 数据核字（2013）第 189148 号

心理学统治世界.3，战争篇：理性操控

作　　者	[法] 勒庞
译　　者	张晓宁
责任编辑	张礼文
文案编辑	尹　晶
开　　本	710 毫米 × 1000 毫米　1/16
印　　张	22
字　　数	250 千字
版　　次	2013 年 8 月第 1 版
印　　次	2021年 2 月第 3 次印刷
印　　刷	三河市腾飞印务有限公司
书　　号	ISBN 978-7-5155-0810-8
定　　价	49.80 元

出版发行	**金城出版社** 北京市朝阳区利泽东二路3号 邮编：100012
发 行 部	（010）84254364
编 辑 部	（010）64228516
总 编 室	（010）64228516
网　　址	http://www.jccb.com.cn
电子邮箱	jinchengchuban@163.com
法律顾问	北京市安理律师事务所（电话）18911105819

目录
CONTENTS

卷三
战争的远因

卷四
战争的近因

目 录
CONTENTS

卷五
战争涉及的心理因素

卷六
德军在战争中运用的心理战术

卷七

战争中的未知变量

结 语

序言
两条战线上的战争

古斯塔夫·勒庞的《战争心理学》成书于1915年之秋。当此之时，法国已卷入第一次世界大战，渐已习惯战争特有的负担、节奏与艰辛。无论是平民还是士兵，都进入了斯多葛主义那种屈从现实与放任自流的状态：一时满怀希望迎接胜利，一时坐看战争苦难持续。尽管法国还在盼望下一轮“大推进”将带来胜利与和平，但在1915年的秋天，局势已很明朗：战争至少还得持续一个冬天。9月下旬，法军在香槟战区发起新一轮攻势，却和阿图瓦与弗兰德斯的春季攻势一样，未能打破西线的僵局，年内结束战争的希望化为泡影。尽管如此，香槟攻势失利的苦涩与失落并没有动摇法国人的信念：为夺取最终胜利，法国将不计代价、继续战斗。士兵们要奋战到底，平民们要出于道德义务为祖国奉献力量，知识精英与道德权威们也要担当起引领全民的特殊使命，为法国参战寻找合理解释。勒庞撰写《战争心理学》正是基于以上背景。

在开战的头几个月内，法国的学者与作家们纷纷加入笔者谓之为“知识动员”的宣传活动，在国内外出版刊物并进行公共演讲。在国际舆论战场上，他们与德国人展开激烈交锋，驳斥德国人对战争不负有责任的主张；在对国内及中立国的宣传中，他们也详尽论述了法国为何必须战斗并将继续战斗，直至获取最终胜利。

在以上活动中，法国人发现了两个问题，并纷纷给予了极大关注。第一个问题有关德国学者们在开战头几周内的奇怪表现：为什么93名最杰出的德国学者公然违抗众所周知的事实，抛出一份颠倒黑白的宣言？这分明与他们客观、公正的学术作风大相径庭。在这份臭名昭著的《93宣言》中，德国学者们全盘否认了德国的一切罪行：蓄意挑起战争、侵犯比利时中立地位、残害无辜平民、违反国际法、故意无视既定公约。这彻头彻尾的谎言激怒了法国的知识分子，他们决心列出所有罪证，让一切针对德国的指控都变得不容辩驳。

《93宣言》引起法国知识界思考：是什么原因促使这些世界知名的德国学者背弃学术声名，抛弃真理，转而捍卫谎言。与此同时，法国人还发现了第二个问题：在香槟攻势失败后，法军处于空前的不利地位，却体现出坚忍不拔的意志与非凡的决心，这又该如何解释？第一个问题使人警觉，第二个问题则令人敬畏。德国学者在战争动员下发表《93宣言》的行径为人不齿，法军面对战争的表现出人意料，二者却同样发人深省。

对于以上问题，古斯塔夫·勒庞在《战争心理学》中给出了答案，这些答案都基于一些他在已有著作中充分阐述的原则。他写这本书的目的看来并非为加入本来就已是众说纷纭的公共讨论，而是要改变这种讨论的性质，利用心理学规律更充分有力地解释德国学术界何以如此癫狂、法国人何以如此充满斗志。勒庞坚信只有心理学才能揭开集体行为的谜团，因此否定了所有现存解释，认为它们不准确、没有说服力，没能认识到“那种感性、神秘、共同的力量”在政治家、知名学者和普通士兵的集体行为中所扮演的决定性角色。《战争心理学》一书引入了心理学原则，以弥补以上提及的不足，同时也捍卫了勒庞本身的学术地位——当时他在某种程度上被边缘化了，直至1914年，占据学界主导地位的都是笛卡尔主义与新康德理性主义学派。

勒庞一直力图在作品中宣介，集体行为是非理性（但是真实的）力量的产物，这对当时统领法国学术与教育界并限制勒庞学术成就的理性主义思维构成了挑战。在第三共和国时期，一名学者若要成就学术名誉，就要在巴黎大学获取一席教职，或是获准加入法兰西学院的五个学院之一。在这两条前进道路上，勒庞都持续地、反复地受到阻遏。他不仅不能在巴黎大学或是巴黎任何一所与之相当的教育机构获得教职，也没能被选入法兰西科学院。他逐渐开始厌恶这种被学界放逐与边缘化的处境，被迫加入法国知识界的大讨论中。因此，《战争心理学》不仅针对国外敌对势力，也是对国内知识界主导思想与个别人士的反驳。

乍一看来，与“一战”期间法国学者们写作并出版的许多文章和书籍相比，《战争心理学》并无特殊之处。在此书中，勒庞每每不留情面地将德国人称作禽兽，这或许比同类作品更加露骨地流露出反德倾向，但也不算太突出。说到底，反德在当时是法国学术界的流行趋势，勒庞只是在书中采取了更多形式，并用更多论据抨击德国人。与许多其他同处“一战”时期的作家一样，勒庞肯定了德国应对战争爆发负有责任，谴责了德国的战争暴行，批评德国学者软弱且毫无原则，并刻画了德国人在服从政府权威时体现的奴性和在欺凌弱小时暴露的残暴。勒庞指出，普鲁士利用自己的大学、历史学家、哲学家和爱国社团，加速了德国军事化进程。法国人的著作普遍指出，“一战”的起源在很大程度上是由于普鲁士王国寻求在德国全境和欧洲大陆占据主导地位。

此外，勒庞在书中还提出一些观点：德国的科学在 1914 年之前备受全世界尊崇，实际上却多为派生与模仿；德国的教育无论如何严谨苛刻，都缺少反思。勒庞坚称，这是由于德国更加注重小节而缺乏全局观念。帮助德国在全球工业和技术制造领域占据领先地位的不是智力，而是“组织性”——这在现代世界非常有用，也促成了现代德国的大量成功，但并不值得赞扬。

因此，尽管《战争心理学》一书中某些论点似乎与法国其他学者一致，分析过程却大为不同。该书就一些学术界普遍认同的观点提出质疑，而不是一味赞同。如果认真研读，读者便会发现勒庞并不认为德国在 1914 年是有意识地发起战争，并不认同战争是理性计算的产物，也不认为是德国哲学催生了泛德主义的扩张主义意识形态。同时，他与许多法国评论家一样，认为德国确实对比利时和法国平民犯下暴行，并从中立信息来源搜寻了许多证据来佐证这一观点。解释德国知识分子们的集体谎言时，勒庞敦促读者考虑到“心理传染”在此种情境中的恶性影响。

在战争初年，多数法国学者都认为，德国宣战是由于其坚信自己有权利统治欧洲。领土扩张主义和自负情绪持续发酵，最终驱使德国不断推进前线并压迫邻国。在解释德国为何将 1914 年的巴尔干冲突转化为世界大战时，诸如加布里埃尔·阿诺托（Gabriel Hanotaux）、吕西安·莱维 – 布吕尔（Lucien Levy–Bruhl）和夏尔·安德勒（Charles Andler）等法国学者都强调了泛德主义意识形态的决定性影响。

其他学者认为，德国的侵略性并非来自近期的历史，而来自至少一个世纪前黑格尔和费希特的哲学传统。如果将战争归罪于泛德主义及其政治盟友的投机主义，显然存在问题，因为这种解释根本没有深究泛德主义的渊源。拉维斯（Ernest Lavisse）、布特鲁（Emile Boutroux）和许多其他法国学者认为，费希特和黑格尔可被视作泛德主义的创始人，而泛德主义应为德国的侵略负责。因此，费希特和黑格尔应对 1914 年战争的爆发负责，德国军国主义的根源来自其哲学传统。

勒庞认为以上观点既没有充分理由，也不具有说服力。尽管他认同德国应对战争负责，却否认德国在 1914 年 8 月确实希望发动战争。他承认曾由于爱国主义冲动“和法国多数人一样认为德国在找借口向我们开战”，但是出于对现有证据的尊重，他对此予以重新检视。当他更认真地研究这些资料时，“脑子里突然灵光一现得出这一结论：尽管德国导致战争最终不可避免，在战争真正爆发时德国却并不希望如此。”勒庞尽管知道在就这一点的看法上自己是少数，却毫不犹豫地指正索邦大学的教授们关于德国有意挑起战争的说法。对此他自己也观察到：“有很长一段时间，我认为我是法国唯一持此观点的，直到最近我看了巴希（Victor Basch）的作品，才得知他也持同样观点。”

若要相信德国利用了 1914 年危机并故意挑起世界大战，就必须相信德国的行为完全出于理性计算。勒庞将这种看法斥为“现代最具灾难性的错误之一”。事实上，如果德国真是理性的，就将与邻国和睦共处。因为如果理性权衡，很快就会发现这种方式能够最好地服务于德国的经济与政治利益。因此，参战的决定违背理性，因为德国不仅失去了之前的市场，还驱使先前习惯其存在的民族转而起身反抗。勒庞认为德国或许可能出于理性而停止战争，因此得出结论：德国的动机完全未经深思，而且相当不理性，完全不是索邦的学者们所认为的那样。

此外，勒庞还对认为德国的侵略根本源自德国唯心主义哲学的观点提出质疑。如已浏览过《战争心理学》一书，读者便会发现勒庞在其中提出这一观点：他确实也在从黑格尔开始的德国传统哲学中找到了能够证明军国主义和侵略扩张主义正当性的内容，但经过一番分析，他最终并不认为德国的军国主义应该归咎于哲学（无论是黑格尔的还是他人的）。他认为黑格尔哲学是德国侵略精神的症状，而不是原因，在对军事力量的推崇中，德国哲学家们仅仅是在学术上为德国已经确立的军国主义倾向寻求正当性。勒庞写道：“哲学家们承担起为这些理论构建理性基础的任务，因为历史早已显示这些理论是非常有用的。”他在提及黑格尔和尼采时，承认他们确实“激起了国人最不切实际的期许，尤其是那些征服、屠杀和掠夺的天性”，但是他们这样做仅仅因为“如果不能支配这些天性，就只好予以赞美”。在勒庞的分析中，思想并不产生行为，与此相反，行为来自“天性”，然后促进思想的发展。哲学或许在德国军国主义的出现中发挥了一定作用，却不是优先的和主要的原因。

如果理性计算和狂妄哲学都不足以导致德国在 1914 年的侵略行为，那么合理的解释在哪里呢？勒庞认为，战争并不是“任何一国刻意计算的结果——甚至不是德国，而是人类激情与情感超越理性计算的力量体现”，只有心理学理论——尤其是那些已在其先前著作中提及的理论——足以解释战争的起因和特征。他尤其援用了集体行为的三大基本准则：人的行为更受情绪推动，而不是理性计算；非理性和集体冲动强于理性和个人冲动；神秘主义信仰比理性思想更为强大。确实，“神秘主义和理性……各属完全无关的领域，因为神秘主义信仰是由于暗示或心理传染，却从来不是来自推理”。因此，要解释人类行为，尤其是国家在战争时期的行为，如果仅仅依靠理性，便会误解人们动机的本质。勒庞更倾向于在“情感的、集体的、神秘主义的力量”中寻求将欧洲拖入战争的解释。

勒庞意识到所有国家都在某种程度上参与导致“一战”的爆发，因此沉痛地指出情感因素对每一个参战国都构成了影响。某些国家是由于荣誉、职责或骄傲，另一些是由于种族仇恨、自负和野心膨胀。例如，英国奋起保卫比利时并不是出于经济利益，而是出于道德义务；法国则是认为有必要捍卫国际条约并捍卫受到侵害的东欧盟国。与此相反，德、奥两国却并不是出于如此高尚的情感因素：奥地利是出于对塞尔维亚的深刻仇恨，德国则是出于对自身命运的非理性信仰。无论如何，理性在任何国家的权衡中都不占据任何地位。

导致七月冲突转化为欧洲战争的并不是理性，而是各国在心理上的短视。在一系列外交交锋中，各国都暴露出心理洞察力的不足。例如，德国和奥地利没能看到将驱使俄国保卫塞尔维亚的心理因素，即便参战完全有悖于俄国的根本利益。德、奥两国还误判英国将对比利时中立地位的破坏袖手旁观，但是英国做出的反应不是出于经济利益，而是出于荣誉。勒庞认为，德国最糟糕的误判便是没能预见英国全民对荣誉和尊严的重视。

尽管情感力量和心理误判使得各国的行为完全脱离，甚至违背了理性。但是勒庞认为，最终将欧洲拖入战争的却是德国对自身“上帝赋予的优越性”的神秘主义信仰——他将其特征定义为“热爱神秘、热爱超自然力、蔑视经验、相信上天的力量作用于世俗现象”。他认为：“神秘主义是导致德国最终发起战争的决定性因素。”德国的神秘主义有一些已经确立的内容：德国人经上帝挑选，注定将要统治欧洲。这一套信仰在19世纪时受到历史学家特赖奇克（Treitschke）和兰普莱希特（Lamprecht）的推崇，似乎也在德国工业的惊人发展和军事扩张中得到证实。德国哲学家和历史学家也鼓励人民相信上帝选派了德国统治欧洲，因此德国人如同受到催眠，愿意忽视所有理性的个人利益，并全力寻求履行天赋使命的机会。

神秘主义在当时德国的力量如此强大，无论政治家还是学术领袖都不能免受影响。在勒庞看来，这明显体现在起草《93宣言》的那些哲学家、神学家和科学家的行为之中。与许多法国学者一样，勒庞十分愤怒这些德国学者狂热地、一致地、不顾事实地为德国的错误和暴行找借口的行径。那些在黑格尔和费希特的哲学理论中找到德国侵略原因的法国学者还认为，德国沙文主义的文化传统也解释了德国学者为何能够快速集结起来捍卫祖国。这种文化传统更强调服从而不是学术独立，将国家利益置于个人需要之上，并把一切不合法、不道德、不名誉的事物正当化，因此最终导致《93 宣言》的出台。勒庞却直接否认了上述观点，并基于心理原则给出解释。他承认宣言的签署者“在某些情况下深负名望”，但也毫不犹豫地指出这些人“展现出最奇怪的推理缺陷与对他国心理的全然无知”。勒庞如此解释《93 宣言》现象：“德国人（关于战争起因）的看法反映出，基于暗示和心理传染的信仰丝毫不受论证的影响……即使是最高智力都不能阻止一个人成为这种信仰的奴隶。”勒庞在《93 宣言》中证实了他很早以前即在书中指出的事实——“当置身于集体影响中，即使是最睿智的人都会失去一切判断力。”若不是这样，又该如何理解那么多颇有成就的学者为何能够抛弃一切独立判断力，全然不顾事实，辩解德军并未犯下任何暴行呢？

在英吉利海峡的另一边，关于德军暴行的争论也在激烈进行。在英国，布莱斯委员会用耸人听闻的细节报告了德军的罪行，这些故事情节如此可怕，甚至导致某些读者认为其真实可信。

直到最近，历史学家们重新研究了这些事实，找出一切证据和原因，来探寻德国评论家们为何承认针对平民的行为并非“暴行”。约翰·霍恩等人证明，针对德军的许多指控都是有充分事实依据的，但是同时德国对此的否认也并非毫无理由。德军的官兵们一致认为对平民的行为正当，因为他们真心相信平民大多不是无辜的旁观者：普法战争的经验教训告诉他们，平民往往是游击队或士兵伪装而成的。因此，在 1914 年 8 月行军经过比利时和法国北部时，德军杀死了许多村民和乡村牧师，这并非因为他们是残暴的野兽，而是因为他们认为这些平民对他们的生命构成威胁。

以上这些分析基于战争期间备受关注的一些材料——被俘或阵亡的德军士兵处收集的日记和战地手记。受到《93 宣言》的刺激，法国学者们成立了一个战争资料研究委员会，以质疑德国人对种种事实的否认，并极力证明——无论在法国、英国、比利时流传的那些关于德军暴行的故事多么可怕，它都是真实的。关于这一问题，有两本宣传册。第一本发表于 1915 年，题为《德国的战争理论与实践》，其中关于德军暴行的资料主要来自法国和比利时的调查委员会。委员会或许清楚这些证据不够中立，因此在之后又发表了《德国人之暴行》宣传册，该手册中的事实证据来自德国方面，主要是 1914 年 9 月间被俘或阵亡的德军士兵日记。这些自证其罪的材料反映，德军确实焚烧了村落、屠杀了平民、处决了战俘并残酷对待妇女儿童。面对这些证据，德国学者坚称德军未实施任何暴行显然非常荒谬。

勒庞承认自己关于德军暴行的材料很多都来自以上手册。他也从德军士兵的日记中引用了一些事例，以直接反驳德方对此的否认，因为“德方很难否认自己士兵所述事实”。就此而言，勒庞的研究方法与许多其他法国评论家一样，希望基于来源非本土的资料建立论据的可信度和公正性。在整本书中，勒庞将很多论述重点都放在与法国毫无关联也不具偏袒性的资料来源上，以便彰显法国学术态度的客观和公正。此外，他也希望基于以往作品中提出的心理学规律来解释人类行为的畸变，关于德军行为是否为暴行的争论正好给他提供了这一机会。

为解释德军为何如此轻视关于士兵行为准则的既有规定，勒庞转而引用其有关民族性格是内在与不变的理论。在《乌合之众》一书中，他提出国民性格是“构成种族天赋的无意识因素”的产物。与许多法国的民族主义者一样，他也相信在同一国家中成长的所有个人，由于负载了同样的历史，受到同样理念的激励，因此在某些方面基本相似。尽管任何国家中，个人可能由于教育与成长方式不同、家庭影响不同而彼此大不相同，但“种族天性”却不能被完全忽视：“即便在智力和学识上大不相同的人也拥有非常相似的天性、激情和感觉。”

勒庞关于“种族特征”的概念与20世纪其他种族主义者不同，他认为种族“纯洁性”不过是荒谬的虚构概念。尽管如此，他坚称人的个性是由若干遗传而来的核心因素组成，具有“相当固定的心理内核”。以德国人为例，虐待、残忍、蔑视文明行为都深深根植于其集体心理之中。勒庞认为，德国对比利时的入侵“在各个方面都与公元头几个世纪中的事件相似”，这仅仅是因为德国人未能完全驯服自身原始的、残忍的天性。他总结道：“如果认为文明的进步能够通过开发我们的智力来转变我们的情感，那便是完全错误的，因为此类事情从未发生过。社会约束会隐藏起一些民族的部分野蛮本性，但这仅仅是伪装。约束一旦消失，这些本性便会重现。”勒庞坚信德国人永远都是“法兰西民族与法国文明不共戴天的敌人”，因此否定了多数学者的乐观倡议——德法将在战后出于对国际准则的共同尊重而建立持久、和平的关系。

★ ★

除了对以上德军暴行与德国学者的谬论感到震惊之外，法国学者们还同样——尽管更加喜悦——惊讶于法国士兵们所表现出的刚毅与勇气。法国知识界经历过1871年惨败之后的阴影，嘲笑过法军反对共和的倾向，害怕法国会因为自负而堕落，如今却为全民面对战争爆发所显现的决心而震惊。怎样才能解释法国士兵们为何下定决心离开安逸的家庭生活、投身于战争的无边苦难之中呢？倾向于从宗教角度寻找原因的评论家们认为，自 1914 年 8 月起，一场“奇迹”已经改变了法国。但是所有人都一致同意，在面对战争挑战时，法国士兵们展现出一种在和平年代从未出现的精神活力。

在“一战”之前的最后几个好年头中，法国的社会评论家们哀叹现代社会的道德腐败，并常常用出生率下降或离婚率上升等事例证明法国确实正在走向衰落。鼓励生育者们纷纷哀叹：已婚夫妇为了舒适生活而选择不要孩子，以便在蓬勃发展的消费社会中满足种种私欲。他们忽视了国家需要，因为国家只有当人口持续增长时，才能承担自我防卫的职能。还有许多评论家认为，法国公民也对彼此之间的责任与义务漠不关心。爱德华·贝伦森（Edward Berenson）指出，在战争爆发的前几年中，不断攀升的离婚率成为引起全国警觉的话题，因为这被视为当代法国道德败坏、不负责任、社会腐朽的一大症状。

勒庞本人也非常关心法国的道德败坏问题。尽管他并不认同鼓励生育者们关于“国家实力完全基于人口出生率”的主张，却与许多保守派评论家一样认为法国国力即将衰落。他在 1895 年写道：“当今这代人受到的教育让我们无望地看到——学校里培养出大量的社会主义者和无政府主义者，已为法国未来的衰落铺好道路。”那么，他该如何解释“成千上万的人抛弃奢华与安逸的生活，投身危险和贫困之中，像古代最威武的勇士一般奋勇战斗”呢？

就以上问题，勒庞在本书的最后一章中给予了关注。为何受到社会主义、无政府主义和激进个人主义教育的一代人能够抛弃自我放纵和物质享受，积极地响应参战？勒庞就此援用了在《乌合之众》中阐述过的三大概念：环境决定论、心理感染和集体的遗传（或种族）特性。

在写作此书20年前，勒庞说过："所有心理构成都包括各种潜在性格，这些性格可能会由于环境的突然变化而得到显现。"随着情境的变化，人也会发生变化。这条规律在战时变得尤为明显——国民所处的新环境让所有先前潜伏的性格特点全部浮现上来。勒庞认为"一场漫长的战争有能力改变我们精神生活的平衡"，因此得出结论：一个个体的性格会在战争中发生巨大变化，以至于"其可能做出使身边人甚至本人都感到震惊的举动"。如果个人会受到环境因素的改变，国家也一样。1914年的法国显然就是这种情况：抛弃了反教权政治，抛弃了国际主义的倾向，抛弃了自我放纵的习惯，转而去拥抱政治信仰、爱国热情和自我牺牲。"一战"虽然可怕，却似乎证实了勒庞的理论：稳定不变的人格仅仅源于稳定不变的环境……每个人都具有各种不同的潜在性格特征，会在环境的压力下以不同方式体现出来。

单凭环境因素不足以解释法国在"一战"中的心理转型。"心理感染"也是重要因素。勒庞将心理感染定义为"个人依照周围众人的意志行事"，并认为其在士兵生活中是至关重要的因素，因为单凭心理感染便能产生集体凝聚力，这是军事行动的必备要素。无论是在兵营中、训练场，还是前线战壕中，士兵们都不可避免地受到"集体精神"的驱使，从而"根据集体而不是个人的意志去感觉、思考和形成观点"。

从该说法本身可以看出，"心理感染"并不总是积极的力量。其也曾使得德国的知识分子误入歧途，并严重误导了德国的士兵们。法国军队也并非完全没有受到其负面影响。勒庞从前线的信息来源中找到证据，证明了法国士兵们的勇气会受到心理感染的消极影响。尽管如此，勒庞还是认为：当心理感染与天赋秉性结合时，士兵们便能够发扬出前所未有的英雄主义精神。

尽管出于保守与审慎，勒庞为群体可能“极易过度反应”而感到不安，却还是承认，尽管群体可能拥有黑暗、危险的力量，但是也可能拥有英雄主义、奉献精神和最崇高的美德。事实上，他们“甚至可能比孤立的个人更倾向于展现这些美德”。如果得到恰当的引导和足够的激励，群体中的人将能展现出“克制、自我牺牲、无私奉献”等精神。因此，关于群体的分析使得勒庞相信，在群体的影响下，个人的性格能够被改造——而且并不总是负面的改造。对光荣、名誉和爱国主义等情感的追求，尤其可能影响集体中的个人，而且经常足以驱使他为之奉献生命……集体主义本身便能够激发强大的无私和奉献精神。1914 年，当数百万人离开家庭和日常生活，成为法国军队这庞大集体的成员之后，便充分地证实了以上理论。

勒庞认为，“战争和革命”是不稳定的历史作用力，会取消那些在世界和平和国家稳定时期约束个人的“禁令”。德军从这些禁令中解放出来后，便开始肆意放任最原始的野蛮天性。如果战争使得德军士兵从社会禁令中解放，为什么法国和英国士兵没有发生同样情况呢？为了解释法国士兵为何没有成为一个危险的群体，而变成一个英雄的群体，勒庞再一次引用了关于民族性格的理论。因为每国的公民都从祖先那里继承了一套不同的核心信仰，因此会在同一刺激下做出完全不同的反应。所以，德国士兵可能倾向于恐吓平民，而法国与英国士兵则不太可能采取这种行为。与德国士兵不同，英法士兵“受到了社会约束的长期影响，以至于他们的感情已经在一定程度上达到稳定”。根据勒庞估计，自我约束需要经过社会长达几个世纪的培育，才能够成功地遏制野蛮天性。

或许这一解释能够让英国读者们满意，但是对法国又适用多少呢？

法国具有革命与起义的狂暴历史，自然不可能在公民中培育出所谓的“社会稳定性”——勒庞将之视为文明行为的必要前提。最近的历史显示，法国既不具备内部稳定性，也不具备自律性。事实上，在1914年，很难想象还有国家比法国的历史更为动荡和缺少约束。勒庞研究过1789年的大革命，了解本民族倾向于绕开社会约束并放纵追求“原始的野蛮”。在《乌合之众》一书中，他用环境决定论解释了国民议会（1792—1795）的野蛮属性：革命带来的“环境突变”解释了为何在国民议会最野蛮的成员中竟有原本非常温和的人——他们在正常情况下都是平和、高尚的公证员或法官。在《战争心理学》一书中，他还指出了革命主义的其他方式：由非理性、神秘主义和暴力激发的泛德主义激进表现。革命精神不是由理性产生的，而是由那些“与智力毫无关系的情感的、神秘主义的、集体的力量”所塑造。勒庞认为，尽管“这场悲剧（法国大革命）的主角总在试图寻求理性”，但是“操纵着演员的秘密力量却来自理性主义之外的其他源头”。

在“一战”中，法、德两国表现出许多相似之处。德军总参谋部在1914年发动战争时，首先下令军队调离近期攻占的地区，这一战术早在一百多年前便为拿破仑在1796年进军意大利时运用过。两国的相似之处远不只以上这些，勒庞不仅承认它们，而且还予以强调。他认为，德国的暴行并不是士兵个人对平民的行为，而是“之前便确定的作战手段的结果……是基于恐怖”。对一个法国人提及“恐怖”一词，将不可避免地引起其联想到罗伯斯庇尔、雅各宾主义和1793年～1794年的种种惨剧。勒庞清楚地知道这一点，因为他将“恐怖”做了这番定义：既为君主也为革命者使用的技术手段——旨在震慑敌人并迫使其迅速投降。

因此，当勒庞运用国民性格理论解释法国军队的英勇表现时，便不知不觉地产生内部逻辑矛盾。其论证的核心存在一个站不住脚的简单问题：一方面，他认为德国人和法国人同样容易受到心理感染和环境变化的影响，却对战争爆发做出不同反应，那是因为他们继承了截然不同的集体性格——德国人嗜血、残忍、放纵，而法国人爱国、自制、稳定。但在另一方面，他也承认，法国在1793年～1794年间同样出现了1914年德军犯下的恐怖行径。

此外，尽管勒庞一贯强调德国和法国截然不同——德国总是毫不理智地渴望占据统治地位，法国却是文明与秩序的代表。尽管如此，他还是举出事例，证明了法国军队的先辈们曾和德军一样暴力、嗜血并缺乏理智。

鉴于以上矛盾，勒庞的集体行为理论仍然无法解释法国人在1914年为何能够表现出荣誉感、勇气和正派。

★ ★

因此，读者在《战争心理学》中会发现，勒庞将1914年的德国与大革命高潮时期的法国做了隐晦的比较。在这点上，勒庞并不是唯一，在战争期间许多学者都采用了类似手法。这样东拉西扯究竟能够得出什么结论？勒庞尽管对保皇派的反革命倾向保持中立，却发现共和派的政治理念留下了许多恶果。他担心如果“民主社会主义”在战后流行，法国必将灭亡：“所有大而化之的广义概念，例如社会主义、人道主义、海牙公约和其他一切可能改变国际关系的理念，从未发挥过任何影响。”尽管他自信地宣称这些理念都已“永久破产”，却无疑了解共和派知名学者们希望在战后将其恢复。1915年，阿尔方斯·奥拉尔（Alphonse Aulard）和维克多·巴希（Victor Basch）基于康德哲学指出，法、德两国在战后能够达成和解并建立持久和平。勒庞则认为康德基于国际合作的永久和平论不过是危险的妄想，便将持有这些观点的人与德方划为同一阵营。因此，当他说到雅各宾派和德国知识分子同为一丘之貉时，他是在隐晦地诋毁所有将自己视作革命后代的法国学者。

尽管这本书中存在自相矛盾之处，却依然对我们理解勒庞非常重要。初步浏览，这本书似乎只是重新概括了其他学者早已论述过的主题，事实上，它却是试图颠覆而不是附和当时的学术“正统”观点。勒庞不仅向法国众多权威学者提出质疑，还指出他们的政治原则与德国的某些讨厌做法极为类似。对于那些更为保守的人，他更是批评：“正是这些人的爱国主义导致他们失去了学术上的进取心。”因此，在战争结束后，勒庞的朋友们拒绝帮助其入选法兰西学院的任何委员会，这不足为奇。《战争心理学》一书中的观点无疑为勒庞赢得了一些追随者，但是其中含蓄的指责却未能为其减少对手。在与 20 世纪初统领法国学术文化的理性主义和国际主义思潮之战中，勒庞并未收获战果。

玛莎 · 汉娜（Martha Hanna）

卷一

当前研究必需的心理学原理

序言：
战争的心理学研究

在本文中，我并不打算研究“一战”中的具体事件，只打算分析有关“一战”起源与发展的心理学现象。由于太多的情绪煽动，当前很少有人能够就此给出可信解释。几代人虽然创造了一段历史，却并没有记录和书写历史。只有历经了一段时期，待尘埃落定之后，历史的重大闹剧才能从人们的激情中沉淀下来，渐渐成形并为人们所理解。对于生者，历史从无公正可言。只有在面对逝者时，历史才是公正的。今天我们面对种种事件，其背后都隐藏着众多无形的推动力量，因为有形的世间万象其实都源自一个无形的世界。在这个无形世界中，所有统治我们的感情与信仰都在被不断加工、不断完善。因此，我打算深入这个无形的领域中一探究竟。

第一次世界大战如同一声惊雷，打破欧洲的和平，并将如此之多的国家拖入战火。当时欧洲诸多国家都已做好战争准备，同时希望通过外交谈判与斡旋在政府层面缓和冲突、维护和平稳定。但是，和平并未到来，经历了一周的外交谈判之后，欧洲便燃起熊熊战火。

战争是非常重大、令人生畏的事件，其爆发并不基于任何人的独立意志，而是来自各种深刻、长远的原因。这些原因一直在缓慢并持续地累积发酵，直至有一天突然爆发。就此存在一个规律：在历史事件的发展中，事件起因似乎总呈代数式演进，而事件效果却呈几何倍数扩大化并加速发展。

如果想要了解欧洲战争的起源，必须回溯至战前的历史事实，尤其需要深入研究现代德国人的心理变化。这是因为，一个国家的历史和行为其实是民族心理的产物。

战争是心理力量的斗争。在这个战场上，种种势力都在相互较量——理念对理念，个人自由对集体制约，个人主导权对国家社会主义专政，国际道义、条约对武力霸权……德国努力践行武力至上的理念，这种理念事实上毫无新意，其一直在历史上占据绝对地位。为了替换这一理念，欧洲已经挣扎了两千年，但依旧未能成功。日耳曼武力至上理论一朝取得胜利，将会把各国带回历史上最黑暗、最暴力的年代——在那个年代中，弱肉强食是正义的唯一基石，弱者被无情地碾碎，无用者被残忍地抛弃，国家被征服、被掠夺，平民被屠杀。但是，人们渐已开始遗忘那段黑暗的年代，甚至有人相信，文明的进步将一劳永逸地摧毁原始年代的野蛮习俗。但是，这种想法不过是危险的幻觉，因为即使在几个世纪之后，现代人类仍旧与其祖先同样野蛮残忍，甚至还未放弃奴役世界的野心。

这种思想之所以能够为德国人理解并推崇，是因为其以一种宗教形式呈现。与穆罕默德时期的阿拉伯民族一样，日耳曼民族也产生了集体幻觉，他们认为自身是更高等的种族，命中注定将要先征服世界、再改造世界。

一个民族膜拜的神明不仅是其幻想与物质需求的体现，也是其嫉妒与仇恨等情感的体现，德意志新时代的诸神也不例外。这些全部属于在历史上占据突出地位的神秘主义势力，为确保这一势力获得胜利，数百万人不幸献出生命，众多繁荣的城市纷纷衰落，在其废墟之上，最终出现了强盛帝国。

现代战争与古代宗教战争具有很多相似之处。它们引起的幻觉相同，表现出的矛盾、狂暴和残忍也相同。战争完全受非理性所操控。如果国家和君主的欲望全部受到理性制约，今天就不会再有战争了。

如果试图调动理性与逻辑来解释历史事件的连锁反应，无疑将徒劳无功。因为，如果从纯粹理性的角度研究第一次世界大战，其起源和发展似乎都混沌一片、充斥着完全不可能的因素，即便最有远见、最睿智的人都无法予以预见。

既然如此，战争究竟为我们提供了哪些研究数据呢？

首先，它让我们看到：有一个国家的君主（此处指德皇威廉二世）25年来都在为帝国繁荣而极力维护和平，某一天却突然放任自流，不情愿地卷入一场浩大的战争；其次，一个国家甘愿放弃商贸与制造业飞速发展的大好形势，不仅对一场将带来长远损害的血腥冲突不予反对，反而还神智错乱般地欣然参战；最后，我们还看到，在这场战争中，正是来自文明国度的人们焚毁了在先前战争中都能幸免于难的城市、百年图书馆和艺术名作。——这么多的前后矛盾，有哪个预言家能够提前预知？

在战争所有不可预知的事物中，人们必然注意到德国国民迸发出的不知从何而来的狂暴情绪，甚至德国最权威的学者们也未能例外。因为这种心理感染力已远远超越了理性，完全化作一场疯狂的风暴席卷了全国。

同时，法国方面也发生了许多出人意料的变化。在连续数月面临着戕害与死亡的潜在威胁后，法国这样一个随性、不稳定、无序的国家突然变得果敢与顽强。此外，除了以上这些惊人变化之外，历史也必将铭记比利时这个英勇小国在战争中做出的牺牲。在战火中，比利时的城市被焚烧，妇女和儿童被杀戮，但这个国家却毫不迟疑地挺身捍卫荣誉。所有大国——尤其是德国都没预料到，这样一个弱国面对强敌时竟能如此顽强与无畏。

以上这一系列悲剧事件中，并没有一件事能为理性所预见，因为理性并不是事件中任何一方的动机。那么，我们该从何处探究事件的起因呢？

学者们若仅仅在理性逻辑的指导下开展研究，就会认为世间万事都由理性主导，当事物表象超越了理性认知范围时，他们就会感到愤怒。但是他们忘记了，引领科学家开展研究、哲学家进行思考的不仅仅只有理性与智力，还包括那些与智力全然无关的情感的、神秘主义的、集体的作用力。这些作用力分别拥有自己的逻辑，与理性逻辑大相径庭。前者或许是科学的基石，但却绝对不是历史的基石。后者长期不为人知，因为它们与智力无关，它们与万事的关联都被埋藏在无意识的模糊地带，并且刚被学者们纳入研究领域。只要这些作用力所扮演的角色尚未引起重视，学者们就将继续生搬硬套理性逻辑来探究事件起源，以至于无法还原历史的本来面目，反倒加入了太多虚构成分。

当前，这些思想尽管非常重要，却还是全新的课题。因此，当我在一些著述中提到它们时，我还是倾向于结合具体事实来说明其作用，比如将之适用于最重大的历史事件之一——法国大革命的研究中。在那场悲剧中，主要革命人物们向来推崇甚至膜拜理性。但是，在革命年代中，理性发挥的作用却比任何历史时期都要微小，因为诸多革命人物的言行都与其自身想法格格不入。在这场闹剧中，主导演员行为的神秘力量绝不是来自他们向来推崇的理性，而是来自完全不同的源头。如需查明这些力量的本质，就要借助现代科学来加以分析。

当前这场战争中体现的心理学问题与大革命时期同样复杂。如果我们找到了正确的原理与规律，那么这些原理就不仅能够解释目前所有国家错误观念的来源，也能解释许多看来显然无法为人理解的事物——关于战争起源的不同观点、引起举世震怒的烧杀掠夺暴行等。

第一次世界大战为欧洲开启了新的时代，促使我们的生活习惯、情感、思想都开始发生剧变。正如法国大革命时期一样，我们或许也进入了一个全新的历史时期——人类的思想与准则都在发生变化，新的贵族政治正在出现，各国正在匆忙奔向看不到一丝光明的黑暗未来。从前被认为不可撼动的政治与道德理念也似乎在迈向消亡，所有理论学说都在一个接一个地消失——再也没有确定的未来，心理力量正在开始发挥作用。在事实面前，演说家和作家们的幻想都已黯然失色，在枪炮声中，一切论争都已归于沉默。

尽管如此，法国必然能够从当前的悲剧中获得重生，并变得更加强大。这是由于法国人民在保卫祖国期间所显示的英雄品质已向我们证明，我们以往对法国人的印象过于肤浅，法国绝不可能陷入无政府状态。对我们这些观察者而言，法国年轻一代的无畏与勇气是极大的安慰。这些年轻人将会历经历史上最波澜壮阔的开拓年代，这个年代的宏伟壮丽将超越过去所有的传奇。全世界都在惊奇地注视着这巨大的变革和进步。与此相比，荷马、查理曼时期那些武士、术士的功绩又算得了什么呢？

没有人能够预见，在法国这样一个阶级分化异常严重的社会中，来自完全不同阶级的人们能够体现出完全一致的品性。他们从各自安逸宁静的生活中响应号召，从农田、作坊、政府、学校甚至王宫中走来，迅速投身这场重大与非凡的冒险之中，这在从前似乎只会存在于梦中。这些人事实上曾被法国政府视为威胁，但在此时却挺身而出，捍卫这个国家——这是先辈精神的复兴，这种精神或许一度进入蛰伏，但从未消亡。在托尔比亚克、布汶等地，在听到祖国第一声召唤时，英雄的后裔立即感到先辈的精神在他们体内复活了。置身于战争这样一个可怕的人间地狱之中，他们却常常能够说出一些充满英雄气概的豪言壮语，并载入史册，传流千古。“站起来再死！”在一条被敌军围困的壕沟中，一个士兵对被敌军机关枪火力压制得匍匐不起的负伤战友们喊出了这句话。若是在古希腊，这个士兵必将被授予桂冠，他的事迹也将被广泛传唱。

对于一个认为自己将命归虚无——除了一个空洞与无谓的存在的人而言，为一项崇高事业英勇牺牲是值得艳羡的事情，因为衡量生命价值并不是基于存活的天数，而是基于成就的事业。我们祖国神圣土地的捍卫者，我们未来的创造者，正是他们在命运的铁砧上锻造了一个新的法兰西。他们虽已牺牲，却将永生。他们已经进入万神殿接受全国人民的供奉与膜拜，并且经受住历史的检验。他们将永垂不朽。

第一章
情感的、集体的、神秘主义的力量及其在国家生命中的作用

1 生命的周期

如果仅仅肤浅地观察第一次世界大战，仅仅看到各国军队及各种武器展现的科学技术，有些人可能会轻易认为，理性逻辑仍旧能够安全、可靠地解释所有现象。若仅限于战争的技术层面，以上结论倒也没错，但是如果进一步深入研究，人们便会迅速发现一个事实：参战方的思想、感情和行为还受到了更高级作用力的影响。

当然，战争运用的是实实在在的武器，但真正操控它们的却是心理力量。在堆叠着无数尸体的战场上，心理力量才占据着最高统治地位，战士们在日常生活中都是它温顺与不自知的臣服者。如果仔细观察，在每一门大炮、每一柄刺刀之后，都存在着无形的操纵者，这一无形的力量才是战争的真正主导者。

为了说明这些力量的实质，我必须简要地重述一些在先前著述中提出的心理学原理。(作者写过《人类进化心理学法则》《群体心理学》《法国大革命与革命心理学》《真理的生命》《政治心理学》等作品——这些作品

的合集被命名为“时代格言”，涵盖了作者提出的所有心理学原理。）

一些至关重要的现象尚被包裹在迷雾中，目前还难以予其解释。我们只能说，事件在整体持续推进，但是一切生理、心理和其他种种组成因素都独立存在，并遵循一种特殊逻辑形式——即所有现象确切的连续性。

生理逻辑主导有机生命的周期以及维持生命的必要欲望，心理逻辑控制人类的感情和直觉，集体逻辑影响社会生活与道德生活，神秘主义逻辑创造神明和教义，智力逻辑则促成能够改变人类存在的科学探索。因此，每一个不同的生命周期都有独特的自身法则，以上每一种逻辑形式都无法单独解释生命的独立现象，因此我们的解释方法必须随着现象层面的改变而改变。

所有生命的根源都有一个有机的周期，这种纯粹的同一性使得人类、老鼠或鸟类的细胞在生命法则下拥有相似的活动方式，尤其是在苦与乐——所有存在的两大极端感情之下。

在包括情感、激情等元素的心理周期中，以上同一性稍有弱化。但是，所有生物都依然非常相似。例如，爱、憎、嫉妒、勇气、奉献等情感在某些家畜身上体现得与人类并无二样。

只有在理性生活中，我们才能看到人与低等动物之间的显著差异，以及各类人群之间的知识差异。但是，尽管理性逻辑排他地主导了科学家的实验室，其对于个人与各民族行为的影响却甚为微弱，因为这些对象的存在主要受情感的、神秘主义的与集体的因素所制约。要想了解一个国家的生命，必须了解这些真正占据主导地位的力量，因为国家的思维与行为根本不受理性指导。

2 心理与智力的力量

性格源于感情与心理因素的遗传与发展，在我们的生活中发挥了重要的引领作用。这是因为，尽管我们对万事的理解需要通过智力，我们的行为却受到性格的控制。智力让我们思考，性格让我们行动，并切切实实地在行动中扮演了主要角色。相应的，性格是个人与国家生活中最重要的因素，而且其形成与发展与智力并无丝毫关联。玛蒙将军曾经说过：“当理智统治性格时，人总是在改变观点、方案和行动路线，因为大智慧总是时刻从不同视角审视问题。”

我们感情的发展独立于我们的意志。没人能确定自己的爱憎，并能维持爱憎永久不变。有关战争起源的不同观点也在此提供突出例证表明：与情感因素相比，理性因素在很多情况下根本不重要。这或许有时令人感到意外，但确实是基于一个事实——理性与情感并不遵循同一逻辑形式，因此无法相互影响，一种感情可能影响另一种感情，却不可能影响理性。

至今为止，最知名的哲学家似乎都未就感性与理性各自扮演的角色得出确切结论。根据布特鲁的观点，法国人受感性主导，而德国人受理性主导。但是，我认为这种大而化之的结论并不准确，因为尽管德国人可能十分理性，但他们依然和其他国家国民一模一样，受自身感情、好恶的主导。残忍与善良同样有权被列为一种感情，同样是感性世界庞大疆界内的一小块领土，任何人都无法从其上逃离。

情感是对历史产生最大影响力的事物之一。它们从不同层面赋予我们思想，并引导我们从不同视角看待事物。所有国家都继承了一种自有的集体情感，并在心理上受到这种情感的指引。因此，不同国家、不同祖先的人看待同一问题时采取了不同视角，从而引起绵延不绝的种族仇恨，这在很大程度上导致了如今的第一次世界大战。

在重大国际冲突中，这些仇恨主要是情感上而不是理性的——表现得极为强烈，并完全冲击了其他感情。这非常好地印证了希波克拉底的名言：当两种痛苦同时产生时，其中相对更加剧烈的痛苦会令人忘却另一种痛苦（Duobus doloribus simul obortis vehementior obscurat alterum）。

战争爆发时，法国国内还存在着政治仇恨与宗教仇恨，的确已经足够令人痛苦，但是当我们面对侵略者时，对外敌的仇恨便使得我们忘却了国内矛盾。“一战”爆发前，英格兰正处于与爱尔兰发生内战的前夕，但是一旦对德宣战，英国所有政治党派却为捍卫同一面国旗而紧紧团结在一起。同样如此，俄国的无政府主义者和革命分子也在面对外敌时共同转变为俄皇的忠实拥护者。这种现象如此多见，说明其背后存在着普遍的心理学规律，如果德国能够观察到这种心理学规律的存在，就不会指望英、法两国的国内问题能够为德国取得胜利助上一臂之力。

以上我所指出的较弱情感能为较强情感所抑制，明显只适用于同一类别的情感。一种强烈的仇恨或许能够抑制较弱的仇恨，但却可能允许另一性质的情感存在，甚至因此变得更为强烈。例如，我们对德国侵略者的仇恨不仅会出于对其暴行的愤怒而有所增强，也会出于对比利时英勇抵抗侵略的同情而受到更大激发。

3 集体的力量

当个人身处群体中时，其心理与孤立状态时是绝不相同的。这是因为，群体不可能等同于组成群体的个人，正如生物不等同于组成生物的细胞。

集体心理几乎完全不受理性的影响，而由集体逻辑主导，这是一种仅仅为集体独有的逻辑形式。群体在智力水平上总表现得稍逊于个人，但在情感上却可能优于个人。这是由于群体尽管可能并不通晓感恩之类的特定情感，但却拥有利他主义、奉献为公、英雄主义等更难付诸实践的情感。加入集体之后，普通个体的力量一般能够得以增强，但是优秀个体的力量则可能受到剥夺削弱。

群体的情感不仅更加强烈，而且变化无常，能够急速从崇拜转为仇恨。群体情感由于往往欠缺实践性，因此常常将希望当作主要的养分。它还受到神秘主义浸润，因此需要领袖并往往将其神化。此外，对个人发挥作用的心理感染也对集体有作用，但是由于群体不运用理性，因此心理传染对其仅仅发挥了引导作用。

同样，群体非常乐于接受幻觉。幻觉一旦变为集体所有，便立即上升至真理般的权威地位。在当前的战争中，我们也能看到这一原理在很多事例中得到体现。

集体观念具有强大的力量，但极少是自发产生的，因为群体实际上是无定形的有机体，不能自发行动——除非出现一位领袖，用断言、重复、威望、感染等蛊惑方法对群体施加影响。这里提到的所有方法，都归情感逻辑所特有。但是，这个领袖不一定非要向群体高谈阔论、慷慨陈词，在一些经过预热的情境中，这一角色也可能由信仰或既有感情所扮演。无论如何，公共舆论的真正起始点始终是领袖或其替代物，自始至终，群体都需要一位领袖来创建与引导公共舆论，即便在民族冲突中也同样如此。

尽管如此，这一原理却被很多学者所忽视。莱维－布留尔（Levy-Bruhl）却在其关于战争起源的著作中做出以下总结：

> 在危机与冲突的历史剧中，占据舞台中心位置的演员正是爱默生所称的“代表人”——这些人是集体意志的独立体现，其言行代表了无名大众的意愿和激情所在。

这一观点受到了德国所有历史学家的支持，目前在法国学术圈里也广受推崇。该观点基于一项事实：在某一特定时刻，群体地位会变得至高无上，群体领袖可能被其自身的创造赶下台，并转变为群体的追随者。如果再继续深入跟进事件发展，还会发现：群体观念通常都源自个人观念。

显然，这条原理不仅适用于宗教发展的早期阶段，也同样适用于重大政治危机，尤其是第一次世界大战。

统治艺术的一大基石，即：能够创造集体情感与普遍观念，并予以维持。在今日，再没有任何一位独裁者强大到能够对抗公共舆论。但是所幸公共舆论是容易被创造的。德国在战争中花费大量人力物力对外笼络人心，也证明了其认识到公共舆论的重要性和威力。无论在过去还是现在，德国都能调动国民感情、引导公众舆论，以实现自身目标。德国的媒体、作家与教授们纷纷响应国家意志，将寻常的冲突升级为国家之间的战争。如今，整个德国都已参战，战争已经绝不再是某一位君主或某一个军事团体的事了。但是，我们必须牢记，只有当国民的群体好战情绪完全凌驾于公民意志之上时，政府的任务才最为轻松。

大型议会也具有群体的主要特征，诸如智力水平中庸、容易激动、容易动怒、不宽容、盲从领袖等等。但正是在这些议会之上，文明大国的国家命运才最终得以确定。经验表明，此类议会的集体专制比个人独裁或某一团体专制具有较大优势，因为议会通常需要商讨提交的议题，并由于不愿受到太多批评而避免了许多不当行为。俄国人就此为我们提供了例证，在再三遭遇战争失败之后，他们创设了国家杜马，将之作为国家决策的最终机构。

在平常时期，一国最优秀的学术势力能够轻易主导国内各个群体。但在战争、革命和其他重大的危机中，情况便不再如此。这是由于群体力量来自个体的影响力，并可能变得非常强大，足以不可抗拒地将整个国家推向混乱之中，并导致国民心理出现新的表征。

4 国民心理

个人心理仅仅是短暂存在的，但是种族心理却永恒存在，并且不会分崩离析。种族心理——或者说国民心理并非一朝形成，而是漫长历史的产物。文明国家的历史其实是国民心理塑造形成的历史，正是国民心理帮助国家离开蛮荒、走向文明。

当国民心理日臻稳定时，便与个人和群体的不稳定心理形成对抗之势，限制其波动变化，并由此在相当程度上强化了国家实力。

在当前的战争中，我们已经清楚地看到，这种世代相传形成的国民心理能够让同一国家的人在重大场合保持思想与行为的一致。如果所有生逢战争年代的法国人都能够毫无怨言地抛弃个人利益与自身优越处境，甘愿为祖国献出生命，那是因为种族心理突然战胜并支配了他们的自私与个人冲动。事实上，若要说战场上最激烈的厮杀其实并不存在于生者之间，而存在于死者——即由祖先世代遗留的国民心理之间，这也丝毫不是夸张的。

在这里，我无须再花费篇幅深入探究种族心理的形成过程。这是因为，尽管德国历史学家做出过很多荒谬论断，但在当今的文明国家中已再无完全纯粹的种族。国家是历史事故的产物，当出身完全不同的种群——例如现代普鲁士人长期置身于同一生活环境中并由共同利益联合起来时，国家往往就诞生了。此外，国家的内部凝聚力还包含一个经久不衰的要素：语言和宗教共同体。

在其各个生存阶段，每一个种族都必然会出现特定的制度、道德准则、信仰、艺术，也必然不会出现一些其他事物。比如，一国绝不可能直接适用另一种文明，而首先必须将其归化。

这正好补充说明了我在上文中提出的观点：每个人都同时具有个体心理与遗传心理，前者主导了我们的日常行为，后者则在重大事件中——尤其是涉及国家存亡的事件占据主导地位。个体心理应该是自私的，这是自然而然的事，因为个人首要考虑的必然是其本身。但是，遗传心理则专门关注民族与国家利益，所以当其指引个人为种族利益而做出自我牺牲时，也是同样自然而然的事。

5 神秘的力量

“神秘主义”这一术语在宗教与哲学中的意义完全不同。这个词的内涵随时代与使用者的变化而变化。总体说来，神秘主义具有以下特征：包含神秘因素、热衷超自然现象、轻视经验、相信世俗现象受到更高作用力的干涉。

几个世纪来，神秘主义为人类提供了许多便利的解释。在古代，即使当各国已经达到历史的鼎盛时期时，人们依旧没能认识到，自然界遵循一些不变法则。在他们眼中，所有现象都由众神主宰：海神统治海洋，谷神掌管丰收。

神秘主义在不同时代以不同形式出现，但其信徒对神明的狂热信仰、对封建迷信的追随却同政治领域中不可思议的现象有类似表现，这是因为宗教、政治、社会领域的神秘主义都是同宗同源。

神秘主义具有其自身法则，其逻辑联系与情感逻辑或理性逻辑大为不同。情感逻辑与神秘主义逻辑为数不多的共性之一，即不经任何理性论证的断言。在任意情况下，神秘主义与理性都属于完全无关的领域，因为神秘主义信仰源于建议或心理感染，从不是经由推理论证得来。这些信仰只能为理性所摧毁，而不能为其所创造。因为它们总是伪装成绝对真理出现在信众面前，它们的证据总是表现得明白无误，若予以反驳似乎都有失公正。要理解这种假定的威力，自然不难。

在神秘主义思想里，既无理性论证，也无物质需求。在其影响下，痛苦、私利甚至母爱都不复存在，这一点我已在其他作品中用著名的事例做出说明。一个神秘主义者能够以信仰为名，毫不犹豫地消灭至亲。

因此，正是由于神秘主义，我们才能在宗教、政治与社会领域看到各式各样的殉道者。

神秘主义通过心理感染和信仰强化，极易以一种集体形式体现。古时的犹太人、中世纪的阿拉伯人与今天的德国人都已证明，神秘主义能为一国提供最好的理由，促使其自认为被上帝赋予了改造世界的天职。

没有人能够言之凿凿地自称能够完全摆脱神秘主义的影响，因为当骚动与混乱颠覆了社会的精神生活时，即使神智最清醒的人都不能确信自己不受干扰，因为到了那时，人们完全改变，所有现实概念都丧失殆尽，人们心中的理性逻辑也纷纷瓦解。我们在“一战”的萌芽和演变过程中，可以看到神秘主义发挥了重大作用。

神秘主义的力量尽管长期受到科学的反对与轻视，却在主导人类行为的动机中占据了首要地位。若我们能逐一列出人类世界出现以来所有冲突的根本原因，便会清楚看到神秘主义的突出角色。

人类世界中重大冲突的主要原因可分为三类：生理的、心理的、神秘主义的。

在生理因素中，有古代日耳曼游牧部落一度经历的饥饿与匮乏——部落人口增长速度过快，以至于原有森林已无法为其提供足够的生存资源；心理因素包括仇恨、贪婪等各种各样的感情，正是这些感情将许多国家带入交战状态，并摧毁了多个文明；神秘主义因素的表现则有：阿拉伯人为传播宗教而进军罗马帝国，欧洲国家同在宗教驱使下的十字军东征，等等。正是由于神秘主义，宗教战争和宗教迫害在欧洲持续了一个多世纪，并造成许多人的殉难。

神秘主义一直是人类各种动机的最重要来源之一，正是它创造了一系列加速历史进程的幻觉，正是它影响了庞大帝国的建立与毁灭，正是它奠定了文明的产生。现代世界认为自己已经摆脱神秘主义的作用力，但是当今人类其实比历史上任何时期都更深地受到了它的奴役。在政治、宗教、社会领域，神秘主义依旧在发挥着同样作用、施以同样的法则，而未能被理性所征服。

如果说欧洲今天陷入战火，如果说各个国家的年轻人牺牲在血腥的战场上，如果说无数家庭都已家破人亡，那不过是因为有些国家自认为担负改造世界的天职，有些国家妄想通过参与战争取得世界的主导地位——这正是神秘主义的体现。

第二章 人格的多种形态

1 人格的稳定性与多变性

以前的心理学将人的灵魂视作同类又有区别的元素，叠加在肉体上却又有别于肉体独立存在，人格则被认为是严格固定并难以改变的。但是，如今这种观点再也站不住脚了。早期理论中具有固定人格的人在当今看来，不过是虚构而已。真实的人其实与之大不相同。无论他是日常生活中随处可见的普通人，还是历史上的英雄人物，他都代表了一系列元素的集合，在这一集合的作用下，便产生了通常所谓的“自我”。自我一旦以此方式形成与确立，只要环境不变，就将持续不变。

因此，人格的稳定全然依赖环境的持久不变。一旦环境产生变化，构成个人心理的元素集合也会遭到颠覆，从而导致新集合的建立与新人格的出现。

在革命时期，这种人格转变时有发生，我已在以前的著述中指出。在当前的战争中，我们也能毫不费力地观察到这种现象。但是若要试图预见人格的本质及其在仓促间的构成过程，显然不可能。战争的恐怖阴影已为我们留下了许多事例，证明了即使是最温和的个人也可能变得热衷杀戮。而且我们根本无须更多探究，便可以断言：没有人能事先预见德国知识分子们在战争中的无耻行径，也没有人能预见法国人在战争中体现的优秀品质。

在战争中，人格转变每日可见，我也将在本书其他章节中提及其中几个非常突出的事例。但在此处，我将仅仅引用英国著名作家吉卜林在探访战争前线后所说的一席话：

我们有时自认为了解某个老朋友，当这个老朋友面对至高挑战时，我们会发现在他身上有一些能够超越所有知识与信仰的转变。他能够顽强拼搏、勇往直前，甚至轻松地到达一些我们认为不可能的高度。他仍旧是我们圈子中的这个老朋友，但他的的确确又已经在各个方面变得伟大。对英国来说，这个老朋友正是今天的法国，法国已经发掘出自己灵魂的力量。

人格永恒不变的旧学说仍然盛行。尽管如此，我们常常惊讶地发现，人们在转变地位或进入新环境后，也随之改变了行为与观念。然而，既然他们已经变得与以往大为不同，又将如何修正自身行为呢？

即使没有任何足以改变人格的重要事件发生时，“自我”依然脆弱，依然容易受到重大波动的影响——疾病会使它受损，悲伤会使它沮丧，幸福会使它膨胀。日复一日，我们的人格可能或多或少地经历些波动。如果没有文明对自我施加各种制约并不断限制其偏差，这种波动可能会更加剧烈。如果没有诸多不容侵犯的规矩、法律、风俗施加制约，那么人类便很难保持人格稳定，社会生活也很难实现，没有一个文明能够无拘无束地存在。

战争与革命为我们提供了大量事例，充分显示了在法律——文明的保护伞缺失的情况下，人性将会发生什么变化。全世界都在震惊地注视着德国在这场战争中所犯下的野蛮暴行——它们出自文明与智力水平高度发达的民族，这个民族的野蛮天性原先一直受到社会秩序的制约，但随着战争的爆发，这些天性便不再受到压制，统统释放出来。当然，并非所有参战国都是如此，因为有些国家的国民长久受到社会约束与规制，情感状态已在一定程度上趋于稳定。

国民情感越在传统作用下趋于稳定，社会约束就越无必要对原始的野蛮秉性加以抑制，因为届时内在的自我约束已替代了法律的外在约束。很少有国家达到了这种稳定的程度，即便如此，社会约束仍旧必不可少。因为对一些反复无常、优柔寡断的人而言，其心理状态是不稳定的，也难以受到任何作用力的调整。这类群体如尘埃般没有固定形状，屈从于全部内在冲动，又如哈姆雷特一般永远犹豫不决，永远不能下定决心。

2 自觉意志与不自觉意志

由意识所感知的现象仅仅是我们未知的内在精神投影，但这些现象却阐释了一些最重要的行为诱因。在对这些诱因的阐释中，便引出了意志。意志以两种形式出现，一种是自觉意志——唯一经过心理学家验证的意志；另一种是不自觉意志，尽管尚未受到承认，影响却相对更为广泛。

自觉意志意味着自由投射和客观讨论，而在不自觉意志中，无意识投射给我们的便是其自身。当触及我们的自觉意识时，所有结论都已成形，除却少数遭到否认，多数都被人接受。

不自觉意志源自围绕我们人格的种族、群体与环境，反映了我们的种种需求、欲望与期待——其扩大为各种暗示与冲动，一直引领着我们的潜意识，偶尔还完全成为主宰。多数人的行为完全受到不自觉意志的操控，只有当他们发现自己的言行完全不一致时，他们才能意识到这点。

在一个历史悠久的国家，其国民心理一般已趋于稳定，能最大限度地促使人们的行为有益于社会整体福祉，在此处既有自觉意志，也有不自觉意志。尽管每个个体心理都是环境影响的产物，可能有不同的思考方式，但其行为都大同小异。

要证明这一命题，有许多充分的事例，此处我仅仅引用《泰晤士报》政论编辑 H.W. 司迪德（H.W.Steed）关于英国人心理的观察结论——他与我使用的术语或有不同，但理论其实一致：

> 英国人尤其受到直觉主导，他们不信任思想、排斥逻辑……一种比理性根植更深的直觉告诉他们，生命本身就不符合逻辑，生命由能量组成——这些能量向来都是盲目的，并源自心理学家所谓“意识门槛”之下……认真观察英国人，就会发现他们的行为与其表达的思想形成鲜明矛盾。英国人生活在完全矛盾的状态中，而且并不自知……英国人的心理分为两大区域，一个区域主管思想，另一区域主管基本冲动，二者被严格分隔，毫无任何关联。从一个英国人在日常安宁生活中的言行中，丝毫无法预知其在个人或国家危亡之际的表现，只有那时，他才能真正展示自我，发现自己真正的脾气，讷于言，敏于行。

因此，无意识在所谓“自发行为”中扮演了重要角色，尽管一般难以被人察觉。不自觉意志常常具有长久渊源，但也可能出自习俗、风尚、瞬间感情或我们所属的社会群体，等等。它无须麻烦我们思考，便每每能告诉我们该如何行事。

3 意志的变化

无论意志是自觉抑或不自觉的，其范围也并非一成不变。因为意志常常经历意想不到的波动变化，会受到特定因素的刺激，也会受到奢华、享乐等因素的抑制。

当一个国家中人人意志消沉、畏惧承担责任时，该国就注定将要衰落。例如罗马，当丧失国家意志时，它也从历史上消逝了。

意志也在国际冲突中充当了重要角色，因为战争本身便是意志的斗争，正如我们在马恩战役中所见。

在许多战役中，胜负关键都完全取决于哪一方的意志更顽强。在马恩战役中，正当法军打算撤退时，敌军右翼提前撤退了；在伊瑟战役中，敌军在阵亡 15 万人后便决定撤退，但若其再多支撑一小段时间，便能获得胜利。有法军将领说：“如果德军再多坚守阵地一刻钟，他们就可能全面突破我们的战线。”类似情况在决定南锡命运的考伦战役中也有发生。据马勒泰尔将军报告，1914 年 9 月 7 日，314 军指挥官接到撤退命令，尽管他本人并不同意，但不得不服从军令。正当他准备撤军时，敌人撤退了。这一系列显著事实都表明，意志在战争的最后关头总是发挥重要作用。

为群体赋予不自觉意志是领袖们的任务——诸如那些伟大的将领、国家元首或宗教创始人。这种不自觉意志越能协调于国民的传统情感取向，就越能取得成功。所有的著名将领都具备强化士兵意志的本领，正是由于激发了群体意志，他们才能率领士兵在诸多战役中取得胜利。他们和拿破仑一样，了解怎样能在无形之中通过话语、行为和手势唤起他人的力量。

强大意志所激发的个人能力向来都令人惊讶。无须提及当前事例，我只用举出黎塞留的事例——克莱孟梭已将此做如下总结：

当黎塞留攻占马翁港时，他震惊地看到，士兵们在面临枪林弹雨时呈现出不可思议的勇气。他对这一切的印象如此深刻，以至于为了找到答案，他下令在次日再次进攻同一防御工事——当然，这次已没有守卫工事的抵抗力量。但是，这一次实验徒劳无果。法军士兵发现没有抵抗，便不能发挥此前的勇气和意志。他们需要最难以克服的障碍，才能最大限度地展示他们的英勇。

能够移山的，不是信仰，而是意志。

卷二

现代德国的演进

第一章
德国实力的崛起和发展

1 普鲁士的历史

如果要获得对一个国家哪怕是最粗浅的了解，必须首先研究其个体及社会心态的起源，以及其感受、信仰和思想，因为政治生活只是其历史的一个要素。

决定国家演进的因素各有不同，当今人们似乎对经济因素太过偏重。而实际上，受种族、环境、建制、个体或集体行为及诸多其他条件影响，经济因素的作用也各有不同。

因此，国家历史极端复杂，并且其重要性难以确定，除非这个国家是一个新兴国家，并且仅受少量根本因素的影响——普鲁士正是绝佳的例子。

要了解普鲁士统一之后的现代德国，首先需要管窥必然导致当下这场战争的心态之源。

尽管普鲁士实际统一德国尚不足 50 年，但有很多人主张，德意志的融合自公元时代之初就已经开始：法兰克人、撒克逊人、斯瓦比亚人以及奥地利人都曾经轮流将德国若干地区整合到其治下，霍恩施陶芬家族更是在 12 世纪建立了持续甚久的帝国。

然而这些统一的努力最终都殊途同归，流于败绩。至于如今普鲁士建立起来的统一能持续多久，只有未来才能给出答案。不过，普鲁士的统治似乎能持续得更久一些，因为普鲁士对德国的影响较之任何先前者都更为深远。整个德国只用了不到 50 年时间便完全对普鲁士产生认同，以至于人们不禁要质疑冯·比洛（von Bülow）（前任德国首相）在其一本著作中担忧“德国会反抗普鲁士统治”的论调是否合情合理。

关于普鲁士统治下的德国人的心态，我会在另一章节中予以探讨。在本章节中，我只想简单概述现代德国的领主是如何形成的。

古代普鲁士的心态与一些民族类似，这些民族的生存条件导致他们数百年来为了争夺土地而与邻邦战火不断，而且其作风、习俗、道德及法律均源自对征服的专横欲望。

普鲁士并非真正意义上的国家，其边界因不断地吞并而缓慢扩张，也吸纳了源自不同背景的族群。数百年来她孜孜不倦地试图扩张，而这些尝试不止一次地给她造成了严重的倒退。1640 年就发生了这种情况，在三十年战争期间，这个国家被摧毁到了如此地步，以至于有些地区只剩下了不到一半的常住人口，而像普伦茨劳这样的城市，人口更是从 6000 锐减到了 600。在这一时期，普鲁士几乎失去了所有的常住人口，并因此成为邻邦随意出入的驿站。幸运的是，南特敕令的废除将成千上万的异见人士驱逐出法国，这些都是丰富的劳动力资源，普鲁士国王更是英明地从中吸引了两万多人到其治下，这一移民潮的涌入成就了普鲁士史无前例的繁荣。

这些新移民给勃兰登堡带来了诸多崭新的工业及农业技术，他们在勃兰登堡开设了玻璃厂和钟表厂，并兴建了农场。柏林曾经只是一个肮脏的小镇，大街上垃圾遍地、污水横流，人口也仅仅有 6000 人。在这些新移民的影响下，柏林成为一个繁荣城市。法移民在普鲁士迅速繁衍，到 1740 年时，法国裔人口在普鲁士 250 万常住人口中已经达到 60 万之多。时至今日，仍有大量法裔普鲁士人，虽然他们其中很多人都已将自己的姓名改为德语了。

普鲁士国王是其疆域上拥有至高地位的统治者。在现代德国哲学家所处时代之前的很长一段时间，国家都被视作至高无上的存在，理应建立自己的法律和道德，而人民对此唯一的职责便是服从。弗莱德里希一世曾经明确下令，禁止臣民做出任何论争与反驳，这根本毫无必要——普鲁士的臣民做梦都未想过这件事。

普鲁士统治的根本原则是无休止地扩张其疆域。为了达到这个目的，常常不惜牺牲其他一切。当时的普鲁士政府也是通过宣扬日耳曼民族的优越性来为侵略正名的，而且并未遭遇当今政府所面临的种种阻碍。这对于多民族国家而言，几乎是不可能的任务。但是在那个年代中，普鲁士君主的意志完全取代了民族优越性理论。

为了实现其征服的梦想，普鲁士的历代君主将其主要资源倾注在军队上。全民兵役制于 1733 年成为法定义务。在弗莱德里希·威廉一世继位当年，普鲁士军队的编制为 38 000 人，而在他去世的 1739 年，这一数字已经达到了 83 000 人。而同一时期，法国军队有 16 000 人，奥地利军队只有 10 000 人。在这支庞大军队的支持下，威廉一世的继任者弗莱德里希大帝得以建立了一个大国，并通过吞并西里西亚和波兰的部分地区将普鲁士的疆域扩大了一倍。直到拿破仑时代，普鲁士如此呕心沥血建立而成的王国才被摧毁。但是，这种分裂仅仅是暂时的：在莱比锡和滑铁卢，普鲁士一雪耶拿会战失利之耻；1815 年更是将莱茵河流域各州收入囊中，其中不乏诸如科隆、美因茨、特里尔这样的著名城市；此后的萨多瓦战役和色当战役最终奠定了普鲁士的伟业。至此，所有德国城邦都臣服于普鲁士的统治，小王国蜕变成了强大帝国。

随着实力上升，德意志民族的自豪感也与日俱增，以至于最后他们开始相信自己是世界上最伟大的民族以及历史学家和哲学家口中的“特权种族”，他们还相信自己被上帝赋予了重塑世界的使命。

从以上所述中可以看出，普鲁士民族血管里流淌着征服的血液，也正是靠着征服，其才能铸就自身的伟大。因此，欧洲各国居然长期没能看出普鲁士的本来面目，着实令人匪夷所思。当然，法国国王一刻也没有放松对普鲁士的警惕，甚至在黎塞留时期阻挠过德国统一的企图。然而从伏尔泰时代至今，普鲁士在法国极受欢迎——哲学家和作家将普鲁士称为“自由的力量”，丹东将普鲁士看作“天然的盟友”，因为普鲁士和大革命时期的法国一样，同样遭受了许多误解。米什莱也十分支持普鲁士并且希望德国的统一，他说：“由于上天的恩赐，我们将可能见证一个强大辉煌的德国。”

法国对普鲁士这种令人难以置信的信任甚至持续到了萨多瓦战役。法国某位最具影响力的作家写道，“从逻辑上，法兰西是跟普鲁士站在一起的”，另有一份大报甚至宣称：“德国的统一是大革命的胜利，支持普鲁士是对终极正义的追求。”这是何等的谬论！

2 帝国战略和平开端——好战情绪死灰复燃

在普鲁士统一德国之后，帝国首相俾斯麦构建出自己的一套战略。

他一心想通过维持和平来实现德国国内的整合，而他战略的核心则是确保德国盟友的支持，以防法国开展任何报复活动。他一直相信法国可能实施报复，并且经常在国会演讲中提到这一点。以下演讲片段便清晰地说明了他的本质意图：

法国一旦占领了梅斯、图勒以及凡尔登这三座城市，德国的边境便会面临严重问题。长期以来，我们已经对此遗忘了，而我今日旧事重提只是因为历史的关联。因为我们已经拥有梅斯了，也无意夺回图勒或凡尔登。但是，由于边界问题，每一代德国人都被迫将战争的利刃指向法兰西。那么，现在这场与法国的边界之争已经尘埃落定了吗，抑或是没有？这个问题恐怕在场的诸君都无法回答。对于这个问题的回答将在根本上转变两国关系的定位，并改变我们对边界问题的态度，因此我只能与诸君分享个人的意见，那就是，这场边界之争并未结束。

在掌权时，俾斯麦不断致力于维持和平，这与当今德国皇帝起初的政策一致。德意志帝国团结如一、经济极其繁荣。德国的商船船队日渐扩大，航程覆盖了世界每一个角落，除了英国之外没有任何国家可以与之匹敌。而英国作为竞争对手，日益成为德国恐惧和厌恶的对象。

曾经令俾斯麦夜不能寐的法国终于不再使德国焦虑，这主要是因为法国的国力已被宗教和政治的纷争大大削弱了，使得复仇的旧观念不复存在。但是，德国仍然存在与法国发生冲突的可能性，那就是在法国与英国结成盟友的情况下，因为德国早晚要与死敌英国决一雌雄。

在俾斯麦统领国家时，战争被视为德国必须尽力避免的危险，而当德国国内贸易和制造业开始发展壮大时，战争又成为德国夺取世界霸权的有效途径，从而变成了德国人民期望的对象。当时，德国各军队派系、爱国团体、媒体以及大学联合发起了一场运动，意在激起公众舆论并为战争做准备。政府倾尽全力支持这场运动，以便引起国会对于早期敌对行为的忧虑，从而得以通过增加税收的法案，以此进一步强化军力。

3 德国作家制定的征服策略

当前欧陆战争的舆论制造很大程度上是冯·伯恩哈迪将军的杰作。但事实上这有些言过其实了，因为伯恩哈迪表述的只是大多数德国人的观点，特别是诸多拥有强大影响力的所谓爱国团体的观点。尽管其作品只是罗列了德国舆论的共识，但若在此引述其中若干片段，可能仍会对读者有所帮助。

以下是伯恩哈迪著作第十章中主要观点的摘录（由于德语原版在这本书付梓时尚无处获得，故我在此使用英文版）：

国家运行时所需考虑的唯一因素只有武力，除此之外国家可以无视一切规则，除非可以从中获利。

难道我们可以容忍一个人口只有区区 4000 万的手下败将（此处指法国）对德国的扩张计划指手画脚吗？

我们要粉碎三国协约、羞辱法国并树立德国应有的威信，唯有如此才能确保德国在欧洲大陆的地位。

现在正处于独立状态的中欧国家必须被并入德国……直到我们与英国交战，我们的外交政策才不算是失败。

宣战的时机必须取决于我们自己的独立意志，同时必须要让我们的敌人措手不及。

不仅是我们的陆军和海军要随时做好战争准备，我们的外交政策也要随时做好准备。

在有关国际仲裁的一章中，伯恩哈迪则试图说明向仲裁员提出法律问题的困难性：

大国之间解决争端只应该靠实力，而不是靠正义……对正义的理解见仁见智，而正义的概念本身也会随着不同个体和国家而产生不同变化。每个国家都有自己的正义标准、愿景和野心，而这些都是由其历史和民族个性形成的……没有人可以说清，究竟哪一种正义才是正当的。

不可能制定出一套可以规制国家之间差异的成文法……每个行业、每个国家对荣誉感都有自己的独特理解……普遍仲裁条约必然对富有雄心的新兴国家产生特别大的危害，德国就是这样的国家——她尚未达到政治和国家发展的最高峰……由于普遍仲裁条约，所有需要改变疆界的国家行为都会受到阻止，强国也会受到限制而不能发展，只有衰退中的国家才会因为这样的仲裁条约受益。

人们不能把个人道德的概念套用于国家之上，国家的道德是基于其本身的，必须符合国家特点且取决于其国家性质与国家目的，正如个人道德必须建立于个人的性格及其对社会的责任之上。

强权是国家的本质，软弱是国家的罪过。

如果一个国家不断膨胀的人口要求其不断扩张权力，那么不寻求这种扩张是不道德的……国家绝不能允许自己受到条约义务的约束，那会危及或者至少不利于国家的存续。

显而易见，以上理念与欧洲文明数世纪来的理念大相径庭，并且把我们带回马基雅维利时代意大利君主们所遵从的原则（伯恩哈迪的理论招致了许多国家的不满，他对此相当惊讶——那些国家并没有意识到他只是复述了在德国普遍存在的观念。他感到有义务接受采访并辩白他受到的误解和妖魔化。但是他的论调是如此明确，很难再让人们做出任何其他角度的解读。）

伯恩哈迪并不属于那种超然古怪、无人附和的人，他的观点不断被各种学者反复阐述。以下是从一本书名为《假如我是君王》的作品中摘录出来的片段，这些片段被 1914 年 9 月的《记者》杂志转载：

既然德国的地位最高，自然就有权享有一切。德国应该以铁血手腕摧毁阻挡本国扩张的一切事物。我们必须摧毁英国，也必须摧毁法国，这样才能夺取他们的殖民地，以及在必要时夺取他们的领土，以换取我们的安全；至于荷兰、比利时这样的小国，必须受到德国高高在上的监护；更不用提俄国，其将会被轻易征服，而德俄的边界地区将统统成为德国的殖民地。

海尔·舍尔是俾斯麦的拥趸之一，他的以下言论清楚地表明了德国的政策：

有思想、有见识的人应该把“坦诚是最好的政策”这样的陈词滥调扔到儿童启蒙读物中去。从来就没有真正意义上的诚实，将来也不会有。政治家必须毫不在乎自己对敌手是否不坦诚或不公平，而应当毫不迟疑地完成自己的任务。

一直以来，普鲁士政治理念的本质特征之一便是对弱国发自内心的蔑视，普鲁士甚至拒绝承认弱国应当有权存在。前任比利时驻柏林公使巴郎·贝恩斯讲述了他与德国外交大臣的部分对话：

他（德国外交大臣）认为只有大国才有殖民的权利以及权力。他向我吐露了内心真实的想法：如果欧洲发生变化，只会对最强大的国家有利，那些小国将不可能获得先前许诺给它们的独立，必将最终灭亡或为大国所吞并。

在历史学家、哲学家和作家的大肆鼓吹下，德国统治世界的美梦也使其人民日渐开始出现幻想，认为自己是无可匹敌的优秀种族。最终，以上所有鼓吹带来了相应后果，好战派在德国国内的势力日渐强大。

4 德国政治演进概要

自从普鲁士统一德国以来，对于德国的历史和愿望，可做如下总结。

我们已经看到，是普鲁士创立了现代德国，这个国家由征服塑造而成，又由征服获得兴旺繁荣。在1870年战争之后，普鲁士统一了各个邦国，自然将自身的完善组织结构加诸联邦之上。

政治心理学的主要原则之一，即制造并传播特定感情，并使其集体化。这是因为，如果能够操纵情感，便能巧妙地控制一国国民的意志。如能使这些情感稳定持久，便能重塑国民心理。

利用自己的大学教育、历史学家、哲学家、爱国社团以及军事制度，普鲁士在不到50年时间内改造了德国人的价值观。历史学家们说服德国人民相信，他们优于世界其他任何民族；哲学家们鼓吹，在强权面前，公理不过是无力的幻想；政治学家们宣扬，德国将统治世界；军事教育尤甚，渐渐奴役了德国人民的意志。

面对其他国家的发展，德国愈发需要足够强大的陆军与海军，这不仅是为在各个地区宣示德国的政策，更是为了为发动战争做好准备。德国政府大肆宣扬，来自其他国家的嫉妒和敌视已经严重威胁到德国的生存。

在其他所有国家中，英国是德国最为畏惧的敌人。为激起民众对英国的愤怒与敌视，德国学者们一直宣称英国是德国扩张道路上不共戴天的敌人。德国甚至匆忙组建了一支舰队，旨在摧毁英国强大的海上力量。

当激起公众热情已经变得相对容易之后，公众的这股热情很快便成为难以制服的强大力量，对其加以约束变得异常困难。因此德国政府很快发现，公众热情再也不受约束，各个激进党派已经形成，并开始着手将国家推向战争的深渊。到了这个时候，公众如此热切渴望战争，战争一触即发。

第二章 德国哲学家对国家的定义以及对历史的阐释

1 德国国家概念的起源

个人与国家的关系向来都是一个重要的政治问题。但是，仅有少数大国能够在国家权力与个人自由之间建立令人满意的平衡状态。在古代，尤其是古代东方，这个问题有一个简单的解决办法：君主集所有权力于一身，实行专制独裁统治。

出于统治众多种族的需要以及吞并邻国领土的野心，普鲁士不得不采取绝对专制的统治。普鲁士的历任君主都相信，国家权力高于一切，国家意志应当凌驾于道德与法律之上，国家义务即通过征服不断扩大统治，而国家遵守条约仅仅是出于自身利益的考虑。因此，普鲁士君主一贯完全认同：战争无所谓正义与否，只看胜败，胜利的战争便是正义的战争。

尽管多数普鲁士君主从未明确宣扬过以上信条，但却全然依此行事，并由此塑造了德国的历史。德国哲学家们的任务，便是为这些信条构建理论基础。因此，黑格尔和费希特等知名思想家首先提出了“国家”概念的哲学原理，然后由特赖奇克、尼采、拉森、伯恩哈迪发展并予以推广。

黑格尔是首先提出国家绝对权利理论的学者之一，在他看来，强权是历史的决定力量，居于国家地位之上，应被当作上帝来崇拜。有很长一段时间，这些理念都仅在德国各所大学之内流通，直到很久以后才在更大范围内被普及，并在广大读者之中引起强烈反响。

德国哲学的部分理论宣称：普鲁士代表上帝意志，高于其他一切国家，不受道德法规的约束，绝对有权征服弱国。因此，这些理论受到普鲁士政府的支持和鼓励。由于德国哲学家提出的国家社会主义理论暗含着很强的侵略性，其支持者试图将这些理论与罗马时期的理论加以联系，以证明无论在共和国还是帝国体制下，国家都是至高无上的存在，并拥有绝对权力。之后，他们还曾力图证明德意志帝国是神圣罗马帝国的延续。然而在事实上，德国关于国家的观念与罗马毫无相似之处，反而与亚洲国家更为类似。

以上有关国家的哲学理论是普鲁士全部体制和历史的渊源，这不仅因为其框架与内涵都已完全形成，更因为它们由于实践而深入人心，成为德国人民行动的激励因素。

2 国家利益高于一切

上述国家观念既已在德国形成，则必然将导致国家利益高于一切。

事实上，这已在现实中发生——首先在普鲁士，然后在整个帝国之内。国家供应着一切，同时也管理着一切。国家的官僚体制在其他任何地方都可能令人无法忍受，在德国却受到普遍容忍。这是由于德国人民本身具有内在的服从性，并且早已习惯了过分严苛的军事体制。根据黑格尔的理论，国家具有神性，人人都应自愿对其服从。诺瓦利斯甚至说过：“打个比方，国家是一个神明的化身，法庭、戏院、政府等公共场所便是其身体器官。”

根据哲学家的理论，国家的这种神性仅仅需要受到人民的服从，而不是来自理性的赞同。因为国家地位如此至高无上，已远远超越了一切赞美和批评。不过，在德国很少有人想到要批评国家，因为普鲁士的统治制度已使得臣民无比热爱国家，如今他们更是渴望令德国全体人民都产生同样的情感。

在法国，情况则恰恰相反，我们更多是将国家视作与我们本身完全分离的实体。我们或许偶尔会利用国家来获得某些好处或庇护我们的软弱，在更多时候却将其视为敌人。但是，德国人却将国家视作全种族的集体化身，他们认为，如要反对国家抗争，便是反对自己。

无论出于何种原因，国家的地位在德国至高无上，对国家的崇拜深深根植于德国人的灵魂之中，统治者不费吹灰之力便能够确保人民对国家的服从。法国和英国人民热切渴望自由，而德国人却热爱服从。德国对专制具有一种热情，一旦获取任何权力，便将抓住机会实施专制统治。

普通士兵更是完全被视为国家的奴隶，这明确反映在 1891 年德皇在波茨坦的征兵演讲中：“你们的身体和灵魂都属于我。如果我命令你们向你们的父母开枪……你们必须一言不发地遵照我的命令。”除了德国之外，试想还有哪一个文明国家的统治者胆敢说出这种话？

由于德国人的服从性，统治他们成为一件易事。因为在法国常被违反的制度规则，在德国却总是得到严格遵守。例如，巴黎的阿斯托利亚酒店事件若是换作在德国，就绝不可能发生：这座酒店的建筑商非常清楚，在法国违反法规是家常便饭，因此该酒店的建筑高度远远超过了有关规定的允许范围。尽管塞纳辖区、巴黎市政委员会和国务院从 1907 年起不断下发禁令，该酒店却依旧在持续加高。

从上述事件可以看出，法国政府不仅毫无威信，而且没有能力确保其规章制度受到尊重与遵守。如果此事发生在德国，结果将大为不同——超出建筑标准的楼层在 24 小时之内便会被拆去，甚至根本不可能事先被许可建造。

一些德国学者在战争期间发表了若干作品，这些作品当然不可能完全准确地反映公共舆论，但是依然具有一定代表性，并值得受到关注。因此，我摘录了奥斯特瓦尔德教授的以下言论：

由于强大的组织能力，德国达到了高于其他任何国家的文明水平。在我们的敌人中，俄国还处于游牧阶段，法国和英国刚刚到达我们所谓“个人主义”的发展阶段，比我们落后了五十多年。除此之外，德国高度发达的制度和组织性也决定了我们今天的至高地位。你或许会问我德国想要什么。好吧，德国想要接管欧洲，因为欧洲向来缺乏组织与管理。德国想要开拓出一条崭新的道路，想要实现集体力量的理念。这一宣言必然迎合了某些主张集体主义的社会主义者，但却很难说服更多学者——他们认为重大发现与进步都是少数优秀者而非集体的工作成果。

在需要群策群力的情况之下，集体的优越性便体现出来了。这对德国人尤其有利，因为他们的纪律性和群体性使得集体合作非常容易，而个人单打独斗则非常困难。但是，集体却完全剥夺了德国人的个性。在战争期间，审问德军战俘是非常艰难的任务，因为德军军官和士兵的思想似乎都是由同一个模子铸造出来的，这也给审讯人员留下了非常深刻的印象。

在德国，国家社会主义采取了一种神秘主义形式出现，几乎化身为一种宗教信仰。柏林大学的爱德华·迈尔（Eduard Meyer）教授曾对德国人和英国人关于国家的理念做出过如下比较：

事实上，我们在此探讨的是两种截然相反的国家理念，它们也在经历着你死我活的激烈较量……英国与德国不仅在关于国家的理念上存在分歧，更因此形成了截然不同的有关自由的思想。对于英国人而言，自由意味着个人享有追求物质利益的无限权利，不受国家、多数人意志或公共舆论等任何干涉。对于德国人而言，自由则意味着对集体利益和国家目标的服从。

“英国人将国家视为施加强制力的工具，主张国家的权利和需求应当尽可能有限地影响个人。而德国人则将国家视为民族宏伟目标的体现形式，主张国家权力应当覆盖全民生活，每个人都是国家的一员，都应将国家禁令视为自身意志的体现。个人只有无条件履行义务与服从国家，才能称得上是高贵和有尊严的。因此，德国人将全民兵役制视为自由国家的基石和最高体现，而英国人则将之视为最令人憎恶的事物，称其是一种有悖自由理念的专制强迫手段。”(1915 年 3 月，《科学评论》)

以上言论已经明白无误地向我们展示，德国计划在胜利之后将强加给欧洲一个什么样的制度，正如它已经强加给阿尔萨斯的一样。

一个人可能消极被动地服从，也可以认为这种服从是“其自身自由意志的体现”。这种心理幻觉甚至会使古代的奴隶相信，他在某个黑暗的作坊里拉磨也是出于自由意志。

一个国家要确立其国民的服从性，必须先实施历经数代的军事化管理。没有一个英国人或美国人能够容忍德国的制度，因为他们相信国家的存在是为了个人，而不是个人的存在是为了国家，而且他们认为自由与独立比被动服从重要得多。

曾有人客观指出，德国哲学家构想的国家社会主义与法国的民主社会主义之间有许多相似之处。但是两者之间也存在显著区别，前者极端强调实用性，并充满了征服欲；后者则以理论为主，尽管充斥着极端的威权主义倾向，却宣扬和平主义和博爱精神——当然，那些曾经受到无情迫害的阶级显然不是他们和平与博爱的对象。

3 对武力的崇拜

经由上文对德国国家观的阐述，读者必然已经感受到了德国对武力的极端重视。普鲁士无须借助任何理论指导来认识武力的好处，因为这个国家本身便是由武力创建，也正是在武力支撑下持续发展壮大的。

为了使武力的成果正当化，德国学者们自然需要抛出一种理论，将武力标榜为历史的决定因素，并将胜利定位为国家价值和谁为强者的唯一体现。

这样一来，武力便被提升到至高无上的地位，而且无须表现任何同情与怜悯——德国哲学家和历史学家们不断重申，武力有权随心所欲、自行其是。德国著名法学家耶林写道：“征服者的权力即法律。”尼采也说过：“道德仅是平等主体之间的相互义务。至于那些低等或外来的对象，完全可以随心所欲地用任何方式予以对待。对强者而言，怜悯是最大的危险。”

当我在另一章中提及德军总参谋部的作战指令时，将有机会向读者说明：以上宗旨是如何分毫不差地得到适用，又是如何残酷地摒弃一切人道的。

显而易见，这些宗旨和基督教教义以及文明进步都已相去甚远。德国名义上还是基督教国家，但其《圣经》里的耶稣已经变得和欧丁神一样野蛮，唯一目标便是征服和杀戮。这种新型的基督教具有很强的邪教性质，全盘否定了《圣经》道德。根据尼采的学说，《圣经》主张的道德是“奴隶的道德”，温顺、仁爱、慈悲都是软弱的表现。武力创设权利，因此最强的国家才有权利统治他国，并没有义务表示任何友好和善意。德国整个知识界都对威廉二世的这句话推崇备至：“我们不需要慈悲为怀。”因此，这样的宗旨不可避免地导致了德军在本场战争中犯下的种种冷酷暴行。

当德国人民看到武力确实带来的一些好处并令德国变得强大时，自然开始涌现对武力的崇拜。此后，德国还出现了新的理论学派，不断鼓吹德国人是优秀种族，肩负征服世界的使命。由此，战争在德国人眼中变成了新时期的十字军东征，要席卷一切可能反抗德国的国家。德国征服者们不仅煞费苦心地剥夺其他国家的财富，还提倡用自己的思想主宰其他所有劣等民族。

如果不能控制人的天性，最好就顺应它们并激发它们。基于这一原则，德国哲学家们巧妙地激发了人民对于征服、屠杀、掠夺的天然渴望。

4 宗教与国家之间的关系

即使在最绝对的君主政体中，国家与宗教往往都是两大独立势力，尽管有时意见不合，却极少出现一方完全受制于另一方的局面。但是，由于国家绝对权力理念的树立，普鲁士王国的创建者们难以容忍任何宗教势力与国家抗衡。事实上，新教信仰在德国向来都被世俗势力所淡化，宗教和政治根本没有必要产生冲突，也不会产生冲突。但在1870年战争之后，当普鲁士将统治范围拓展至德国全境，却发现全国有2500万天主教徒和4000万新教教徒。尽管俾斯麦如此神通广大，却也无法解决从中产生的难题。他起初坚持了一段时间，最终仍然不得不予以妥协。尽管如此，两大教派之间的矛盾日渐激化，虽然“一战”使得这些矛盾暂时消失，但毕竟不是长久之计。由于教派之间的分歧，德国在长时间内必然难以实现完全统一。

在德意志政治中，2500万天主教徒发挥了非常重要的作用。政府是帝国的基石，却依然受到国会制约，国会还可能在税收等问题上否决政府决策。天主教会在国会建立了中央党，并与一些反对派团体结盟而占据多数席位。不仅如此，他们还控制了多数报纸与评论渠道，并且不太听从政府引导。1909 年，他们的投票甚至导致当时的德国总理冯·比洛的辞职。

天主教党派在政府圈子内自然不受欢迎。事实上，某一国务大臣甚至曾在一次国会演说中将其称为“帝国有机体中的脓疮”。但是，天主教势力如此庞大，并不需要任何外部支援，便足以对抗普鲁士政府。普鲁士政府和新教教会都认为普鲁士国王是德意志帝国唯一的首脑；天主教会则承认两个首脑——皇帝和教皇，后者是上帝在世间的代言人，因此地位高于前者。新教不愿向天主教妥协，因为新教认为德国的强大正是来自新教精神，许多历史学家也支持这一观点。在本书其他章节中，我将引用特赖奇克的著述就此予以说明。

综上所述，宗教的二元对立将迟早成为德国的短板。

5 德国理论学者对国家和法律的阐释

不熟悉德国哲学家和历史学家的读者可能会认为，我实际上夸张了他们的观点——从黑格尔到特赖奇克，再到伯恩哈迪，这些人的观点似乎来回重复、大同小异。在本书另外部分，我还将引用上述学者们的一些学说加以说明。此处我仅仅选取柏林大学教授拉森（Lasson）著作中具有代表性的部分摘要——这本书在战争爆发之前便已出版，其中一些内容也已被《泰晤士报》所刊载：

在国家之间，仅仅存在战争，因为冲突是国际关系的规则与本质，友谊不过是意外和特例。

只要人们还具有自由意志，仅靠强制便能确保法律的实施……

国家之间没有法律。法律是至高无上的权力，如果一个国家认可法律，便意味着承认自身的软弱，并降格至经允许才能存在的共同体。这种共同体根本没有能力行使国家的基本职能。

国家的存在与其国力有关，一个小国根本无权存在。国家之间的唯一法律便是强者的法律。

不管存在任何条约，弱国都是强国的猎物，强国可凭借自身能力和愿望对弱国为所欲为。只要这种情况合理，便可以称之为道德的。

如果我们把国家看作有智力的人，就会发现他们之间爆发的冲突只能由武力解决……为了避免战争，必须首先压制国家本身。

……未对战争做好准备标志着一个国家在物质和道德上的双重衰落。

……无论一个国家在学术、道德或物质领域取得何种进步，终究都将是徒劳的，它将成为其他国家文明的肥料，除非能够捍卫自身和取得的成果。

征服的战争和防御的战争同样具有正义性。反对为征服而战是愚蠢的行为，征服这一目标本身便是唯一有趣之处。

战争可能是出于经济利益，却绝不可能出于某种理念，因为这将意味着对国家生命所有健全基础的颠覆。

民族国家能在最高形式上实现了种族文明，这只能通过摧毁其他国家得以实施。

独立并不是所有国家固有的权利，必须经过艰辛与劳苦获得……

对于一个高度文明的国家，若其文明并不利于国家的集中化和军事化，就必须服从于另一个拥有高度发达的政治军事体制的野蛮国家……

在不同文明之间，只存在冲突与仇恨。

对于他国事务的干涉是一个国家的权利，其唯一限制便是他国的国力。

弱国往往习惯自我欺骗，认为那些保证他们可怜存在的条约不可侵犯，但是只有足够强大的军事实力才是唯一保证。

有人谈论所谓的民族权利。但是，允许一个民族或其部分自己决定某些国际问题。例如，该民族应当属于哪个国家——便如同任由一家之中的孩子投票选择谁是他们的父亲。所谓民族权利，不过是法国人最无聊的幻想。

在公开宣称以上信条的国家面前，没有武力支持的权利主张是虚弱无力的。关于抽象权利的美好之处、权力与权利的比较，还是留给学者们去探讨吧。普通人更应当掌握自我防卫的方法，毕竟这比理论要可靠多了。

在武力面前，仅仅主张权利是毫无用处的。在历史上，许多传教士确实曾经违背君主意志而成功主张过权利。但是，尽管他们手下没有士兵，却绝非没有权力。与之相反，他们手握重权，因为他们是上帝在世间的代言人。

德国的理论无疑是一种历史倒退，并将我们带回过去的某一历史阶段：君主们蔑视条约，认为条约能够任意违反，自己手中的宝剑才是最可靠的。当前，德国的军事制度已经和工商业发展完全脱节了，二者处于截然不同的文明阶段。一个深信强者之权利的德国记者说，德国如果胜利，不需要对其他国家履行任何义务。德国当然不需要，但是人们会禁不住思考：哪一个国家会愿意和持有这种信条的国家相互往来呢？

如果说正是德国的上述理论导致其最终对比利时的野蛮入侵，应该算是客观公正的结论。正如莫姆森所说：

请注意，这个国家（德国）曾经兼具军事实力和文化实力，如今文化不见了，只剩下一个完全军事化的国家。

由于德国的错误理论，欧洲被迫陷入了长达45年的紧张备战状态，最终只能以全面战争的形式收尾。

第三章
德国的经济演进

1 德国的工商业繁荣

历史上经常能够看到，一个贫穷的国家为了自身富足而向邻国开战，普鲁士王国也是典型例子之一。但是，如果一个国家经过拓展海外贸易而早已变得富强，又拥有一支强大军队来抵御任何外来侵略，还会贸然发起一场无论胜负都毫无收益的战争吗？——显然，多数国家都不会。尽管如此，今天的德国还是这样做了。

德国进入繁荣阶段不过 25 年，但在这短短期间内，其人口显著增长，贸易、商业都得到大幅度发展。正当其经济成就正在超越英国花费 100 年所达到的水平之际，德国却参战了。

从以下数字和资料中，读者可以清楚地了解德国在“一战”初期的工商业扩张。

从 1888 年～ 1914 年，德国人口自 4800 万上升至近 7000 万；同一期间内，其国家财富从 100 亿英镑增至 1488 亿英镑。

（以下是 1915 年 4 月的 *Reveil National* 刊登的德国经济学家对国家

财富的统计结果。在此我只提供数字，不确保其准确性：

1. 私人资产，包括不动产与个人财产——88 亿英镑

2. 城市资产——20 亿英镑

3. 农村资产——20 亿英镑

4. 私有采矿企业资产——24 亿英镑

5. 海外投资与所持外国抵押价值总额——10 亿英镑

6. 国有矿产、国家机构、公共建筑、港口、运河——6 亿英镑

7. 流通账单、银圆、货币——24 亿英镑

以上便得出了 1488 亿英镑的总额。另据估计，德国的年度税收为 16 亿英镑。）

德国的商业覆盖了全球所有角落，尽管德国自己的殖民地不多，但是整个世界都在逐渐为其提供贸易市场。在以普鲁士为代表的军事化德国崛起的同时，一个工业化的德国也在数年之内发展壮大，并逐渐赶上了原本领先一步的英国和美国。

在推动德国工业发展的众多因素之中，最重要的是煤矿的发现。德国的煤矿产量从 1870 年的 2600 万吨上升至 1913 年的 10 900 万吨。而在 1913 年，法国的煤矿产量尚不足 4100 万吨。（其中，2700 万吨都产自目前被德国占领的地区，法国四分之三的钢铁也产自这些地区。）

英国曾经便是因为煤炭的开采而变得富强，有此先例，德国必然也将因为煤矿业而繁荣兴旺，德国有能力将部分煤炭资源供应于对外出口。与此相反，法国则不得不进口部分煤炭用于消耗。

如要正确理解上文中数字的含义，则必须思考它们所代表的财富。在全世界目前正在经历的工业发展阶段中，一个国家的财富主要取决于自身的生产力。直到最近，这种生产力的唯一来源都是人类的手工劳动

力，直至煤炭出现后，煤炭的燃烧便取代了人类的手工劳动力，成为这种生产力的重要来源。

经由许多实验证明，一个劳动者在 8 小时的工作日内每秒劳动做功 432 尺磅。如果同样的工作由蒸汽机烧煤完成，只需耗费 15 磅煤炭，如果按一年工作 300 天来计算，一年需要消耗 0.2 吨煤炭。因此，1 吨煤的工作效能相当于 5 个人的劳动力，100 万吨的煤炭效能就等于 500 万人的工作效能。当我们说德国每年生产 19 亿吨煤时，意思是这些煤炭提供的机械劳动力相当于 95 亿工人。

此外，煤炭能源非常经济，100 万吨煤炭通常费用为 60 万英镑。如果我们按每天 4 便士计算每个工人的工资，500 万工人的工资总额将高达 3 亿英镑。（我的计算结果或许乍一看来令人震惊，但却是经一位矿产监督与科学委员会的朋友核实过的。）因此，一个国家煤炭产量的增加实际上等同于国民人口数的增加。煤矿多人口少要远远好于煤矿少人口多，5000 名矿工一年能开采出 100 万吨煤，这 100 万吨煤又能够完成 500 万名工人的劳动任务。

现代工业的所有产品，从巨大的军舰到榴弹炮，都是煤炭转化为能量的体现。一个国家煤炭越多，就能够拥有更多的工厂、铁路、军舰、火药和大炮。

德国巨大的煤炭产量无疑是其近期发展的最重要因素之一，并对其国内经济和国际活动产生了一系列影响。

这些影响之一，即德国开始重视工业、轻视农业。德国过剩的煤炭产量与人口使得其能够制造极具竞争力的廉价产品，因此大大带动了出口，并促进了更多企业的建立与扩张。例如，克虏伯旗下有 10 万工人，曼内斯曼有 15 万人，巴登钢铁有 8000 人，拜耳也差不多有 8000 人。多数企业都在不同国家建立了分支机构，从而得以避税减税。他们参照的是美国默克公司达姆斯达特分公司的事例，该公司基地在德国，在伦敦有附属机构，所用配方多为法国提供，生产场所则坐落于巴黎附近的蒙特涅。

这些企业的机构设置非常巧妙。以拜耳为例，拜耳有 14 名经理，手下管理着 304 名药剂师、67 名工程师、8 名医师、4 名律师、650 多名技术工人（包括机械工、电工等）。工厂车间有 3 万盏照明电灯，每天产出 30 车产品。

德国人在各个工业领域都非常出色，例如制造实验室设备、摄影镜头等，法国制造商只能望尘莫及。

德国的成功导致其不断扩大产出，这种速度使得其不断需要开拓新市场。这间接导致了战争的爆发——德国作为工业世界的新来客，发现自己处处受到以英国为首的竞争对手的制约。因此，德国不久便意欲对其开战。

但是，这种工业过度扩张有其非常危险的一面。德国著名金融家海尔法里耶估计，德国的年度税收为 20 亿英镑，国民财富总值为 160 亿英镑。这些数字可能有些夸大，我们还是能够接受。但是它们究竟代表什么意思？它们意味着德国制造业过于庞大的产出已远远超过国内消费能力，因此必须寻求海外市场。海外市场一旦关闭，将会导致数百万德国工人陷入困顿。因为在 7000 万德国人口中，仅有 1500 万人依靠农业生存。因此，德国制造业的繁荣和分配利润完全取决于产品的销售能力，否则将断绝收入来源。所以，德国不得不持续累积财富，否则将失去所有。

制造业被成功冲昏头脑，不停地进行扩张。德国电气公司成立于 1883 年，初始资产 500 万马克，现在已有 24 000 万。显然，如果想在如此庞大的资本总额基础上获得分红，便一刻也不能停止生产。

综上所述，便可以理解德国为何如此警惕竞争对手，又为何如此痛恨其中最危险的敌人——英国。

2 德国走向繁荣的各种原因

正如我们所见，德国近年来的繁荣主要由于发掘了国内丰富的煤矿资源。但是，这并不是唯一，还有其他原因——若干是真实的，若干则是假想的。假想的原因包括：德国的经济成就是1870年军事胜利的结果——这一错误观点常常出现，也常常受到否认。最近，阿弗内尔的一篇文章又对此观点提出反驳，他轻松地证明了国家财富与统治地位各自独立，军事实力从不能促进一个国家的商业发展。有些非常富裕的国家——诸如美国、荷兰、瑞士等根本不具备军事实力。如果说德国由于法国在1871年的2亿英镑赔款而变得富强，也是毫无根据的，因为在以军备维持的45年武装和平期间，德国的花费已经超过24亿英镑。此外，在1870年战争之后的前8年至10年间，德国实力并不突出，因为那场战争在事实上使全欧洲的工商业发展放缓而不是加速。

在德国工业繁荣的真正原因中，首先必须提及的便是其杰出的职业技术教育以及树立纪律、秩序的军事化教育。这两者其实有共通之处，因为工厂和军营非常相似，从一个过渡到另一个是非常轻松的事。

德国人自己也承认军营生活的影响。一位经济学家如是说："正是由于德国军队的纪律精神，我们才得以实现经济发展，由此引发英国对我们无比嫉恨。……军事制度是我国劳动阶级的学校。”

我认为，至于那些僵化严苛的军事制度所要求的纪律和规则，只有德国人才能容忍。但是，他们究竟是如何对此加以利用的？他们到底利用了何种手段发展工商业呢？

在我的前几部作品中（《社会心理学》《政治心理学》），我已解释了后一个问题，并说明了卡特尔的功能以及德国是如何在商业上入侵其他国家的。一位博学的经济学家——M. 米利奥德（M.Millioud）也在 1915 年 4 月刊出的《日内瓦学报》上发表了同一主题的调查文章。他的结论与我相似，但是由于他是中立国学者，因此我将主要选摘一些他的观点。

米利奥德首先指出德国日渐明显的扩张趋势，尤其是在比利时等国——德国在这些国家之内设立了众多商行和代理处，以便进行各种直接与间接贸易。

强大的卡特尔制度不仅通过制造商进行人员的组织管理，更是通过设立办公室来调控价格、获取收益并分配收益，从而使得德国制造商得以低于成本价销售货物，击垮竞争者。米利奥德举例说明，德国冶金产业在本国国内的钢筋销售价格为 130 马克 1 吨，在瑞士为 120 马克 1 吨，到了意大利则仅为 75 马克，这甚至比成本价低了 20 马克。

通过此类削价销售，再加之长达 12 至 18 个月的信贷周期，德国企业在各个国家都锁定了庞大的客户群，并消灭了竞争对手。最终，他们便可以基于这种垄断地位而随意制定市场价格。德国政府则同时作为客户和后盾，为制造业全力提供支持，同时政府还制定了有差别关税制度，从而进一步促进出口贸易。

以上方法需要大量的资金，若要追溯这些资金的来源，则是很有趣的事。德国工商业的主要资金来自银行业。德国银行首先吸取国内存款和法国的存款（通过从法国金融机构取得贷款），随后向国内各种工业生产企业注入资金。如果这些资金仍然不够，就加入股票，这意味着将银行的现金储备转化成难以转让的商业票据。

此处存在一些缺陷和风险，导致一些金融机构的崩溃。此外，基于巨额资本之上的分红要求不断提高产量，这使得德国的工业产能远远高于国内市场需求，因此不得不开拓更多海外市场以调控价格、管理产品供给。但是，德国在此遭遇了很多竞争对手，尤以英国为首，后者的贸易增长几乎已与德国保持同样速度。

因此，米利奥德得出以下结论：

> 德国人感觉在各方面都受到威胁，但是其实没有一个国家真正想要威胁他们。德国人宣称为了捍卫自身存在而斗争，这完全没错，因为德国的制造业、金融业和政治早已将其推上经济征服的征程之上，再无回头路可走了。但是他们的所为却给自身带来麻烦，虽然还没遭遇失败，他们却早早地清楚看到胜利正在离他们远去。随后，德国人便面临这一问题：是否应该坐等失败——坐等贸易停滞、贷款蒸发、经济萧条、民众暴怒？德国人一定自问过，目前局势的演变是否会迟早使得战争不可避免，如果德国能够先发制人取得胜利，该不该抓住时机？无论如何，正如马克西米兰·哈登所说：胜利者才有资格谈权利。

我确信，上述经济原因终有一天将促使德国发动战争，因为德国学者已对此做了再三强调，以至于这点根本不容置疑。但是，由于战争尚未体现出其必要性，开战时刻并未到来，而是正在不断接近。有报道称：

战争爆发前一个月，汉堡－美国蒸汽轮船公司的主席、德皇最信任的顾问之一巴林（Herr Ballin）发出了极具预见性的警告，值得引起法国所有媒体的关注。巴林沉痛地指出，德国的海外市场正在全面萎缩，甚至可能完全消失——那将意味着德国市场的全面崩溃和几百万工人失业。开战之前，柏林已有10万名失业工人，制造商想以8%的利息进行贷款都已变得非常困难。一言以蔽之，德国再怎么努力奋斗，都难以承受海外市场萎缩的严重后果。

因此，德国确实已经足够繁荣，但是我们可以看到，这种繁荣正在面临着严重的威胁。

3 德国在法国和世界其他国家的商业扩张

尽管面临上述风险，德国却依然能够保持繁荣发展，并且在全球各处与他国展开了激烈竞争。

商业竞争并不仅仅旨在带来金钱利益。毫不夸张地说，工商业入侵与军事占领一样，迟早能够帮助一个国家完成对另一个国家的征服。对于德国而言，这一现象正在许多国家中渐渐成为现实，尤其是比利时、俄国和法国。德国的工商业已经占领了许多地区，甚至达到了全面入侵的程度。例如，蓝色海岸地区从圣哈法尔到意大利边境的所有大酒店都已经是德国酒店。法国大量的制造企业，如药剂、光学设备、化学品、洗染用品等，都已掌握在德国人手中。德国还在利用其企业组织、商业手段、技术教育和劳动力等优势不断地蚕食法国主要制造商。根据统计，在法国已有 12 000 家德国企业，如果再保持这种速率扩张 20 年，德国人根本无须开战便早已成为法国的真正所有者了。

同样的现象也发生在意大利和俄国，那里多数银行和制造企业都为德国人所有。此外，德国人也对英国开始商业入侵，但相较于其他国家，程度要小得多。

综上所述，德国正在迅速进行对全世界的商业入侵，若不是由于战争爆发，这一任务不久便能圆满完成。事实上，俄国正在逐渐被德国同化，俄国国家杜马开会时的一些讲话其实已经警觉地指出了这一点。1915 年 9 月 12 日的《日内瓦日报》就此刊载了一篇文章，摘要如下：

德国在俄国的经济扩张与渗透的程度比在其他任何国家都要深，当战争爆发时，德国已经取得了巨大成就。俄国政府向来懒散，代表们根本不介意是按马克还是按卢布领取津贴，这无疑进一步加剧了德国的渗透，更别提德国在俄国设立的各种公立或私立的代理机构。俄国的银行大多数都为德国所有，商行也是，采矿业也是，许多大型制造企业更是如此。至于那些叶卡捷琳娜二世 150 年前在俄国乡村地区设立的德国殖民地，更是完全没有失去德国民族特色，那里的人完全不说俄语，呈独立族群存在，而且这些殖民地恰恰分布在俄国的战略要冲和通信主干道沿线。在过去几年间，这些德国殖民地与泛德主义组织的关系变得愈发密切，目前其行为尤其引人怀疑。德国对俄国统治者的影响也越来越令人警觉。我们可以看到，德国和奥地利甚至对俄国显示出一种居高临下的态度。

如果将殖民地定义为一个国家为谋取利益而对另一个国家的剥削，那么我们必须承认，法国、比利时、俄国都是德国的殖民地。

为了获取新的市场，德国人不仅满足于对欧洲的商业侵略，更开始逐渐向世界其他地区进行扩张。这种扩张非常迅速，甚至促进了德国语言与文明的传播。

当战争爆发时，身处日本的法国教授贝勒索特（Bellesort）写道：

在离开15年之后，我又回到日本，抵达后注意到的第一个变化便使我感到恶心——德国在日本几乎完全取代了法国的地位。尽管英国在该国的影响力基本不变，但是我们丧失的，全都让德国人得到了。

此前，我们的军事院校、教材、教学方法和语言都受到高度推崇，但是如今无处不在的却是德国的教授、教材、军队、语言和科学。在东京的法律院校中，只有100名学生选修法国教授的课，其余1000名都在德国教授的课堂里。在24名赴欧洲留学的学生中，19名去了柏林，其余5名虽然赴巴黎就学，却最终还是居住在德国。在大学中，如果俄国人获得一席教职，那便意味着法国人而不可能是德国人减少了一席教职。此外，当日本谈论欧洲医学和欧洲音乐时，他们所指的完全都是德国的医学和音乐。

贝勒索特认为，德国的成功是由于在日本大量发行报纸、评论并设立各种机构。同时，他也批评了当时统治法国的狂热民主党人所犯的严重错误，正是民主党人的宗教迫害使得法国在日本的传教机构被德国人完全取代，后者不仅在东京成立了一所大学，更使得日本媒体做出如是评论："自此以后，远东的天主教徒将全部受到德国皇帝的庇护。"

法国在日本的天主教会学校中有800个就学名额，并将法语设置为学校的必修课程。但是，由于民主党人在法国本土对天主教会的镇压，这些学校不能再录取任何学生，也招募不到新的教员。

德国领先而法国落后的情况不仅仅出现在日本，也出现在很多其他地区。贝勒索特指出：

在过去20年中，无论我去到任何地方——美国也好、远东也好、欧洲也好，我总是能遇见无礼、可恶、虚伪的德国人。德国人不仅并不满足于利用我们的失误，当然它有权利这样做，而且熟练地篡改我们的历史，伪造我们的产品。所到各处，我都能听见德国人公开宣扬或刻意暗示法国正在衰落。德国的教授、商人、外交官和海外移民全都一样，不仅无视事实，还为自己的不公正和不诚实寻找借口。我个人只有资格就日本的情况发言：我们在该国曾经享有如此的荣耀与威信，我们甚至占据了道德权威，但在15年后重返日本之际，我却发现这一切都遭到了德国人的窃取与剥夺。我从未发现，竟有一个国家会如此孜孜不倦地采取各种手段针对我们，并一项接着一项地剥夺我们的权利。

我刚一离开法国，便意识到1870年的战争其实还在世界各个角落持续进行着。我们还在不断地让步，这种情况不能再继续下去了。无论发生什么，都比这种缓慢地分崩离析要好。

类似现象随处可见。1915年3月1日的《巴黎评论》刊文提醒读者注意，德国正在对波斯的内政进行政治干涉，正在利用外交与商业手段不断地在该国炮制混乱和分裂主义阴谋。

尽管德国在世界范围内持续进行商业扩张，却仍然认为自己并未达到“太阳般的中心地位”，德国还宣布已经做好准备打击任何试图扩大殖民地的国家——例如法国在摩洛哥。但是，德国在非洲的经历显示，尽管其做出大量牺牲，甚至曾经血流成河，却从未能够建立任何繁荣兴旺的殖民地。这是因为德国作为商人，或许能在全世界获得认可，但若作为主宰者，受到的则只有厌恶与反抗。

第四章
现代德国的心理

1 现代德国心理起源

现代德国的心理是历时不超过 50 年的人为产物，因为其最早只应该从普鲁士统一德国起算。普鲁士兴起时，该国家并不是仅由一个种族构成，而存在许多拥有共同特征的不同种族。事实上，现代德国是许多不同人种的混合——斯拉夫人，凯尔特人，蒙古人，巴登、普鲁士人，巴伐利亚人和撒克逊人等都在此贡献了不同特质。（人类学家很早以前就已经确定了德国现有居民的起源，并说明了其复杂构成。普鲁士人具有斯拉夫起源——梅克伦堡人、勃兰登堡人、波美拉尼亚人都是种族融合的结果，具有或多或少的俄罗斯血统，前者金发长头型，后者发色则较暗。古代日耳曼人的真正后裔散布在荷兰、巴拉丁领地、阿尔萨斯、德属瑞士等地。）但是，政治的统一性却迅速使得德国形成一种奇怪的心理，这种心理虽然未能使得现代德国形成民族融合，但却赋予他们同样的期盼。由于德国人向来都对征服者怀有深深的景仰，因此能够迅速认同新的统治者，并非常轻易地完成同化过程。拿破仑当年进入柏林时，普鲁士诸位王公贵族甚至卑躬屈膝地向法军索要佣金，这种可耻行为曾令拿破仑感到厌恶，他于是给达乌元帅写信道：“这些人在稍有得意时便傲慢自大，在失意时却又是如此可鄙。”

正是由于其本身历史，德国人渐渐发展出一种对至高权力的宗教式崇拜。数个世纪中，他们都生活在不同统治者的主宰之下，受到了系统性的严苛对待。只需浏览一眼他们的历史，便能明白德国人为何长久以来都缺少鲜明个性。德国学者们需要召唤起国民的所有爱国热情，才能够向其灌输些许同质化的历史观念。他们要想获得成功，只能编造历史，就像为某个爬上贵族阶层的暴发户编造一套全新的家谱一样。

德国学者提出过一个最匪夷所思的理论：通过对欧洲的侵略与对罗马文明的破坏，古代德国游牧部落切切实实地改造了世界。事实上，这些部落毫无文明传统，也难以受到教化，还得再过几百年才可能建立一个合格的文明。M. 迪律伊（M.Duruy）在《罗马史》中写道：“400 年来，这个掠夺成性的民族都是世界的灾祸之源……”图尔斯的宗教领袖也指出：“德国人对誓言毫无敬畏，对征服对象毫无同情，对妇女、儿童和弱者也毫无信义。”

德国历史学家们还指出，中世纪的德国向世界贡献了许多艺术与文学瑰宝。但是，现代学者们的研究清楚地证明，代表中世纪最美形象体现的哥特式建筑实际起源于法国，它是中世纪的一种抒情艺术形式，出自有关帕西法尔、特里斯坦、伊索尔特等人的神话传说。此外，封建制度和骑士制度也都并非源自德国，德国总是试图予以模仿，却从未有过任何创新。直到今天，德国的各处建筑模仿的主要还是路易十四时期法国宫廷的建筑风格。

我们必须明白，德国人秉性中的服从是其哲学的基础，也是其模仿精神的基础。如果明白了德国人的这一性格特征，便能理解德国为何得以成功改造其国民心理。

2 德国人心理的一般特征

要探讨国民心理，只有着眼于一般性，而不是细究特例。因为尽管所有国家无疑具有一些共同特征，但是依然存在很多区别。不仅国家如此，一国之内的各个省份也可能存在极端差异，弗莱芒人、布列塔尼人、勃艮第人、马赛人便具有全然不同的心理。除此之外，不同职业也会给人们打下特有烙印——工人、牧师、法官、公务员都各有差别。但是，与动物学中的现象一样，这些差别完全没有排除普遍特征的存在。例如，不同品种的狗可能非常不相像，但却仍然能被归为同一物种，这是因为其相似性远远高于差异性。

在当今德国人心理的一般共性之中，不仅有团结意识、对官方权威的服从，还有对集体优越性的自信——后者或许部分是由于德国人无法从其他角度看待问题，因此对其他国家国民的心理一无所知。我们都已看到，德国外交家们在战争爆发之前体现了多少这样的无知。

不仅德国普通国民具有这种虚荣心，德国的知识阶层之中也充斥着这种观念。学者们甚至开始对德国所谓的民族优越性开展起专业化研究。

由于德国人的奴性与服从，弗雷德里克大帝甚至声称，他已经厌倦了统治一群奴隶。但是，统治者其实并无理由作此抱怨，因为正是其统治的权威使得德国人成为愿意相信一切的奴隶。例如，德国人民被告知，德国入侵比利时是因为比利时背弃了自身的中立地位，因此需要受到惩罚，他们对此深信不疑。同样，他们也相信，德国对法国宣战，是因为法国的军用飞机炸毁了德国的一条铁路。关于这些说法的真实性，竟然没有一个德国人给予质疑。

德国人不仅信任统治者，也信任专家学者。德国人被反复告知，其祖先是蓝眼睛、长头型的日耳曼人，但是，这主要源自学者们持续不断地大力鼓吹——普鲁士的祖先更多是斯拉夫人，而不是日耳曼人。

若要列举德国人最普遍的心理特征，可能是野蛮、缺乏教养、缺乏骑士精神——无论普通民众还是知识阶层全都一样。在关于这一问题的所有资料中，再也没什么比战争期间从德国战俘处缴获的笔记更能清楚地揭示这些基本特征了。一位负责翻译其中部分材料的法军上校就此表示：

我希望，我们缴获的这一大批德国信函有一天能被发表。这些信函的作者范围甚广，有中产阶级、商人、教授，还有艺术家。他们充分向我们展示了当时德国的社会环境和各个阶级的思想。

从这些信函中，我们看到，德国人是如何冷血，如何在不断地破坏中满足其艺术天性，又是如何赤裸裸地暴露其愚蠢与残暴的。我们看到了掠夺者的贪婪、虐待狂的病态残忍。我们还看到，这些人竟然在战争哲学中寻求杀戮的借口，煽动军队洗劫村庄、戕害妇孺。这就是德国人，我们的官兵亲眼看见了一切。

泰晤士曾经刊登过题为《一个德国中尉的思考》的文章，在文章中，作者大力鼓励屠杀、掠夺、纵火、强奸等暴行，并希望战争应该在“堆积如山的尸体和血泪成海中”继续进行。他说：

文明应该从堆积如山的尸体、血泪成海和垂死之人的痛苦中树立起自身的神殿吗？是的，当然应该。如果一个国家有权征服他国，那么其威力便是至高道德法则，所有被征服者都必须对其低头。对于那些被征服者，只有表示同情了！

上述作者后来在伊普尔被俘获，因此我们能够了解其本人具体情况。他曾经是一所大学里的历史老师，是黑泽勒（Haeseler）元帅的追随者，他甚至声称自己和海瑟勒的观点完全一致。总之，正是从这些人的言论中，人们得以准确了解德国军人和许多学者的心理与思想。

凡是有中立国国民在战争期间到访德国，都对德国知识阶层的残忍留下了深刻印象。一个西班牙人伊贝罗（M.Ibanez de Ibero）作为见证者，在一篇评论中做出如下描述：

在德国的知识分子之中，我发现了有关战争最激进、最顽固的想法。在我看来，相比之下，政治家和金融家们的观点要温和得多。大学教授们却常常顽固不化，完全误解了正在发生的一切。事实上，在某些情况中，他们的思想似乎受到严重误导……他们的思想一点也不复杂，他们有时可能怨恨、有时可能狡诈，但却缺乏心理学知识。

从上文中，我们可以看到，拉丁国家高度重视的文雅与礼节受到德国人的完全鄙视，德国人将温和与仁慈视为软弱无能的同义词。为了给其残忍正名，德国人声称德国不欠其他国家任何善意或怜悯，因为德国是由上帝选中来将自身意志施加于其他国家的。因此，才有了威廉二世的那句话：“在我看来，人道与慈悲到了孚曰山脉这一侧便该消失了。”

德国人不仅野蛮残忍，还缺少教养和圆滑性，这也令外国人印象深刻。众所周知，在法国大使离开柏林时，德国皇帝令其受到了何种对待。康邦（即法国大使）本人亲口告诉我，他被关进一列由警察看守的火车，整个旅程长达 26 小时，其间没有任何食物供应，还被迫支付了 5000 金法郎的过路费。俄国的皇太后当时也在德国，也遭遇了类似对待。而与以上形成鲜明对比的是，德国驻法大使回国坐的却是豪华列车。

如果进行过海外游历，德国人自己便会意识到自己缺乏教养。根据 1914 年 10 月 31 日的《日内瓦日报》，哥廷根大学的 W. 沃伊特教授（W.Voight）在一次演讲中称：“有教养的法国人和英国人通常比普通德国人更为优秀，因为他们是更加古老文明的产物。”

德国人极易受到暗示的影响，因此报纸和书籍才能对其发挥如此重要的作用。德国人在战争中表现出的轻信臭名昭著，可以不假思索地接受任何荒谬的宣传。但是，早在很久以前，德国人心理的这种易受暗示性便已有所体现。在歌德和席勒的时代，《少年维特之烦恼》导致了许多人的自杀，《强盗》也激励了许多德国学生到森林里生活。到了现代，德皇威廉二世也常常幻想穿着锃亮铠甲的中世纪骑士，并受到深刻影响。

易受暗示的特质使得德国人希望与他人保持一致，而英国人却恰恰相反，更加倾向于独立思考，与他人保持不同。

不诚实也是德国人最普遍的缺陷之一，或许还是最古老的一大问题。早在公元纪元开端，彼得克特（Velleius Paterculus）便写下：“非常可怕的是，日耳曼人的性格混杂了残忍和狡诈，他们是天生谎话连篇的民族。”

在上文中，我仅仅研究了德国人心理的若干层面，尚未提及帮助德国人获得成功的要素。在以下章节中，我将予以说明。

3 普鲁士军事制度对现代德国人心理造成的影响

莱布尼兹曾经说过，通过教育，能够在 100 年之内改变一个民族的心理。这种说法只对了一半，因为能发挥作用影响的，除了教育之外，还有军事制度。

事实上，德国人自己也承认，是军事制度从本质上改变了德国人的心理。当其所有健全男子都必须经历军营生活时——先是两年，然后将有固定时间间隔，这个民族自然便会终身养成精确、纪律和服从等习惯。德国的军事教育完全基于恐惧这一心理因素，弗雷德里克大帝的下列言论便清楚予以指出：

你看到的所有这些人，若每一个人单独存在，都会怨恨我。但是他们一旦形成行伍，并意识到长官正手持棍棒站在他们身后，便会开始在我面前颤抖。他们不仅畏惧我，还将奋力保护我。更加不同寻常的是，只要我一声号令，他们便会积极地投身战斗，毫不犹豫地为我献出生命。因为他们尽管甚至不知战争究竟为何，却坚定地相信自己必须为我而死。如要问我是如何获得这一成果的，棍棒的力量是第一位的。

棍棒和皮鞭的使用向来都是德国军队中的一项传统。早在一个世纪以前，一位德国骑士在参加拉施塔特会议时便指出：“每天早晨，我都会被巴登军团的长官们体罚士兵的叫骂声吵醒。”

尽管德国报纸批评过不下数百次，这种军事制度的严酷性丝毫没有放松。在普鲁士统一德国之后，其更是影响到境内所有士兵，甚至采取了更高强度。正是在这种军事制度的鞭策之下，年轻的德国士兵才认识到秩序、纪律、规则、服从的必要性。即便触犯最小的规矩，他们也会受到无情的责罚，因此，他们很快便对长官产生了绝对服从的心理。

在战争期间，德国士兵同样受到了这种严苛军事制度的折磨。据1915年4月23日的《每周时报》报道，一位目击者声称，他看到士兵们由于犯了一点微不足道的错误，而被绑在树上狠狠抽打长达数小时。

1915年6月11日的《泰晤士报》详细报道了德国国会长达5小时的关于前线军官虐待士兵的辩论。各方代表都声称，他们就此问题收到了数百份抗议。《泰晤士报》就此评论：

> 不容否认的是，这些手段似乎很对德国人的脾气……
>
> 必须指出，他们存在、生活、行动都遵循着军事制度，而欺凌和暴力是这种军事制度中不可避免的部分，摧毁了个性并统一塑造了人的身心。实际上，德国战争机器的力量正是在于这种军事制度已获默许并已存在多年。

很久以前，人类对动物的驯服便已经展示，对于鞭子的系统运用将能带来多少成果。同样，现代德国的许多成就也都是基于此。终其一生，许多德国人都不时回头看看身后的鞭子，正是这条鞭子促使他们在职责、义务这条既直且窄的道路上行进，也正是这条鞭子促使德国发展出令文明国家无比震惊的关于权利与权力的理念。一个士兵若遭受了长官肆意的鞭打，便会发现单靠权力便可剥夺并占有权利。从那之后，二者在他眼中将毫无区别。

尽管我们必须承认，一个民族在经历这种训练之后可能获得某些成就，德国人也在几个世纪的服从之后渐渐适应了这种制度。但是，倘若换作别的民族，则必然无法忍受这种军事制度——除了黑人奴隶和一些亚洲部落。

德国军官因其在军队中的权力受到极大尊重，而且还幻想自身天然优越于其他人，所以不用遵守除了军纪之外的任何法律。此处有一典型事例：一位上校将 30 多名平民和一位法官投入地窖并监禁了 24 小时，仅仅是因为认为他们没有给予自己足够的尊重。他被带上军事法庭之后，不仅被一致同意无罪释放，而且还因此受到皇储的祝贺。如果这种违法行为发生在英国，他有可能被判处有期徒刑，甚至被送上绞刑架。

德国军官除了自身职业之外对任何事物都非常无知，除了赌博和酗酒之外也无其他业余爱好。因此，其心理同中世纪那些酗酒、粗野、四处掠夺的骑兵非常相似。

4 教育对现代德国人心理的影响

除了军事制度外，影响现代德国人心理的还有德国的教育——尽管重要性不如前者。从基础教育直至高等教育，德国都做出调整以满足现代工业社会的需求。德国的职业技术教育尤其发达，设有包括烹饪在内的所有职业学校。无论是技术教育还是其他高等科学教育，其中都有一条成规：劳动的细化分工。高度关注局部细节、忽视整体的准则不仅被适用于学术研究，也被适用于各类实验操作中。

M. 克鲁瓦塞（M.Croiset）如此评价德国学者："他们几乎把所有心思都花在校对手稿、编目、整理参考文献等所有微不足道的小事上，这使得那些更加智慧、灵活的人对此深恶痛绝。"

但是，上述言论不应被视为批评。因为，以上方法能够为最不聪明的人提供为研究奉献力量的途径，从而对一个民族整体而言弥足珍贵。

在科学和工业实验室中，都存在这种劳动分工，因此也为技术领域贡献了许多实际成果。即使是最优秀的化学家也都将其研究的分工划分成非常精细的领域，例如细菌学家欧利希（Ehrlich）赫赫有名的操作方法：

在确定最终配方之前，他首先需要许多药剂师为其准备许多类用砒处理过的化合物。这项工作没有任何一个人能够独立完成，因为任务非常繁重且非常麻烦，对每一种化合物都需要先做化学分析。

这种细化分工的制度对于现代工业非常有必要。奥斯特瓦尔德认为只有德国人才掌握这一方法，真是大错特错，英国和美国对德国的挑战恰恰证明了其他方法也能奏效。有分工便是有组织，有组织才能有进步，这是不言自明的真理。罗马的繁荣正是基于此，而土耳其等国因为从来没有组织性，未能获得任何长久的成果，始终处于百废待兴的状态。事实上，若不是欧洲人的帮助，这些国家甚至没有能力修建公路与铁路。

但是，德国人的错误在于他们相信只有国家才能发挥组织作用。德国成功地实行了僵化的国家社会主义制度，是因为其已经实现高度军事化，国民能够迅速适应最严格细致的规范与管理。但是，如果说这种制度是最好的，显然不对。因为正如我之前所述，英国和美国也非常成功，但他们却采取了与之完全不同的制度，将政府干涉降至最低限度，并且最大限度地激发个人主动性。

国家社会主义与个人主动性是完全不可调和的两个概念，根本无法实现相互转换。在个人自由和国家至上之中要选择哪一种，完全取决于不同民族的民族性格和心理状态。

5 宗教对德国人心理形成的影响

与普鲁士的军事制度相比，宗教对现代德国人心理产生的影响非常微弱，我甚至本来都无须提及。但是，为了佐证我在之前作品中提出的观点，在此我还是决定探讨宗教的问题。有些人认为，如果持有同一宗教信仰，各国便都可以保持一致，这是完全错误的观点，因为所有国家在适用某一宗教之前，都已经事先依照自身心理将宗教进行了转化。

基于各民族的不同心理构成，同一宗教——或具体说是同一本宗教经典可能发挥不同的影响，这很有趣。例如，新教信仰在英国具有非常重要的地位，而在德国却处于弱势。新教信仰在英国通过解读《圣经》

传播，而《圣经》对于新教而言是不可或缺的宗教经典，事实上，对其教义的绝对服从正是宗教改革运动的基础。解读《圣经》对英国人的影响非常大，因为这种自由解释非常吻合英国人的独立精神，也注定将带来英国宗教的崛起，让英国人在其中找到真正的情感表达渠道。不久，《圣经》中的耶和华便成为英国人心目中的上帝。

在另一方面，德国人则认为基督教的神明过于温和仁慈，便将其赋予了更多野蛮、粗暴的特点——鄙视弱者，仅仅保佑强者。这种篡改并不令德国哲学家感到意外，因为这些哲学家认为，神明并不会改变国家民族的内在灵魂，相反，神明产生于信仰者看待他们的具体方式。

基督教在现代德国的演进过程中，以上观念随处可见。德国将福音派关于慈善、温和、保护受压迫者的理念（这被尼采斥作“奴隶道德观”）与武力、野蛮、征服等完全不属于基督教教义的精神融合在一起，从心理学角度看来，这确实是一件非凡的事。由于神秘主义的逻辑不受任何限制，因此德国的政治理念与宗教理念虽然完全相悖，却依旧能够形成彼此融合。

以上两类理念的融合在德国得到了神学家的支持，在法国却遭到反对。由于政治和宗教的融合，德国政府受到了宗教势力的支持，这种情况在法国却恰恰相反，也给法国带来了很多问题。因为如果一个国家内相互敌对的势力总是准备好彼此发难，将在极大程度上削弱国家实力。

德国的新教教会绝不是一个心慈手软的团体。平时，新教势力无法损害天主教会，因为后者人数众多，足以自我保卫。但是在战争中，新教却找到机会发泄宗教仇恨。因此，他们毫无理由地处决了大量天主教教士，还尽其所能毁坏了大量天主教堂。

6 现代德国人心理的统一性：强调集体而缺乏个性

在以上章节中，我们看到的所有影响都在普鲁士的铁腕统治下改变了德国人的心理。它们在很大程度上磨灭了德国人的个性，并将其转化为一种集体心理。

在德国人之前，从未有任何一个民族能够在心理上达到如此的高度统一性。我之前提到，任何人若有机会审问来自任一社会阶级的德国战俘，都会因其思想言行的一致而印象深刻，都会认同《洛桑报》一位记者的以下评论：

我绝对不曾相信，德国民众竟然能在心理上达到完全统一——有人可能会说，这几千个人似乎都在用同一个大脑思考。达到这种程度，到底是可喜还是可悲？我不知道，这究竟是心理感染的现象，还是战争宣传教育的产物？尽管这些德国人感情不同、智力不同、表达方式也不尽相同，但其个性似乎都完全消失了。在德国，没有任何个人，只有民族、社会组织和强有力的国家机器。

当前，勇气、主动性、决断力都是德国人的集体品质。德国人要想有所行动，只能融入工会、企业或社团等集体组织。即便一个德国人独立存在，其依然是集体的。在科学的最高研究领域，德国人的工作更是完全集体化的，越是精细学科的论文，越是由许多作者共同撰写完成，例如关于眼科的研究文章。

我们必须记住德国人心理的集体性，才能理解为何能有 93 名德国学者联合签署了那份臭名昭著的宣言。这份宣言包含了许多值得用心理学深究的内容，并清楚地体现出集体心理在智力上的欠缺，一定会在未来具有重要研究价值。此外，这份文件还证实了我很久以前便在作品中指出的事实：当受到集体影响时，即便是最睿智的人也会丧失一切判断力。当集体进行观察时，一切不容置疑、清楚无误的事实证据都似乎为集体视而不见，失去力量，不复存在。

《93 宣言》的主要宗旨，便是为德国的杀戮、劫掠和四处破坏进行辩护。以下是这份宣言的片段：

我们并没有侵犯比利时的中立地位。事实证明，是法国和英国决定破坏其中立地位。比利时是与英、法签订协议的，如果我们不先发制人，将会带来自杀性的损失。

我们的士兵既没有伤害任何比利时公民，也没有毁坏他们的财产，除了某些迫不得已的情况。

我们的军队并没有向鲁汶发泄怒火，他们不得不轰炸这座城市的部分地区，只是为了向这些地区的部分敌军和暴乱分子复仇。

关于上述种种否认的真实性，已经毫无必要再作探讨，因为官方文件早已证明了确凿事实。到了现在，这份宣言的起草者们可能也已明白事实真相了，多数人无疑将为此非常后悔。但是我敢说，很少人能有勇气写下马克西米连·哈登（Maximilian Harden）的以下言论：

我们不要再费力为德国所做的一切找借口了，停止对敌人的侮辱与攻击吧！战争并没有违背我们的意志，也不是突然被强加给我们的。我们想要战争，我们不得不发动战争。我们不接受欧洲的审判，是因为我们不承认其管辖权与合法性，我们将用自身武力在欧洲建立新的法律。德国参与这场战争，是因为我们需要在世界上争取更多生存空间与更大的产品市场。

7 德国人为何能在心理上迅速适应现代世界工业发展

在整个历史进程中，没有国家能够持续保持发展和进步。在经历一定时期的发展和繁荣之后，国家便会陷入衰落甚至灭亡。有些国家已被彻底摧毁，以至于其首都的遗址都无处可寻，只有在现代人们进行考古时才被发现。直到昨天，特洛伊、尼尼微和巴比伦的遗址才被发掘出来。

这些兴衰周期发展有着各种各样的原因。在其中我必须指出，动物世界的适者生存在人类社会中同样是主导法则，当环境发生变化，所有生物都必须调整自己以适应新环境。能够做到这点的物种便能进化发展，不能做到这点的则会逐渐灭亡。

正如每一个气候变化都会引起动植物发生进化转变，每一个经济、政治、宗教、社会变化都将注定促使国家与民族心理发生特定改变。但是，对于不同环境的变化，各国适应能力也有所不同。在某一环境中最有优势的素质到了另一环境中，便可能失去作用。

今天，科技与工业发展为人类带来了全新的生存环境，使得德国人某些在原先毫不起眼的品质突然变得重要起来。现代生活要求高效实际的成就，这使得细化劳动分工变得尤为重要。为了适应现代社会，一个民族必须具备耐心、规范、专注等品质，这对于那些过于机灵或过于充满幻想的民族都是非常困难的，但是对于德国却非常容易，这些都归功于德国人的天性和无情的军事制度。

以上这些品质直至20世纪初还未体现作用，在现代社会却发挥了不可或缺的作用。20世纪初，工业发展尚处早期阶段，科学发展较为缓慢，急需伽利略、笛卡尔、牛顿等大师来奠定基础。然而，当今世界却不再需要这样的科学巨匠，他们的地位已被数百万蚂蚁般的劳动者所取代，这些劳动者通过细化分工将物理世界划分成无数的小块。德国的实验室现在已经如同巨大的蚁丘，有数千名专家在其中进行最精细、最具实用性、最具营销价值的研究。冯·比洛对此给出恰如其分的评价：自从1870年起，德国已遍地是商人了。

所有这些专家都对工业发展做出无价的贡献，却对许多一般性法则知之甚少。在德国的科学家之中，从未出现过诸如达尔文、巴斯德、贝尔纳等天生具有哲学精神的学者。在德国的实验室里，也从未产出电话、飞机、汽车、无线电等现代发明。但是，尽管自身还存在这些不足，德国的虚荣心却冲破一切界限，驱使一些学者对历史做出最最怪异的解读——张伯伦宣称，但丁、伦勃朗、帕斯卡尔、莱辛等人都是德国人；其他知名学者在撰写有关化学和细菌学的书籍时，居然只字未提拉瓦锡或巴斯德。

尽管德国实验室很少产生新思想，却总能将世界先进思想理念系统化适用于自身，从而获得进步。不仅在科学领域如此，在哲学领域也是一样。德国所有的大哲学家和大思想家都生活在德国统一之前，生活在未被普鲁士军事化的小国宗法制度之中。自德国统一之后，却没有出现一个可谓发挥过什么重要作用的大家：例如尼采，其作品虽然最为流行，却只是在宣扬武力崇拜，而这不过是在重复早期德国历史学家的观点而已。

无论如何，我必须重申，德国人已经成功地适应了现代技术进步。因此，昨天他们或许还微不足道，今天便突然向全世界昭示野心。

既然取得成功，德国人自然便要总结并列出为其带来成功的要素。由于德国的最大优势在于制造业、贸易和军事，因此德国宣称自己在这些领域中具有许多国家无法超越的优越性。

在德国提出种种优越性的表现中，有三个可能是其他国家无法作为价值标准所接受的。首先是其军事奴役；其次是其动物本能——正是这点令德国人毫不节制地生育繁衍；第三便是群体精神，正是出于这种精神，德国人奴性地服从国家强加给他们的一切思想。

未来各国是否会遵循德国人的标准，这一点十分值得怀疑。人类的理想难道便是大量生产酸菜、香肠、铁器、啤酒和各种中看不中用的杂物，将这些东西倾销至世界各国，同时又用大炮确保没有国家同其竞争吗？

我们无从获知各国的未来命运。但是一旦普鲁士军事制度获胜并传播各处，自由将被遗忘，人道主义将被再次长久地束缚，人类将再也没有未来。

卷三

战争的远因

第一章
战争的经济与政治原因

1 战争的真实原因与想象原因

诸如战争等重大事件的发生既有远因，也有近因。在本卷部分，我将带领读者对第一次世界大战的原因一探究竟。

当前战争的远因既有真实存在的，也有想象的，但是想象并不意味着无法有效激励人的行为。我常常主张，哲学家的任务并不是审视人类动机的理性价值，而是研究其所发挥的作用。这是因为，人类历史充斥着各种想象，如果将所有关于理性与幻想的较量抹去，历史便将所剩无几。

在“一战”的种种起因中，既有已酝酿半个世纪的，也有在一周之内迅速发酵的。关于这一点，我们需要提出两个问题：一、战前半个世纪内，究竟有哪些起因正在酝酿过程中？二、在外交谈判进行的那一周之中，究竟是谁希望战争爆发？

这两个问题并不容易回答，因为交战双方给出的答案完全不同。德国人坚信，法国人和英国人长期以来都在酝酿发动战争；法国人也同样认为，德国人渴望战争，并在第一时间抓住机会挑起战争。现在，让我们暂时抛开战争的近因问题，首先开始研究使欧洲深陷战火的种种远因。

2 对德国人口过剩的假设

有这样一种理论，认为德国人口过剩是导致德法开战的原因，但这种理论并不正确，因为这是将自然法则生硬地套用到人类社会中——这是普鲁士学者的常用方法。伯恩哈迪尤其喜欢将马尔萨斯和达尔文的理论作为自己的研究基础，却常常得出一些远远与预期不尽相同的结论。自然法则无法完全适用于人类社会，因为尽管动物世界可能完全臣服于自然的统治，人类却有能力通过自身活动对抗自然、挑战自然。

众所周知，马尔萨斯的理论主张：包括人类在内的所有生物都天然倾向于过度自我繁殖，但由于物种数量与生存资料的密切联系，这种过度繁殖将会受到限制。例如，战争和流行病会把种群数量减少并控制在合适范围内。

随着工业和农业的发展，某一特定地区必将逐渐有能力容纳大量居民，但是随着时间的推进，这种均衡最终会被打破。当一部分人口发觉其生存遭遇困难时，就必须向外迁移，或是对另一个人口不太稠密的国家开战。在历史上，许多民族都经历过这个阶段，包括先前的德国，也包括今天的日本。

尽管一些德国学者声称，德国也是由于人口即将过剩，所以必须参战。但是，无须复杂的证明便可知悉，这种说法完全错误，当今的德国并不符合上述情况。我从伯恩哈迪的著作《现代战争论》第一卷中节选出以下内容：

基于当今世界形势，我们必须将战争作为保障我们国家未来发展的必要手段。

德国与法国的领土面积相当，德国目前供养着6700万人口，而法国人口总数却只有4000万。此外，德国庞大人口数量还在以每年100万的增幅攀升。同时从长远看来，德国的工农业却难以安置这些持续增加的过剩劳动力。因此，除非我们继续寄希望于邻国国力日益昌盛，有利于我国国民像从前一样移居国外。否则，我们就必须扩张殖民地，为过剩的人口提供劳动岗位和物质保障。

鉴于当今世界的政治势力划分，我国若要取得更多领土，只有通过与其他国家争夺殖民地或是结盟。但是，唯有我国在欧洲立足更稳、地位更高，以上方法才具有可行性。这是因为我国外交政策目前再无前进空间，要想向那些比我国更强大的国家做出政策宣示，只有通过战争手段。对我们而言，这种负担与压力简直难以忍受。

这种观点得到了许多德国学者的认可。伯恩哈迪还指出：

与激增的人口相比，我国国土面积太小。我们需要更多领土，而且只能从那些人口正在缩减的国家手中获得，因为其很快将没有能力充分利用大部分土地。法国便处于这一趋势中，所以请敞开国门，迎接德国人的占领吧。

如果上述观点正确，那么德国向国外移民的数量理应持续增长。但在事实上，德国移民的人数反而减少了，甚至低于英国海外移民的数量。德国不仅没有出现人口过剩的状况，反而由于转型为制造大国而出现劳动力缺口，在特定季节中不得不从意大利、克罗地亚和其他国家引入数以千计的劳动力，参与德国国内的收割与采矿。

德国人口数量以每年80万的增幅上升，到如今已接近7000万，但还不算过剩。在全球范围内，德国甚至根本排不进人口最密集国家的前列，参见以下各国每平方公里居民人口数的列表：

国家	**每平方公里居民人数（人）**
法国	74
德国	120
意大利	121
日本	139
英国	144
荷兰	182
比利时	254

现在，我们不妨暂时从德国学者的角度思考问题：尽管统计数字显示的事实与他们所描述的完全不一致，但是我们姑且承认，德国确实需要在其他国家为自己的过剩人口寻找出口。即便如此，我们依然无法理解，德国参战可以就此带来任何好处。事实上，情况恰恰相反。德国的势力范围已经覆盖许多国家，又已凭借低价商品占领了全球市场，从而得以在许多地区获得很大的行动自由度。即使德国赢得这场战争，那些被它战胜的国家也不可能以比过去更加友好的姿态欢迎它。因此，假设德国是由于人口过剩而发动战争，这绝对是完全没有根据的判断。

我同样认为，国家随人口增长而强大的理论也是错误的。尽管这种理论在法国盛行，尽管贝蒂荣博士（Dr.Bertillon）已经对我表示过愤怒，我还是不得不坚决予以反对：如果一个国家人口众多，便能拥有强大国力，那么中国和俄国早就应该排在世界强国前列了。但是事实表明，俄国不仅在日俄战争中一败涂地，也在当前的这场战争中接连遭遇失败。

决定国家实力的最主要因素不是人口数量，而是交通、军火和财富。我们可以断定，一支 5000 人的军队若配备无限数量的武器弹药，并能通过铁路运输调遣至任意地点，必将战胜一支人数更多但交通不便、缺少弹药的军队——这里体现出的正是俄国军队的弱势。

再来说说法国，法国的人口近年来并未增加。既然我们不能增加人口数量，就应当尽全力改进人口质量。从个人角度出发，我更希望自己属于希腊之类的小国而不是波斯等所谓的大国，因为前者人口虽少，却能用自身的文明照亮世界。我认为，人类的理想自然是成为上帝选中的一小部分人——虽不能成群，却是少数精英。当然，少数精英无法阻止普通人群不断扩张，也无法阻止普通人群给世界带来威胁。但是，如果这种情况真正发生，小国家也会联合一致反抗侵略者的入侵，当前的战争便正好体现了这一点。

我还很遗憾地发现，有一些学者竟然唯数字至上，这其中包括法国最权威的经济学家之一的科尔森（Colson）。这种唯数字论会使人产生这种不切实际的想法：人类的唯一目标便应当是在一家工厂中制造商品，在另一家工厂中制造大炮，然后用大炮保障商品的流通销售。但是，如果人类除了以上两件事外再无别的期盼，那么将会很快丧失生存的动力。

3 领土扩张与商业扩张的欲望

对于那些军事实力持续增强的国家，拥有扩张与征服的欲望是非常正常的心理。如果一个国家国力增强，那么原先仅仅将其视作贸易对象的国家便会转变态度，将其奉为宗主。但是，这些国家如果不愿承认这种扩张欲望仅仅源自其野心与骄傲，便会自然而然地为此寻找基于物质的借口。就德国而言，德国学者们就此找出的借口，即拓展贸易市场的需要。但是这一借口同此前提出的人口过剩假说同样荒谬，因为我已在上文中指出过，德国早已在日复一日的对外扩张中建立了广阔的贸易市场。尽管如此，多数法国学者却和德国学者持相同看法，同样认为德国对外拓展商品市场的需求是战争爆发的原因之一。法国著名历史学家阿诺托的下述言论即代表了法国学者的观点：

众所周知，德国发起当前战争有一关键原因——要为本国劳动力和产品占据更多世界市场，从而为全体国民的生活与福利提供保障。我给德国这一政策取了个名字，叫“饱腹政策”。正是这个政策让德国人像一群饿狼般冲出国门走向世界。

索邦大学的莱维·布吕尔教授也在其探讨战争的经济起因的作品中发表了类似观点：

如果德国能够拥有广大富饶的殖民地，便将必然占有安全、长期的市场，像英国、法国、荷兰一样与这些市场进行定期商贸往来。但是，德国缺乏殖民地，这使得它感到愤愤不平，正是这种愤恨间接推动它走上了军国主义道路……德国还会自问，如果强大的军事实力不能为自己确保商贸往来的必需市场，那么拥有这种实力又有何意义？

以上引述言论所蕴含的观点，即德国对建立贸易市场的渴望是当前战争的一大诱因。这真是当今最大的谬误之一，我甚至奇怪居然还会有人持这种观点。这是因为，实际上只要粗略扫一眼贸易往来的统计数字，便足以否定这种观点：法国与英国的最大贸易对象绝对不是其海外殖民地，而是它们从未想要征服的那些大国；此外，即使德国将其他国家的殖民地全部收归已有，获取的商业利润也永远赶不上其与法国、英国与俄国之间的贸易收益。在这些事实证据面前，又怎能声称德国确实需要开拓更多海外商品市场？战前，德国的商品能够流通进入所有国家，不曾受到任何阻碍。既然德国已经不用一枪一弹、不费任何代价地占领了市场，到现在又何必再动用武力呢？在我的另一本《政治心理学》中，我已在其中题为“殖民的新形式”一章中说明，迄今为止，德国是如何将本国政府的问题与损失转嫁到别处，又是如何剥削其他国家的——以德国在蓝色海岸长达125英里的殖民地为例。此处，让我们回答这一假设：如果德国战胜了英、法两国，德国与这两国之间的商贸往来会增加吗？答案是否定的。德国与这两国的商贸往来不但不会增加，反而还会减少，因为德国的胜利意味着另外两国的战败与贫弱。

因此，我必须再三强调，德国参战的真实动机并不是为了开拓市场，因为其早已占据了这些市场。若不是人们不假思索地接受了以上谬误观点，并任其广为流传，我原先根本不会在本章中提及这一问题。

4 殖民竞赛

另有一种观点认为，德国意欲通过战争争夺殖民地，不仅是为开拓贸易市场，更是为了一个完全不同的目标——在海外建立海军基地，为德国舰队提供补给。

通过摩洛哥危机，德国向世界展现了野心，也发现欧洲各国其实并不担忧他国入侵其殖民地。目前，世界的主要殖民地势力范围早已划定，德国若想获取新殖民地，就必须通过武力手段。这对德国而言轻而易举，因为其早已建立了一支规模庞大、实力超群的海军。

在阿加迪尔事件中，德国的殖民野心遭到法国与英国的阻挠，这使其大为恼火。英、法两国认为，德国只是在寻找借口和时机，因为其野心必然无法通过和平手段实现。俾斯麦所犯下的错误为数不多，但其中之一便是令德国在殖民竞争中失去先机。俾斯麦的原本计划是推动法国采取殖民政策，从而将战火引入英、法两国之间，德国坐收渔利。此法却未能实现，反而致使德国未能获得殖民优势。由于俾斯麦的错误，英、法并未反目成仇。恰恰相反，法国与德国之间却爆发了利益冲突。但是，俾斯麦的主张受到了他所处时代的限制，他不可能想到，法国的殖民政策实际上与德国的利益背道而驰，因为当时德国海军还未获得发展壮大。

但是，我并不认为德国参战是为了摩洛哥。因为德国的野心不仅更大，而且着眼于更近目标。在另一本书中，我曾经指出，德国迟早都会发动战争，因为德国需要夺占比利时的安特卫普，将其作为海军军港。

尽管我们不能断然将“一战”的最初原因确定为安特卫普的归属问题，但这一问题确实是德国的首要目标之一。如果读者对此仍存疑虑，不妨读一读下面这封德国于 1915 年 4 月 17 日写给美国的公开信（当时，德国的前殖民政策部长登伯格受政府委派前往美国，向美国公众阐述德国参战的原因，力图以此扭转美国公众对德国政府的印象）：

比利时占据了德国西面的贸易要道，但是德国必然会向西扩张，因为那是保障德国贸易的唯一海上通道。比利时的政治地位是由英国一手树立并维护的，原本便旨在剥夺德国的天然优势。因此，我们不能对比利时坐视不顾。

除了比利时的安特卫普之外，德国还在觊觎着法国的阿尔萨斯。因此，自从比利时沦陷后，我便一直主张——这将会是一场异常漫长的战争。

5 政治错误

当前战争的起因或多或少源自一些遥远的政治事件，至少回溯至普鲁士对丹麦的占领。当时，欧洲各国并未采取任何措施阻止这场军事征服，随后，各国又任由普鲁士占领了奥地利。这算是当时欧洲政治家们犯下的一个重大错误。若将此全部归咎于这些人的政治盲目性，恐怕也不是令人信服的理由。

此处我不能花费太多篇幅细说这段历史，只能谈谈英、俄外交官在

1870 年犯下的一些错误，这也属于当前战争的诸多远因。在这其中最严重的错误即出自英国内阁的无知——他们拒绝了一项提议，而这项提议原本是能够阻止普鲁士统一德国的。在很多年前我已经发表作品并在其中指出过这一错误的后果，此处仅做简要复述：

如果英国现在艰难挣扎着增加税收，指望以此扩大舰队并应对德国的挑战，那都是因为英国的统治者们在 40 年前未能预见到一切。出于私心，英政府在普法战争之后拒绝成立欧洲代表会议、联合遏制德国的提议，这大大地改写了历史。事实上，俾斯麦在回忆录中写到，他曾经日夜担心这样一个会议真正召集起来。

英国和俄国的政治家如今肯定都在为前任们的错误悔恨不已，俄国显然不会忘记阿诺托某天说的话：俄国在 1870 年通过对奥地利施压并阻止奥参战，从而帮助德国战胜了法国。

柏林会议也为过去的错误添上重重一笔，因为其导致了巴尔干的复杂局势，从而最终引起了战争。

但是，我要重申，在此我并无意探讨这些问题，因为当我们研究政治心理学错误导致的后果时，还有机会探讨这些问题。

第二章 种族仇恨

1 源自心理差异的种族仇恨

巴尔干各国由来已久的种族仇恨也是当前战争的导火索之一。在进一步深究其影响之前，我们需要细述这类种族仇恨的起因。

正如我们随后所见，种族仇恨可能随着利益冲突而进一步深化，但其根本原因却埋藏得非常之深。不同种族具有的心理渊源不同，对同一现象的印象不同，对同一刺激的反应不同，彼此之间的感情与行为也都截然不同，因此无法达成共鸣，并且最终导致彼此无法理解。

当然，对于知识领域内的科学或技术问题，各国国民尚容易达成一致；但是对于政治、宗教、社会等其他日常生活中的诸多问题，他们则容易受到情感的、神秘主义的、集体的冲动所摆布，无论智力水平多高，他们都无法理解彼此。这种相互理解的缺乏，主要由于他们的多数观念都源于周围环境对潜意识的暗示，而这种潜意识正是种族性格的基本组成部分。不同种族不仅无法相互理解，更是难以接受他人观点居然不同于己方观点。但是，这并不足为奇，因为不同种族之间还存在语言障碍问题——我们若是希望彻底理解他人，必须先能听懂对方观点。

即使处于同一语言环境中，各种族的情感差异在长期过程中仍然无法掩饰。这是因为，尽管人们可能说着同一种语言，但同样的话语却不能在不同头脑中形成同样的意象。话语的内涵基于说话者的心理变化而变化，只有具体词汇——即含义清楚、指向明确的词汇才拥有客观、普遍、恒定的意思。而诸如灵魂、自由、自然等所有抽象词汇的含义，则是仁者见仁、智者见智了。这些词汇是主观的，任由每个人根据自身好恶加以解释。

在国际交往中，即便缺乏相互理解，各国也可能形成友好关系，或为维护共同利益制订条约。但是，如果国家之间希望长久维系友好关系，则需要保持一定距离，以免国民情感产生冲突。因为不同国家可能拥有相同理性，却具有完全不同的情感。

2 源自宗教与物质利益冲突的种族仇恨

宗教与物质利益冲突具有非常强大的力量，甚至能够在一个国家内挑起极端仇恨。因此，其自然更可能加剧各国国民之间原本就存在的天然仇恨。

我根本不必赘述关于宗教分歧引发仇恨的事例，因为宗教战争与宗教迫害所引发的暴力事件几乎充斥着人类的整个历史。因此，我将跳过这一话题，仅仅在此处探讨经济利益冲突所引发的种族仇恨。

德国人对英国人的仇恨就是一例。这两个民族具有很近的亲缘关系，但却因为在世界许多地区中的贸易竞争成为死敌。因此，德国投入大量金钱建成并装备了一支强大的海军舰队，以在军事上与英国人抗衡；德国的许多报纸也将英国描绘成不惜任何代价都必须摧毁的敌人。这种仇恨不仅在德国平民中普遍滋生，也在德国学者圈中蔓延——可参见柏林大学教授爱德华·迈尔的以下言论：

下个世纪的一大特征便是英、德两国之间不可调和的对立与仇恨。我们都确切地知道，英国是德国的死敌，英国想要摧毁德国的文明与存在。我们两国尽管暂时对外表现和平，但却根本无法逾越彼此之间的鸿沟。或许需要在许多代人之后，两国才会出现和解方案。（*Scientia*，《科学》，1915 年 3 月 1 日）

德国对英国的憎恨并不仅仅是竞争对手间的仇恨，也是种族感情的完全对立。德国人坚信自身是至高无上的民族，对英国的全球霸权感到恼火，并认为英国国力与财富增长是不公平、不能容忍的。德国哲学家和作家们持续不断地将英国批判为全人类的敌人，声称英国现在不过是在炫耀自身实力，未来必将被德国打败。

《93 宣言》的签署者之一，海德堡大学的勒纳（Lenard）博士写了一本小册子，在其中引用了 M.Hovelaque 的以下言论：

泰晤士河岸边集中了全世界所有的虚伪，我们必须摧毁它们。不要再向莎士比亚、牛顿、法拉第的坟墓致敬了……要想与英国这样一个光天化日下的强盗真正地和平共处，除非是它消亡或被摧毁了。我们要与这样一个恶棍斗争，不再仅仅是为捍卫祖国的存亡与荣誉，而是新时代的十字军东征为了保障诚实与正直仍然存在于世界上。（*Revue de Paris*，

《巴黎评论》，1915 年 3 月 4 日）

从以上两位学者——至少其中一位非常著名的言论中，我们可以推想德国普通学者们的愤怒。这种愤怒并不止步于英国，还蔓延至其他国家，甚至让人联想到宗教信徒对邪教徒的仇恨。关于此类宣传的论调，从以下在美国发行的德国报纸选摘中可见一斑：

当我们征服敌人并占领其土地时，无论是英国人、德国人、意大利人、美国人还是其他任何劣等民族，若有人胆敢发出一声声响，我们便会将其碾碎。

总有一天，我们会摧毁这些国家虫蛀的教堂和其他丑陋建筑，然后建造更大更美的教堂与神庙，供奉德国皇帝和我们其他的伟大祖先，正是他们帮我们清理了这世上的劣等民族。

哦！我们要感谢上帝选择了无与伦比的德国皇帝来履行这个崇高使命，达尔文不也说过吗（他肯定是向我们伟大的德国学者借鉴了这一思想），优胜劣汰，适者生存。从任何角度来说，德国人不正是适者吗？因此，让所有德国人高呼吧：消灭一切腐朽！只有德国人才是最高贵的民族！（转载于《泰晤士报》，1915 年 6 月 29 日）

以上便是德国人对其他种族的印象。不可思议的是，在这样一个文明开化的国家中，无论是大众还是学者们都对邻国人如此无知。德国的世界观完全处于学者们的理论主导下，这种狭隘无疑导致了其在“一战”之前外交政策的短视。

3 源自不同政治理念的种族仇恨

一个种族的心理决定了其政治制度，或至少决定其更倾向于接受何种政治制度。我们已经看见，德国人是何等迅速地接纳了普鲁士的国家社会主义制度。事实上，德国人是如此习惯这种制度，以至于再想不到任何其他可能实行的制度。不仅如此，德国人还想将之推广至世界其他国家。相比而言，德国人的意识是受国家领导的集体意识，而英美人的意识则为个体意识，只有非常小的部分从属于集体。

如果德国取得胜利，将意味着自由在欧洲的终结，随着军事独裁占据最高地位，自由将最终消亡。英国外交大臣爱德华·格雷的这句话恰恰道出我的心声："如果德国获得胜利并主宰欧洲，我宁愿死去或离开，也不愿在这种状态下生存。"

由此可见，德国与其他国家之间拥有完全不同的政治理念，仅此一条便足以激发彼此不可调和的仇恨。

4 种族仇恨在政治冲突中扮演的角色

种族问题在国家的政治生活中发挥了非常重要的作用，还将长期持续如此；但是，我们或许应当用"民族"一词替换"种族"，尽管前者并不具备任何有关人种的含义。对于由于种族、宗教、风俗、语言等凝聚而成的群体，政治家们一般采用“民族”一词为其命名。

尽管“民族”的概念根基还不牢固，却还是逐渐成为现代政治团体的主要纲领，并取代了有关均势的旧学说（尽管后者也并不可靠，但却相对没那么危险）。

欧洲未来的政治基础或许很难稳定。这是因为当前在同一君主国辖下的各民族间具有极端差异，一旦其各自为政，必将彼此争斗。这些国家中以奥匈帝国尤甚，该国内部划分了许多民族，一会儿按照人种划分，一会儿按照宗教或语言划分，一会儿又按照风俗习惯划分，从未实现过民族融合。该国有 1200 万德国人，1000 万马扎尔人，650 万捷克人，500 万波兰人，350 万乌克兰人，400 万拉丁裔（罗马尼亚与意大利）混血人，等等。多年以来，德裔和匈牙利裔一直矛盾重重，现在双方却暂时达成谅解，联手压制国内其他民族。

如果奥地利战败，这些民族必然会分裂。特兰西瓦尼亚、达尔马提亚、加利西亚、黑塞哥维那、匈牙利和其余地区将从帝国分裂出去，各自建立小国。这些小国仍将完全缺乏同质性，因为他们本身是自成一体的种族集合，彼此毫无关联。

巴尔干诸国都存在类似的民族混杂现象，这些国家里的民族依其宗教、语言、愿望等被独立划分。根据《巴黎评论》刊载的统计数据，罗马尼亚统治下的特兰西瓦尼亚、布科维纳地区包括以下民族：

特兰西瓦尼亚有 154 万罗马尼亚人、38 万匈牙利人、56 万捷克人、234 万日耳曼人与 54 万其他族裔；而布科维纳的人口统计显示，该地区有 208 万罗马尼亚人、268 万乌克兰人、91 万俄罗斯人、5 万日耳曼人、25 万波兰人和大约 8000 名匈牙利人。

这种混杂的人口构成之所以危险，在于我之前提过的事实：各民族彼此痛恨，如果不受严格约束，将会大肆开展屠杀。第二次巴尔干战争便是鲜明例证。

巴尔干诸国只要处在土耳其统治之下，就不得不和平共处。但是，一旦他们组成临时联盟、成功脱离穆斯林统治，尽管胜利尚存余热，他们就迫不及待地向彼此开战。塞尔维亚与希腊在一天之内就与盟友反目成仇，保加利亚也只是在等待复仇的合适时机而已。

这些国家的所谓愿望不过是侵占邻国土地、杀戮邻国国民，越多越好。保加利亚觊觎着马其顿全境和塞尔维亚的部分地区，塞尔维亚希望获得保加利亚部分领土和波斯尼亚全境，罗马尼亚想要占领特兰西瓦尼亚和比萨拉比亚，希腊则盼望统治马其顿、阿尔巴尼亚和其他小亚细亚沿岸国家。一家瑞士报纸说过：

这些国家的不幸在于：这么多民族不得不在同一块土地上共存——尽管他们无法消除由来已久的积怨，更不能容忍比肩生活。每一个民族都说自己的语言，按照自己的方式养育后代，并遵从自己的风俗习惯生活。强者压迫弱者总是不可避免，在布加勒斯特条约划拨至希腊与塞尔维亚的马其顿地区中，这显露无遗。

同样的事情也发生在匈牙利人在奥地利境内辖区的300万罗马尼亚人身上：

他们被视为民族威胁，并受到最严酷的暴力与专制统治。对他们而言，基于宪法的公民权利与政治权利平等没有任何意义。他们不受法律保护，没有集会与结社自由，报纸因遭到审查而被禁言，报纸编辑们动辄被处以罚款和数月监禁。

巴尔干诸国为夺取地区主导权而争斗，却一无所获。因为无论哪个国家成为统治者，当其对地区各国的社会生活进行全面干涉，并通过行政制度具体付诸实施时，必然采取最残酷的手段。因此，许多巴尔干人民已经开始后悔脱离土耳其的统治了。

种族问题正变得日益严峻。以往的外交尽量避免触及这一问题，并尽量不去改变近东地区既有的种族格局，这是明智之举。但是随着“一战”的爆发，一切努力都付诸东流。之前被时间、传统等种种因素所缓和所管控的种族问题都再次爆发。

在所有仇恨与对立最终平息之前，还将有很多可怕的冲突。因为，这些相互憎恨的种族一旦获得过多自由，便会撕碎对方，而一旦受到限制，便将不停反抗。

第三章
德国的侵略姿态与复仇思想

1 德国的侵略姿态

我在上文中已经阐述，德国如何发展经济，如何战胜所有对手，如何将势力范围扩展至全球多个地区。这种物质的持续发展对德国国民的性格与心理产生了重要影响，因为他们一旦意识到本国的贸易霸权与军力增长，便容易自视为至高无上的优等种族。

集体虚荣是一种飞速增长的激情，在德国作家学者的煽动之下，德国人的虚荣心最终冲破了一切界限。全体国民不久便确信，德国是被上帝选中来统治世界的。

对这类思想，柏林大学教授拉森已做过如下总结，此前我也引用过：

> 陌生人就是敌人，除非有反例证明……我们在道德和智力上都优于他人，我们是无与伦比的……上帝与我们同在。

这种全球霸权的思想不受任何阻碍，日渐发展，直到当今一位德国作家张伯伦（Chamberlain）说出了以下言论：

当前最为紧要的任务便是将德语推广至全世界，无论是现在或在将来，都没有关系。但是，无论在何时何处，每个德国人都有职责驱使外国人说德语，直至德语也像德国的军事力量一样获得全面胜利！……人们必须受到这样的训诫：不懂德语的人都是贱民！德语必须成为全球通用的语言！

在战前数年中，德国的集体虚荣虽然并未达到这种程度，但却一直逐渐滋生；随着野心的膨胀，其在外交上也呈现出更加跋扈、好斗的姿态，以至于在法国，即便连和平主义者都清楚知道，必须下定决心自我捍卫了，否则法国的国家地位将一落千丈。当所有人都认为事态再也不可忍受时，法国最终对德宣战。

实际上，德国的傲慢举止并未超过外交上的所谓“忍耐限度”。但是，每个法国人都知道德国人的行为意味着什么，并强烈地感到耻辱。德国的政治家们持续发出了一系列威胁，德皇的演说愈发具有挑衅性，不断建议本国“保持火药干燥”“磨利刺刀”。法国处处让步，却没能使德国的态度稍有缓和——在摩洛哥、巴尔干局势，在奥地利吞并黑塞哥维那的事件中都有体现。但是，我身为法国人，这么说自然会令人怀疑，因此我宁愿引用以下来自中立国人士的观点：

德国的行为越来越具威胁性，提出的要求越来越多，在各方面夺取发言权的姿态也越来越强硬。与此同时，法国却表现得越来越审慎，倾向于做出最大让步，尽量避免与对手发生冲突。事实上，在不持偏见的旁观者眼中，法国为了避免让人怀疑其有野心或侵略意图，甚至牺牲了许多合法利益。

法国的过分忍耐引发了各方的不同反应。盟国们对此感到困扰，并为法国影响力的日渐下降感到悲哀；和平爱好者对此警觉，因为他们了解这种妥协不会让德国罢休，只会促使德国提出更多无理要求，最终将不可避免地引发战争；诸多小国因此感到恐惧并担忧自身独立，因为现在再没有任何制衡德国的力量了，德国很有可能进一步侵占它们。

我们没有忘记德国表现出的强烈民族主义和好战倾向，这一切都令法国人感到憎恶，以至于旁观者们不禁发问：莫非这是德国惯用手段，一方面是为了“考验”法国，一方面意在挑起战争或蓄意羞辱法国人。1913年，德国肆意践踏阿尔萨斯，法国尽管愤怒，却沉默着坐视不管。最终，法国经受住了德国的这次“考验”。国内媒体非常冷静，在事态最激烈之际，法国总统还与德国大使共进晚餐。(瑞士《洛桑报》，1915年3月24日)

上文中每一处细节都绝对真实。法德关系在过去几年的历史清楚地向世人表明：法国不得不战，除非愿意附身屈就，把自己在文明国家之中的地位降到最低。此外，即使战争爆发能够推迟，也只能推迟很短一段时间，因为无论德国皇帝多么热爱和平，他都不得不对外宣战。只有这样，他才能顶住国内压力，确保自己对德国军队的领导权——这支军队已经足够壮大，已经拥有至高无上的意志。

不计其数的资料都已表明，德国人已变得多么自负。当德国的战争准备迫使法国人恢复了三年制兵役时，德国国会的一名议员说道：“这是法国对我们的挑衅，我们绝不允许！”许多德国军人和平民都宣称，法国只有 4000 万人口，无权与德国竞争。事实上，自摩洛哥危机初始阶段，德国就认为能够随心所欲地对待法国——但是法国经受住了一切。

2 复仇思想

当前战争的间接原因还包括：德国认为法国一直希望报 1870 年战争的一箭之仇——这种恐惧一直存在于德国人心中。

我们所被告知的是，俾斯麦起初反对吞并阿尔萨斯和洛林，最终却迫于国内军方压力，不得不下令侵占这一地区。他几乎像是能够预知未来，因为这一行动的军备耗费大大超出了其带来的实际利益。如果德国的治理方式少些严苛、多些仁和，最终一定会赢得阿尔萨斯的民心，法国也再不会想要收回该省，毕竟其已经高度德国化了。但是，德国显然不可能这么做，向来喜好独立的阿尔萨斯人也觉得德国的军事制度不可容忍，尽管德国人自己毫不反对这种制度。

尽管如此，当今这代法国人早已不再想要报阿尔萨斯和洛林的一箭之仇。德国媒体虽然屡屡暗示此事，却只是为政府不断扩大军备力量寻找借口而已。通过不断地重复，德国的领导者们最终成功说服人民：法国只是在为宣战寻找理由，无论是现在还是将来，只要法国发现任何可用的理由，都会毫不犹豫地在第一时间利用其对德开战。

尽管法国的政治家们几乎完全放弃复仇思想了，但阿尔萨斯和洛林问题依旧对法德关系存有很多影响。法国驻德大使告诉我，德皇常常表示希望能与法国发展友好关系。但是，我们必须承认，这位皇帝领导下的德国外交风格向来都是粗野、好斗的，无论是在摩洛哥，还是在其他地区和任何问题上。

当然，阿尔萨斯和洛林问题是战争的重要远因之一，尽管仅仅发挥了间接影响。在所有事件中，这一问题都被不断地用来挑起德国人民对法国的仇恨，从而促使德国大大增强军力。如果没有这一背景，德国的战备速度不会如此迅速，以至于不久便把法国逼到不得不战的地步。

第四章
神秘主义影响在战争起源中扮演的角色 / 霸权理想

1“一战”之中的神秘主义作用力

所有国家，无论是野蛮还是文明，都受到了神秘主义的摆布。这是因为神秘主义比理性拥有更加强大的影响力。

在古代，神秘主义冲动曾经诱使迦太基人将其子女献祭给摩洛神，也诱使美国的印第安人因部落迷信剥下战俘头皮以示光荣。正是出于这种冲动，穆斯林为了传播真主安拉的荣光而出兵征讨另一个庞大帝国。正是出于这种冲动，德国人如今摧毁了众多繁华都市，只是为了确立其种族的至高地位。

这种神秘主义冲动之所以威力无穷，实际是由于其不具备任何理性基础。人们的理想若一旦变得理性，便不会轻易为其献身。理性或许能够主宰一个身处实验室中的学者，但却不具有激发大众的威力。

一个理想必须经历数个阶段，才能逐渐以神秘主义的形状出现。当我们试图探索“世界霸权”的神秘主义理想是如何在德国形成的，我们便会对此有一些了解。我们的调查将会显示，有哪些因素是从一开始便围绕这一理想的。历史并没有单一的原因，每一个原因都伴随着一系列的次级影响，这些影响起初是该原因造成的后果，随后又转变为原因本身，如此循环往复。

神秘主义作为德国最终宣战的决定性原因，有很长一段时间都在德国毫无地位，仅仅在一些小圈子里具有些许影响力。只有到了宣战时刻，神秘主义才将其影响扩大到德国社会各阶层，从少数人的梦想变为全国的共同理想。

2 霸权理想的种族主义渊源

很少有民族不是自认为优于其他民族，因为这的确是一种集体的虚荣心。当然，这可能是一种有用的刺激，但也有不幸之处：那些自认为优秀的民族有时会受到引诱，并试图通过武力凌驾于其他民族之上。

在过去 30 年中德国出版的许多著作中，读者都能看到，德国人比历来的任何民族都自视甚高，也许只有《圣经》里的犹太人和穆罕默德时期的阿拉伯人能够与之相提并论。这主要由于德国全民一致认为，自己是被上帝特别选派的种族，身负征服世界并最终改造世界的神圣使命。

大力鼓吹以上思想的主要有两位历史学家，特赖奇克和兰普莱希特，其后还涌现了不可胜数的诸如张伯伦之流的学者。他们的作品中大量充斥着此类观点，最好地反映了集体心理均衡状态的崩溃，在 20 世纪一系列集体疯狂事件中堪称之最。

在特赖奇克眼中，历史的发展不过由众神操纵，旨在捍卫新教教义。他认为，世界必将为德国人所征服、主宰，因为这个民族是由于路德的宗教改革运动而变得强大，而这场改革本身便标志着人类进步的开端。

特赖奇克的某些观点并不这般幼稚、自大，多半甚至还有些道理，如下列这段：

决定国家命运的是行动，不是思想。但是，没有指导思想的行动同没有行动一样，终将毫无建树。特定宗教和政治思想一旦出现，必将随之改变国家的命运。

特赖奇克获得了巨大成功，因为他表达了德国精神的最高愿望。但是这种愿望并不如他所想的是源于新教教义，而是基于普鲁士军事制度。

特赖奇克基于神学理论论证了德国的优越性，而兰普莱希特的观点更为唯物主义。不管怎样，后者与前者的主要目标一样，都是为了证明德国民族命中注定将改造世界。兰普莱希特并不认同神的旨意一说，他认为人类是自我的主宰，天主教与新教不过是落后的信仰，终将被某种信仰所取代。

兰普莱希特认为，经济发展是一个国家历史的最重要因素，他还大力颂扬了德国的工业进步。他同时声称，在国家间的和平竞争中，一旦竞争一方有足够能力对另一方强加自身意志，就将必然引发战争。（此处需指出，这是德国最流行的思想之一。）

毋庸赘言，兰普莱希特和其许多同僚一样，都是国家社会主义的信奉者。他们不仅呼吁政府的全面干涉，而且指望政府担负起一切行动，包括战争。他的伦理体系与纳粹的非常相似，将基督教的伦理道德当作无用与过剩的事物全然抛弃。

兰普莱希特提出的征服方案也明确昭示，德国学者们是如何在国民之中煽动野心的。他认为，德国应该吞并瑞士、荷兰、比利时；对于智利、巴西等不易征服的国家，应在该国建立学校、银行、工厂来加速其德国化；至于俄国、意大利等其他国家，尽管暂时还无法使其臣服，但今后会采取同上手段将其德国化——总而言之，德国将最终统治欧洲乃至全世界。

以上类似内容其实还有许多，因为许多学者们都持有与此相同的观点。颇具讽刺意味的是，他们的想法还有一丝天真，例如吉泽布雷希特（Giesebrecht）的以下言论：

主宰世界是德国的特权，因为德国是一个高贵的国家，德国人民是上帝的选民。因此，德国应当像每一个能力、智慧超群的人对待身边的庸人一样，行使好对邻国的权利与义务。

更有甚者，德国知名学者布伦奇里（Bluntschli）进一步指出：

德国对涉足的任何活动都拥有不可剥夺的权利，德国没有义务遵守任何条约。

为了迎合公众，其他学者们只能进一步发扬这一观点，其中最为著名的有休斯敦·张伯伦，他据此编纂了长篇巨著 *Die Grundlagen des neunzehnten Jahrhunderts*（《十九世纪的基础》）。据说德皇个人支付给他一大笔创作资金。这部作品的观点虽然事实上并不都是原创，但是尽其所能满足了德国人的骄傲与虚荣心，因此大获成功。作者以一种阿谀奉承的口气重申德国是各国之最，并为先前的侵略而感到愤恨不平：

德国人在征服各国的过程中，并没有做到斩草除根。这种宽容导致的后果就是种族混杂……

如果我们的思维方式像这位作者一样，那我们就会认为，罗马人先前没有把所有日耳曼部落淹死在沼泽中或烧死在树林里，而只是杀死了几十万人，真是太可惜了。如果罗马人根除了日耳曼人，世界文明将大大不同于今天，历史上也根本不会有中世纪存在。

我在上文中引用的段落已充分展示，随着这种心理发展，德国最终宣战是不可避免的事情。上文也充分证明，追究到底是哪位君主发动战争毫无用处，因为正如我之前所说，这场战争或许可能被推迟，但却无法受到阻止。

3 霸权理想的经济与军事渊源

如果仅仅是在理论上设想其种族优越性，德国人还不足以想要实施全球统治，因为这种设想最初什么也不是，不过是理想主义者的美梦罢了。但是，德国军力增长与工业发展成了两大重要支柱，共同促进了这个梦的实现。

德国军队在 1871 年时共有 401 万人，随后逐渐增至 815 万人，海军舰队也不断地改善装备，如今足以匹敌英国海军。

德国的霸权理想由军力的巨幅增长奠定了基础，随后便迅速席卷全国，在全民心中形成野心，这种野心自开战以来便可见于德国外交家和宣传家的各种言论中。

1914 年 11 月 16 日，恩斯特·海克尔（Ernst Haeckel）提出构想：分割比利时、占领英国在刚果的殖民地、占领法国边境、占领波罗的海沿岸等。（他没提到吞并意大利和西班牙，应该只是忘记了这两个国家。）而奥斯特瓦尔德（Ostwald）作为一个和平主义者，则并没有前者如此强烈的野心，他仅仅提议摧毁英国舰队、消灭欧洲其他国家的全部陆军力量。

德国学者尽管设想各不相同，但却一致认为，德国应该接管那些“无权继续存在”的小国。

由于筹备战争的传统方法可能缓慢，因此一个名叫菲罗特（Vierordt）的教授在为《巴登报》撰写的文章中颇具独创性地指出，当务之急是成百万地屠杀德国的敌人，将征服的土地变成净土，专供富有美德的德国人繁衍生息。

这些文章更有趣之处在于其充分反映了作者们的心理——渴望完全摧毁欧洲。毫无疑问，奥斯特瓦尔德的追随者们主张把欧洲未受战火摧毁的地区开发成大型工厂，用普鲁士无情的鞭子驱使百万奴仆辛苦劳作，以供养全体德国人，尤其是它的诸多学者们。

4 德国神秘主义的最终表现形式

我们已经说明，是何种作用力引起了德国的霸权思想，这种作用力源于什么样的物质基础。许多读者可能无法理解德国野心中神秘主义的一面，因为这种虚妄的梦想确实具有现实基础。例如，科斯特列夫（Kostyleff）在一篇重要评论中表示，他看不到神秘主义对现代德国心理有任何影响。他甚至进一步质疑，在当今的时代中，神秘主义信仰是否还能普遍适用。

我非常担心他与许多持同样意见的人一样，并不清楚我们所说的神秘主义的概念。在上文中，我已经解释了神秘主义的含义，我的读者们也应该已经了解神秘主义在历史事件中的重要作用，尤其是法国大革命。虽然神秘主义的重要性至今仍未获得足够认可，但是在当前战争中，许多作家都清楚地指出了它的影响，例如法国的谢弗里荣（Chevrillon）。下文是他关于德国神秘主义研究作品的部分节选：

上帝的选民？这个表述究竟是什么意思？这是一种自大、神秘主义的集体思想，与历史上其他推动力一样对全世界构成巨大威胁，甚至更加危险。因为伴随着这种思想发展的不仅有相关学说，更适合德国的实力与胃口。

德国人是上帝的代言人，是上帝永恒力量的最高体现；德国人是上帝在人世间的化身，上帝的精神打破了一系列旧形式，旨在赋予其新生命……这些思想牢牢占据了德国人的头脑并滋长了他们的骄傲自大，它决定了德国人的天然倾向，使他们认为基督教传统伦理是束缚他们脚步的障碍，使他们认为德国的贪婪实际是前进动力，使他们认为努力追求完美是德国人的本能。

在德国人眼中，只有一条法则：生命的职能不是追求善良与真理，而是获取力量完成生长、发展甚至自我超越。鉴于这一目的，憎恨、对抗、消灭、侵吞其他外来或弱势种族都是公正合理、势在必行的。

神秘主义思想对人的引导正是如此。尽管文明的整个进程都是在遏制人类的原始本能，德国哲学却使得人们重新对这种原始本能产生兴趣并加以推崇。在德国人眼中，武力就是一切，宽容与怜悯没有任何地位。一个优越民族并不会像其他民族一样，甘心接受普遍原则的约束。与一个上帝选定的种族斗争，便是与上天的旨意斗争，这项罪孽如此深重，什么严酷惩罚都无法弥补。

长期以来，这些学说都停留在理论层面上，但是学者群体们缓慢地将其灌输进德国人心中，将其变为屠杀和破坏的真正根源，为文明世界带来了恐怖。意大利学者西格诺尔·帕雷蒂（Signor Pareti）如是说道：

德国人信仰其文化和使命，信仰自己是上帝选定来统治世界的，信仰自己优于过去、现在、未来的所有种族——这才是战争的真正根源。这尤其从神学与形而上学意义上赋予这场冲突以宗教战争的特征。对手并不仅仅是敌人，也是异端、是德国神圣文明的亵渎者、是违背万神旨意的罪人。对于这样的敌人，仅仅征服是不够的，必须彻底摧毁。比利时胆敢拒绝德国的神圣大军跨过其领土，简直就是逆天的罪行。因此他们是背叛众神的罪人，必须受到正义的惩罚。

5 心理因素在战争爆发中的作用概述

浏览过本书中有关战争远因章节的读者可能已经注意到，这些章节中仅仅提及生理、心理和神秘主义的因素，却丝毫未提及理性因素。这是因为理性与当前的战争以及历史上的多数战争都毫无关系。当然，作战过程中或许需要理性一定程度的参与，但是理性并不是战争的成因。因为理性仅仅屈从于神秘主义和心理冲动的必要产物，理性是奴隶，而不是主人。

如果我的读者受到理性主义学派的过多渗透，从而无法立即理解我所陈述的事实时，我建议他们回忆一下战争的起因。在这一过程中，他们或许能够得出与我类似的结论。此处我将不再探讨经济因素，而是探讨那些激发各国军队士气的心理因素，包括那些情感的、集体的和神秘主义的动机，但却不涉及任何理性因素：

①奥地利。促使奥地利参战的情感力量主要是对塞尔维亚人的强烈种族仇恨。在第二次巴尔干战争中，塞尔维亚人利用欧洲的和平努力在其强大邻国中进行煽动挑唆，将矛头引入奥地利境内，导致奥地利皇位继承人弗兰西斯·斐迪南大公（Francis Ferdinand）遇刺。因此，奥地利对塞尔维亚这个小国的仇恨达到了白热化程度，国内公共舆论最终演化为一种渴望战争的强大集体作用力。

②俄国。情感力量在此处以一种自尊心受伤、仇恨积聚的形式发挥作用，因为奥地利占领了波斯尼亚。此外，俄国还怀有一种恐惧，害怕塞尔维亚若受到攻击，俄国将在斯拉夫人中失去一切威望。

③法国。法国的主要情感力量是荣誉感，尽管法国对盟国的处境毫

不关心，却出于荣誉感而不得不与其联手。此外，法国还受到了席卷全国的集体情感影响——法国人民再也不愿忍受德国人的傲慢自大。

④英国。英国保卫比利时起初是出于情感动机，之后是出于道德义务，因为比利时的中立地位是英国经由条约所保证的。除了这种正义感之外，英国也担忧德国这一劲敌将占领安特卫普、切断英国贸易通道。

⑤德国。德国自始至终的动机都仅仅停留在情感层面，总体说来：德国希望再次羞辱俄国、让其束手就擒，从而向欧洲昭示自身的霸权威力，正如奥地利数年前吞并波斯尼亚一样。战争一经宣布，那些为酝酿战争而积累的神秘主义因素便统统爆发了，这些因素全部源自德国统治世界的理想。

在之前的总结中，我已经说明了理性因素在战争初始的微小影响。对德国而言，这一事实尤为明显。因为如果理性逻辑能在人们的意志中发挥作用，就会指引人们不惜一切代价来避免冲突。实际上，德国工商业发展、国民向世界各国流动渗透，很快便能带给本国很多靠武力无法获得的利益。这一事实非常明确，已经无须反复强调。从理性观点看，德国曾经有意阻止战争，但最终还是受到神秘主义作用力的完全操纵。（在另一本书中，我已经说明神秘主义能在各种层面完全凌驾于理性之上，此处也可以再加入德国的事例。）在神秘主义面前，任何事物都不得不屈服。

我们对战争远因的研究至此告一段落，结论已经很清楚，以至以下再要在其他章节中探讨战争的近因，对读者而言都已经显得有些多余。

尽管再追问这场战争——德国人已经长期宣扬其不可避免，为何要在某一时间而不是另一时间点爆发，实际上都毫无用益。但是，从心理学角度看来，最有趣的莫过于研究情感的结合、升华及其在特定时刻对战争的催化作用；最令人触动的，则莫过于目睹那些爱好和平的外交家是如何奋力对抗将他们拖入可怕战争的强大力量。在时代变迁中，要见证无意识作用力是如何影响人类行为的，或许再没有比第一次世界大战更好的机会了。

战争篇
理性操控

卷四

战争的近因

第一章
奥地利的最后通牒和外交谈判周

1 外交文件中的心理教训

关于第一次世界大战的起源，目前唯一可供考据的官方文件即各国大使提交给本国政府的报告。它们被编成一系列出版物，分别叫作蓝皮书、黄皮书、白皮书等。

蓝皮书几乎全是英国驻外大使与其外交事务大臣之间的通信，该书英文版首先在英国政府发行，接着又在其国内发行了法文版。随后，该书的另一版法文译本也在巴黎出版，仅与前一版在一些无关紧要的细节上有些差异。

黄皮书则是法国方面的外交资料，其中囊括了法国政府收集的各类文件。该书有两个版本，法文版仅仅由法国国家印刷局发行，英文版发表在《泰晤士报》上，并做了一些增补。

此外，比利时发行了灰皮书，德国发行了白皮书，但都并未收集到多少资料，俄国的橘皮书也没有提供任何新信息。因此，我在本书中引用的内容基本全部出自蓝皮书与黄皮书。这些资料具有非常重要的心理学价值，不仅证明了情感和神秘主义冲动完全凌驾于理性之上，更展现出要政府违背初始意图决策是多么容易。

德国和奥地利因为一系列心理学错误而卷入了这场战争。德国原本认为，法国、英国、俄国根本不会介入战争。但是，后来当德国看见俄国不仅没有在其威胁面前止步，而且开始进行战争动员，便担心俄国可能将在战备上抢先一步。同时，德国政府听从军方的建议，在坚信英国将保持中立的情况下，要求俄国解除战备状态。当这一要求遭到俄国拒绝后，德国对俄宣战便不可避免。

虽然我用了以上很短的一小段内容总结了事态发展，但其绝不是如此简单。因为我们很快将会看到，人并不能在一天之内便下定决心，也不能立即形成固定想法。在这一章和下一章中，读者将看到，起初打算远离纠纷的英国政府在最终下决心介入战争之前是多么犹豫不决、不知所措；读者还会看到，德国皇帝究竟是怎样一步一步地罔顾自身利益发动战争的。

要在官方文件中读到这些内容，只需花费一点注意力。但是，这些文件表述非常模糊，经常将主要观点隐藏于次要事件之中，因此我认为有必要选取一些具有根本意义的片断，并从心理学角度为其归类。出于这一目的，我按照不同的表现主题做出了文件摘要，诸如英国的犹豫不决、奥地利的毫不退让、奥地利认为俄国将保持中立的错误观点等。

关于外交谈判周的文件资料并不包含战争的远因，因为我们已经在之前的章节中探讨过这一问题。因此，如果单看这一部分而不看其他内容，可能会对战争的真正根源不甚了解。这些文件只是单纯地反映了各国的外交努力。阻止水滴继续落入杯中，否则水迟早溢出。但这里真正的问题其实是，究竟是谁在一直缓慢地往杯子里注水，而不是谁往里面倒了最后一滴水。

各国的外交工作尽管仅仅持续了一周时间，但这短短一周却足以改变世界历史。

如果一个作者没有其他文件资料，所掌握的仅限于这些外交书信的话，他可能会认为根本没有人想发动这场战争。事实上，确实没有人真正想要这场战争，也没有人不害怕爆发战争。尽管如此，战争最终还是来临了。这也证明：国家元首和政府首脑们在面对那些激发公众狂热的棘手问题时，究竟是多么的无力。在签订战争宣言的君主中，四个中有三个是独裁者，是陆地与海洋的绝对主宰。但是，他们的专制权力并未能在此发挥一丁点儿作用，因为君主们的意志不全由自己掌控，同样要受到命运的操纵——古人将命运称为诸神与人类的共同主宰。

在从外交信件中收集所需信息之前，我将首先简要地梳理一下外交谈判周期间的一系列事件。

2 外交谈判周

外交谈判周自 1914 年 7 月 23 日起，至 8 月 1 日止，最后终结于一场注定将改变欧洲面貌的战争。因此，这一周算得上最具戏剧性的历史事件之一。

下文是这一周内每日事件的简要总结：

周四，7 月 23 日。各国都已知悉斐迪南大公在萨拉热窝遭遇刺杀。奥地利向塞尔维亚发出最后通牒，主要敦促塞方接受奥匈政府派遣的联合代表团，在该国“镇压可能破坏奥匈帝国领土完整的后续活动”。

周五，7 月 24 日。俄国要求奥地利在最后通牒中放宽对塞尔维亚的时间限制。德国驻法大使宣布，德国希望将冲突限于塞尔维亚境内。

周六，7 月 25 日。奥地利拒绝延长对塞尔维亚的时间限制。英国提议与德国和意大利一起在奥地利和俄国之间进行调停。英国声明将保持中立，德国听信。

周日，7 月 26 日。为了支持塞尔维亚，俄国对奥地利采取干涉措施，并要求德国配合。奥方向其国内下令局部动员。

周一，7 月 27 日。根据蓝皮书所述，德国大体同意由四国对奥地利和俄国进行调停。但是根据橙皮书内容，德国驻法大使“坚持主张排除一切调停或协商的可能性”。

周二，7 月 28 日。奥地利下令全国动员并对塞尔维亚宣战。德国对奥方毫不妥协的态度表示支持。俄国随之要求英国介入调停。

周三，7 月 29 日。德国似乎暂时倾向于和平解决方案，建议俄奥重启对话。由于奥方无视外交协商努力而发动国内动员，俄方也下令在奥边境发起局部动员。德国警告称，若俄方不停止战争准备，德方也将发起战备动员。俄方称其尚不明确奥地利的态度，因此不能同意德方要求。

周四，7 月 30 日。俄国表示，如果奥地利能够证明对塞尔维亚发动战争符合欧洲利益，俄国便会停止战争准备。

德国驻俄大使见战争不可避免，大受触动，恳请俄国外交大臣提供可作为最后一线希望的任何提案，由驻俄使馆电报发回德国政府。

周五，7 月 31 日。俄奥重启对话，后者接受了英国的基本调停方案。与此同时，德国宣布，俄国的军备迫使德国不得不采取相同措施。

周六，8 月 1 日。德国向俄国发出最后通牒，要求俄在 12 小时之内解除动员。奥重作表态，宣布愿意接受欧洲对奥塞冲突进行干涉。

俄国再次做出避免战争的尝试，其声明如能确保塞尔维亚的独立与领土完整，俄国将就此罢休。

但是为时已晚，当晚七时，德国对俄宣战。

周一，8 月 3 日。德国对法国宣战。

接下来，我将花费一些篇幅研究以上事件，尤其是这些事件背后的心理学因素。

3 奥地利对塞尔维亚的怨恨和对其开战的决心、奥方在谈判期间毫不妥协的态度

奥匈帝国采取双君主立宪制，遇刺的弗兰西斯·斐迪南大公正是奥地利的王位继承人。奥地利将斐迪南大公遇刺事件归因为塞尔维亚人的阴谋，长期对其怀有怨恨，最终还以明显不可接受的措辞向奥地利发去一份最后通牒。其中提出的一项重要要求，即塞尔维亚有义务“接受奥匈政府派遣的联合代表团，以在该国镇压针对奥匈帝国领土完整性的破坏活动”。

诸国刚刚知悉这道最后通牒，便意识到这不过是奥地利入侵塞尔维亚的借口罢了。

1914 年 7 月 23 日，法国外交大臣获悉：

根据法国驻维也纳大使所收集的情报，奥匈帝国的首要意图是向塞尔维亚进一步施压，同时保持八个军团随时待命。

7 月 24 日，法国驻俄大使提请国内注意这一事实：

最后通牒给出的时间非常有限，以至于协约国如果想对奥地利加以约束，将变得更加困难。

无论如何，外交家们并未对奥地利的意图抱有任何幻想。英国驻奥大使在 7 月 24 日写道：

俄国临时代办今天上午会见奥外交大臣并表示，依其个人观点，奥方最后通牒的起草形式不仅令人难以接受，而且措辞也较为反常和专横。奥外交大臣则回应道，已收到指令，除非奥方的主张在明天下午四点之前被塞尔维亚完全接受，否则奥军将不会撤出贝尔格莱德。

塞尔维亚政府惊恐万分，便表示将应允奥地利的一切要求。但是这种让步毫无用处，就此我们可以参见英国驻德使馆临时代办 7 月 25 日提交给国内政府的报告，其中涉及他与德国国务卿的会谈结果：

国务卿表示，他不知道奥匈帝国蓄势待发所为何事。但是他承认，奥匈帝国意在采取军事行动，希望给塞尔维亚一点教训。

法国驻维也纳大使在 7 月 25 日报告本国政府：

奥地利政府已下定决心对塞尔维亚严加羞辱，因此，其不会接受任何国家的干预，直到行动确已实施并切实令塞尔维亚尝到苦果。

就奥方的意图和态度，所有驻奥大使都持同样观点。7 月 27 日，英国驻奥大使写道：

我与其他国家驻奥大使都做了交谈，我们一致感到，奥方既已起草了这么一封照会，便是明显意在使得战争不可避免。

为了给自己毫不妥协的强硬态度正名，奥方发布了以下照会：

塞尔维亚长期作乱，妄图将南斯拉夫从奥匈帝国治内分裂出去，并与之联合组成大塞尔维亚国。塞尔维亚国内所有宣传媒介都一直为达成这一目标，在不同场合采取了各种不同形式的大肆鼓吹。直至这一问题最终到达顶点时，危机就爆发了。

在奥地利的强硬姿态面前，塞尔维亚越来越感到不安，最终表示将接受奥地利的所有条件。英国驻意大利大使在 7 月 28 日的电报中写道：

今天上午我和塞尔维亚驻意大利临时代办进行了一场历时较长的谈话。他告诉我，如果奥方能够对塞方就照会第五条、第六条中关于奥地利干预形式的内容稍作解释，塞方可能接受整个照会。

但是，奥地利政府却依然保持强硬态度。7 月 28 日，英国驻奥大使电告本国政府：

俄国大使告知我，俄国向奥政府建议，由俄国外交部部长与奥地利驻俄大使直接讨论解决奥塞冲突，但是这一建议遭到奥方断然拒绝。

由于奥地利的毫不妥协，英国外交大臣不得不在 7 月 29 日的照会中承认：

根据从维也纳和柏林获悉的所有消息，我只能推断奥方不会接受任何形式的调停了。

奥地利既已昭示行动方案，又没有耐心等待外交谈判得出结果，便于 7 月 29 日对塞宣战。整个过程中，奥地利看似对于开战怀有迫切愿望，这反映在 7 月 29 日英国驻君士坦丁堡临时代办的急件中：

我认为，奥地利的计划绝不仅限于惩罚性地占领塞尔维亚领土。奥地利大使跟我说，萨洛尼卡在希腊管辖下的经济形势非常糟糕。他还提起，希望不满于塞尔维亚统治的伊斯兰人对奥军提供支持。

相较于塞尔维亚这个小国，奥地利的兵力已经非常强大，奥地利现役军队似乎足以轻松取胜。尽管如此，奥方似乎预见到问题并不如想象中简单，便不计一切代价发起了全国总动员——7 月 31 日法国驻奥大使的信件中写道：

奥匈政府今晨下令，全国 19 岁至 24 岁的男性全部进入军事动员状态。

4 德奥认为俄法军力太弱、无法介入战争

为何在盟友德国的支持下，奥地利采取了如此强硬的态度？为何奥地利主动参与一场有关存亡的战争，而参战目的却看似如此无足轻重？

推动奥地利做出决策的，主要是一个非常简单的心理原因。奥地利和德国坚信，作为唯一利益攸关方的俄国并不会出手干涉。这是因为，早在数年前奥地利占领波斯尼亚时，俄国除了抗议并未采取任何对抗措施。除此先例以外，今天的塞尔维亚根本没有波斯尼亚重要，俄国便更不可能有所行动了。

以上这一判断便是战争最重要的近因之一，奥地利若不是认为没有国家会出兵保卫塞尔维亚，或许不会采取如此强硬的态度。

从以下一些官方文件的选摘中，读者可以看到不同国家对于诸国中立地位的观点：

法国驻奥大使在 1914 年 7 月 15 日写道：

部分维也纳报纸称，法俄两国在欧洲事务中根本没有发言权，更不可能进行军事干预。正是怀有这种看法，再加之德国的支持，奥匈帝国便自信地认为，可以轻而易举、随心所欲地入侵塞尔维亚。

7月25日，法国驻德大使也提出同样观点：

比利时外长对事态发展表现得十分焦虑。他认为，奥地利和德国希望利用好当前的综合形势，因为他们认为现在各国都无暇顾及此事——俄国和英国目前国内问题重重，法国国内也正在就军队制度争论不休。

英国驻奥大使也在7月26日报回国内的文件中表示：

我询问德国大使，俄国政府是否可能迫于公共舆论，为了同一民族的利益而出手干涉。德国大使就此问题表示，一切都取决于俄国外交大臣其本人性格。……他认为，俄国外交大臣不会轻率行动，因为这一行动可能引发更多与俄国利益攸关的边境问题——瑞典、波兰、罗马尼亚、波斯等种种问题都会乱成一锅粥。此外，他还表示，法国的国内情况目前也不允许法国参战。

英国外交大臣也获知相同讯息，并于7月27日向英国驻俄大使电报表示：

据有关消息称，德国和奥地利认为，只要奥地利允诺不夺取塞尔维亚领土，俄国就不会采取任何行动。

英国驻德大使在7月28日的报告中写道：

奥地利大使今日告诉我，爆发全面大战几乎不可能，因为俄国既无立场参战，也无胜算应战。在我看来，许多人就此都持同样观点。

英国驻意大利大使在7月29日写道：

……他（此处指意大利外交部部长）补充道，要令德国相信俄国态度是认真的，似乎还有困难。但是，德国非常热切渴望与英国保持友好关系，因为德国担心英国将与俄、法联手行动。

法国驻意大利大使在7月29日也写道：

……奥地利与德国依然坚信，俄国不会参战。

无独有偶，英国驻奥大使也同样指出：

德国大使于7月24日告诉我，他相信俄国将不会进行干预。

5 德奥坚信英国将在战争中保持中立

正如我们所见，德奥认为俄、法不会介入奥塞冲突，也同样坚信英国将保持中立。事实上，这完全不可能。英国驻俄大使7月25日发出的电报中就此表示：

……很遗憾，德国居然指望我国保持中立。

英国外交大臣也在7月27日的另一份急件中表达了同样观点：

俄国大使告诉我，德国和奥地利外交官们普遍认为，无论发生什么，我国都将袖手旁观。

法国驻英临时代办也在当天表示：

德国和奥地利大使一直主动对外宣称，一旦战争爆发，他们相信英国将保持中立。

由于比利时领土受到侵犯，英国最终参战。尽管如此，即使当英国已确实介入，德国依旧幻想英国将保持中立。

第二章
英国起初的反战情绪

1 英国强烈排斥卷入战争，以至于起初拒绝在战时支援法国

思虑缜密的人很少做出草率决定，尤其是当他们必须彻底抛弃原有立场，采取完全崭新的观点时。因此，心理学家饶有兴致地研究：在几天时间内，英国外交大臣的心理状态究竟发生了什么样的系列变化，能够使其不再强烈反感战争，尽管再三犹豫，却最终宣布参战。

此前的外交文件只为事态发展提供了一些时间节点与标志性事件，其中未能充分体现英国外交大臣、英国议会及英国人民观点变化的具体过程。冯·比洛亲王指出，德国在政治与心理上都极度欠缺考虑，若非如此，德国本应不会如此粗暴地伤害英国人民的感情。

现在，让我们看看官方文件的说法。英国外交大臣于 7 月 20 日的信件中清楚地表明了对英国介入战争的看法：

我痛恨诸国之间的战争，任何国家若因塞尔维亚卷入战争，都会令

我感到厌恶。

我们还应该记住，不像多数人所认为的那样，英国对法国并不负有任何书面条约或口头协议的义务。因为，尽管法国大使在1912年间使尽浑身解数，却无法从英国外交大臣处获得一丝进展，后者回信直接表示，英国不会介入任何冲突。

因此，英国外交大臣在7月23日写道：

如果奥地利、法国、俄国、德国这欧洲四强参战，那么在我看来，这将带来巨大损失——不仅对贸易造成影响，也将引起欧洲信贷与工业的全面崩溃。对于今天的工业大国而言，这意味着情况可能比1848年更糟。无论谁是胜者，都免不了遭受惨重损失。

英国驻各国外交代表都必定得到指示，要求其采取较为沉默与保留的态度。英国驻俄大使在7月24日给英国外交大臣爱德华·格雷写信，告知了自己与法国驻俄大使的谈话内容，并表示：

我个人认为，英国政府绝无理由宣布将无条件地对俄国和法国提供武力支持。英国在塞尔维亚并无任何直接利益，英国公众也不会支持为该国参战。

英国外交大臣在7月25日对此信件的答复如下：

我认为，英国公众既不可能，也不应当支持英国为塞尔维亚问题介入战争。

就法国大使要英方承诺提供支援的恳请，英方于 7 月 29 日做出以下回复：

当前在奥地利与塞尔维亚的冲突中，我国并不认为需要采取立场。即使其演化为奥地利与俄国之间的矛盾，我国也不认为有介入的必要。该问题涉及德国人与斯拉夫人围绕巴尔干统治权的斗争，而英国的想法则一贯是：我们将力图避免因为巴尔干问题而卷入战争。

尽管法国总统亲自出面，英国政府依然拒绝承诺给予法国支援。英国驻法大使在 7 月 30 日写道：

法国总统坚信，各国和平与否最终掌握在英国手中。如果英国政府声明，一旦法德由于当前奥塞矛盾爆发冲突，英国将站在法国这边，战争便不会爆发——因为德国若听到这一声明，势必将立即改变态度。

我向总统解释，英国将很难做出上述声明。但是他仍然表示，为了维护和平，他必须坚持这一主张。

英国非常坚定地反对加入战争。从法国总统与英国国王之间的书信看来，未来的历史学家将很难理解，究竟是什么导致德国相信英国想要参与战争。当德国 8 月 1 日对俄宣战时（次日德国即对比利时发出最后通牒），英国国王在当天给法国总统的回信中的措辞彬彬有礼，但是表达意思模糊。以下是该信件的节选：

为了得出能够推迟军事行动的任何方案，并为列强最终通过和平谈判争取时间，我已对俄国与德国的君主尽了个人最大的努力。至于我国的态度，由于事态变化太快，现在还很难预见未来发展。但是您可以放心，我国政府将秉持自由与坦率的态度，与贵国就任何有关双方利益的问题保持沟通。

2 英国为避免欧洲爆发战事所做的努力

爱德华·格雷希望不惜一切代价避免战争爆发，并就此采取了最大限度的努力在各国间平息纷争——有些是其个人的直接努力，有些则是通过驻外大使做工作。起初，他认为最佳解决方案是建议塞尔维亚接受奥地利的最后通牒。他在 7 月 24 日写道：

如果说要在最后期限之前阻止奥地利的军事行动，就只能无条件地接受其一切条件的话，那是不可能的。但是，唯一的机会便是，塞尔维亚不要完全拒绝德方的全部要求，而在时间限制允许的前提下尽可能地予以顺从。……我已敦促德国大使要求奥地利不再加快军事行动。

所有大使都对各国做出类似表述，尤其是德国。英国驻俄大使在 7

月29日的文件中写道：

德国大使请求我对英国外交部做出有利于缓和局势的建议，我告诉他，从一开始我便没有停止过这种努力，现在轮到德国驻奥地利大使发挥这种约束力量了。我还向德国大使明确表示，由于俄国如此热切，如果塞尔维亚受到奥地利攻击，一场大战将不可避免。

英国政府关于协商解决的提议并未获得有关方面的认可。7月29日，英国外交大臣宣布其已准备好接受任何建议：

我敦促德国政府提供有效建议，以促使四国联合发挥作用，阻止奥地利与俄国发生战争。法国同意了，意大利也同意了。

即使当奥地利对塞尔维亚宣战时，英国外交大臣依然没有放弃努力，反而在8月1日写道：

我依然认为，若能在列强开战之前争取一些缓冲时间，还是有可能确保和平的。俄国政府已告知我，奥地利已愿意与俄国协商，也愿意接受俄国的基本调解方案。

但是，这一切都晚了！

3 德国如何看待英国在战争爆发中的责任

上述的资料已经不容辩驳地显示，英国人是如何痛恨战争。但是，德国人却未能真正相信这一点。事实上，只需引用德国首相在国会的演说，便能够证明：情感与神秘主义的因素究竟是如何使明白无误的事实变得软弱无力。从这种观点看来，德国首相在 1915 年 8 月底的这场演说非常奇怪，反映了德国人民的共同观念——全盘接受政府告知他们的一切，并认为自己的观点完全正确。若不是我刚才提到的心理因素，德国首相的这种盲目或许令人费解。但是他显然并非蓄意扭曲事实，因为他知道历史将会记录下这一切。

他的演讲包括了诸如下列的主张：

> 敌人的全部企图即归咎我们有战争野心，同时自称热爱和平，但这一切企图在公开事实面前都以失败告终……
>
> 显然，如果我们能够同英国达成维持和平的真正协议，本可避免目前这场正在摧毁世界的战祸。

为了将英国描述为战争的蓄谋者，他又说：

> 英国在摩洛哥问题上频频插手我国与法国的谈判，以便向每个人昭示它统治世界的目标，这极大地威胁了世界和平。

如果首相不是如此盲目，他或许会就最后这点指出：“其实是德国意在统治世界，从而威胁到了世界和平。”正是在此刻，也只有在此刻，法国终于意识到，要避免战争几乎是不可能的。

第三章
英国国内心理的演变

1 英国政府的心理变化

在上文中，我们已经看见，英国政府是如何奋力避免被卷入塞尔维亚冲突，又是如何顽强地为欧洲和平而进行干预的。因此，在本章中，我们应该认真研究，在短短一周内，热爱和平的英国人是如何转而支持战争的。

这种变化的发生源于德国方面的心理错误。根据其外交官的报告，德国政府相信：英国正在爱尔兰遭遇严重危机，并不希望介入一场无论如何都无法获得任何好处的战争。因此，德国应该通过破坏比利时的中立地位，以便更快地剑指法国，这才是更加可行的办法。正是由于德国缺乏判断力，最终为其招来强大的敌人。

要研究英国立场的发展变化，我们应首先参见英国外交大臣爱德华·格雷在 7 月 31 日时还犹豫不决的函件：

我已经告知法国大使，我们不能明确表态介入战争。我还告诉他，我们当下不应做出任何承诺，但如果事态出现新发展，我们一定会重新做出考虑。

法国大使随后试图说明，英国的决策将对德国产生何种影响。格雷的态度变得更加确定，但仍然拒绝做出任何承诺。他在 7 月 31 日写道：

法国驻英大使康邦（Cambon）今天提及一封已经出示给亚瑟·尼克尔森（英国外交次长）的电报。这封电报今天早晨来自法国驻德大使，其中提到：英国对于是否介入冲突的不确定态度在一定程度上鼓励了德国，如果英国能够明确宣布对俄国和法国的支持，德国将会不得不重新考虑战争与和平的问题……

我（对康邦）表示，英国的内阁今天已经做出决定：英国目前不会提供任何承诺。尽管我们应当将这一决定提交议会审议，却还不能提前向议会做出表态。至今为止，我们和我国公众都没有感觉到，英国在此事上受到任何条约或义务的束缚。当然，如果事态进一步发展并改变现状，政府与议会也可能会认为有正当理由进行干预。比利时的中立地位可能是——我不会断言，我们态度的重要决定因素……

康邦再次重复了他的问题：如果德国对法国发起进攻，英国是否会支援法国。

我说，我只能坚持给出这样一个答复：只要事态保持目前形势，我国将不会介入。

德国大使也拒绝就比利时的中立国地位做出任何保证，爱德华·格雷在 8 月 1 日写道：

今天我告诉德国大使，德国政府就比利时的中立地位的答复令英国感到十分遗憾，因为英国非常在乎比利时的中立地位。如果德国能够像法国一样明确保证不会损害比利时的中立地位，就会大大减轻英国的不安与压力。如果作战一方尊重比利时中立，而另一方则对之加以侵害，英国公众将会对此反应强烈。

英国方面显然已经动摇了，原来那种“不惜一切代价维护和平”的态度开始发生变化。在8月2日的一封函件中，法国驻英大使向法国政府汇报：

在今天上午英国内阁会议结束之后，格雷阁下递给我以下备忘录：本人经授权做出如下保证：如果德国舰队进入英吉利海峡或北海并对法国海岸或舰队发起攻击，英国舰队将在能力范围内给予全部保护措施。当然，这一保证的前提是本国内阁决策获得议会通过；此外，直至德国舰队采取上述行动，这一保证不应视为对英国政府具有任何拘束力。

但是，这只是开端，因为这不是英国对德国的宣战，而只是承诺英国舰队将为法国舰队提供保护。如果英国止步于此，德国或许能够克制自己不对法国海岸与舰队发动袭击，从而避免遭到英国的报复。但是，英国方面的心理正在经历持续变化，到了8月4日，英国驻比利时公使根据国内指示向比利时政府致信：

我受命通知贵国政府：如果德国对贵国施压，强令贵国脱离中立状态，英国政府希望贵国能够用尽一切手段给予反抗，英国将提供支援。

如有需要，英国也将愿意联合法国与俄国支持比利时对抗德国的武力入侵，并在将来确保比利时的独立和中立地位。

事已至此，英国便无法回头了。8月4日，法国驻英大使如愿以偿地给政府发回电报：

格雷阁下刚刚召见我并表示，首相今天将在下议院宣布：英国要求德国收回对比利时的最后通牒，并要求德国在今晚午夜之前做出回复。

德国原以为英国将保持中立，获悉这一决定后顿时陷入惊愕。德军已经入侵比利时，要撤回军队几乎不可能了。英国驻德大使的报告具体描述了德国首相对此的悲哀与尴尬：

我发现首相极为激动，他立即开始慷慨陈词，至少讲了20分钟。他表示，英国政府采取的措施简直可怕到了一定程度——只是为了中立这个在战时常常毫无意义的说法，为了一纸空文，英国便对德国这样一个如此亲近与友好的国家开战。由于这最后一击，他为两国友好所做的一切努力都付诸东流，他一贯致力推行的所有政策都像纸牌屋一样坍塌了。英国人的所为简直不可理喻，就好比在一个人与另外两个对手进行殊死搏斗之际，在其背后给予重重一击。他认为，英国应对可能发生的一切可怕事件负责。

我对此表示强烈抗议，我表示，既然德国首相本人希望我能了解，进攻比利时并破坏其中立地位对德国来说是生死攸关的战略问题，因此我也希望他能了解，这个问题对英国的荣誉而言也是生死攸关的，一旦比利时受到入侵，英国必须郑重宣布尽最大努力捍卫比利时的中立地位。这一神圣的契约必须得到遵守，若非如此，未来还会有哪一个国家对英国的承诺抱有信心？……当我准备离开时，首相又说，英国加入敌对一方给德国的打击尤为沉重，因为直到最后一刻，德国政府都一直在为维护俄奥和平和英国全力合作。我也表示，目睹英德两国在关系空前友好和睦之际突然决裂，这是个悲剧。

将德国与英国完全割裂的是关于是非的不同认识，这充分体现在以上戏剧化的函件中，何况我只是节选了一部分。以上两个谈话人完全不能理解彼此，因为中立国地位这“一纸空文”对其中一人意义重大，对另一人却毫无意义。

2 英国公共舆论对战争态度的变化

我们已经看到，英国外交大臣的和平主义态度在短短几日之内是如何变化的。当然，他的新观点必须为国王和议会接受，没有后面两者的同意，英国是无法宣布参战的。

导致外交大臣迅速改变想法的自然是一系列事件的发展，但是那些热爱和平又不甚熟悉外交磋商的英国公众又是为何呢？这点极其重要，因为民意在英国无所不能，必须赢得民意。因此，内阁大臣们通过一系列公众演讲开始行动了，媒体随后开始大力配合。

要说服国民为一个无关紧要——几乎没有人知道其名字的巴尔干小国参与战争，并不加任何解释，似乎是一项艰巨任务。无论如何，如果要圆满完成这项任务，必然需要对英国人心理的深刻了解。英国政府最后能够达到目的，并不是通过告知人民他们可以获得什么切实物质利益，而是提醒他们事关国家的尊严和荣耀。换言之，一个大国只有遵守契约义务，才能获得应有的尊重。

自 14 世纪以来，英国的政策一直限于对处于英伦三岛和中欧国家之间的国家给予支持。为贯彻这一政策，英国签署了保证比利时中立国地位的条约。“如果我们允许比利时中立国地位被侵犯，我们将会世代蒙羞。”劳合·乔治（Lloyd George ）如是说道。

就此，我将提供一些英国内阁成员在公共集会上的演说内容节选。1914 年 9 月 4 日，阿斯奎斯（Asquith）先生说：

> 让我问你们，也问问外面的世界：如果我们足够卑鄙，如果我们去恐吓、去算计、去忽略荣誉和责任、去欺骗世界、去背叛朋友时，我们这个国家将会变成什么样子?
>
> 我们的誓约与神圣义务遭遇挑战时，如果我们只是忍受，却并未尽全力去阻止这些不能容忍的暴行。我们这个国家的政府和人民——在面对祖国良知与荣耀的评判时将如何评价自己?
>
> 就我而言，我认为，对于这种武力凌驾于法律之上、残忍凌驾于自由之上的灾难，如果我国只是沉默地旁观，我们便实际上自愿成为帮凶，很快，我们自己也将被从历史上抹去。

以下是劳合·乔治在 1914 年 9 月 19 日的演讲片段：

在这个大厅里，没有人比我更不情愿、更抵触卷入一场大战了，因为这种态度贯穿了我整个政治生涯。这个大厅内外，我比任何人都更加确信，除非牺牲我国荣誉，否则这场战争将不可避免……国家荣誉是现实的，任何忽视它的国家都将注定衰亡。我们负有捍卫弱小邻国独立、自由与领土完整的光荣义务。

随后，劳合·乔治提及普鲁士既已签署，后又出于一己私利撕毁条约的事，他表示，国家的生命取决于对条约这“一张纸片”的尊重。

这种纸片其实是一种汇票，能够帮助国家这艘满载珍贵货物的商船从世界一端驶向另外一端。这些商船背后的推动力是什么？是商人的荣誉。所谓条约，就是国际政治的通货。

德国与英国观点分歧正是在于双方对于国家荣誉持不同理解，因为正如劳合·乔治所说：

德国人能够理解复仇、能够理解为征服而战、能够理解为掠夺领土而战，但是不能理解一个帝国押上资源、儿童的生命和其国家存亡而来保护一个需要它防卫的小国。

3 比利时遭受的侵略与破坏对英国民意和志愿军招募的影响

群体几乎不受理性论证的影响，但却对情感或神秘主义的说辞印象深刻。英国公众绝对一致赞成参战，这并不仅仅因为比利时受到侵犯，也因为比利时的城市遭到野蛮损毁、古迹遭到焚烧、人民遭到屠杀，更因为德国侵略比利时这种背信弃义的行为极大地刺激了英国人的感情。

即使在德国准备违背承诺的当天早晨，德国驻比利时公使还坚称德国尊重比利时的中立地位。8 月 2 日，比利时外交大臣会见了德国驻比公使，他记录如下：

> 到目前为止，他（德国驻比公使）尚未得到与我们进行任何官方沟通的指示，但是从他的个人态度判断，我们觉得有充分理由对德国保持信心。
>
> 我对他表示，在此前多次谈话中，我们对德国意图的全部了解都不允许我们怀疑其对比利时的态度；尽管如此，我还是觉得有必要再说一句，我们应当高度重视发表正式声明的必要性，如果德国能发表声明尊重比利时的中立地位，比利时将非常高兴并不胜感激。

然而，正是在同一天晚上 7 点，还是这位德国公使提交了一份最后通牒，要求比利时允许德国军队自由通过其领土。

在见证这种极度背信弃义的行为之后，我们很容易理解为何外交家们要带着最大怀疑检视彼此的言论，也应当庆幸普通人在人际关系中的表现比国家与国家之间正直一些。不久我们将会看到，各国政府间的极端怀疑也是战争的最主要原因之一。

我们已经了解，德国是如何野蛮地摧毁比利时并无情地屠杀其人民的。比利时难民从被蹂躏的国家纷纷向外逃亡，激起了所有中立国——包括最初支持德国的瑞士——对德国的反对。各国都怀着最大同情接收了难民们。《日内瓦日报》就此报道："在听说德国对比利时犯下的史无前例的暴行之后，日内瓦人民纷纷对难民施以援手，表现出值得赞赏、令人感动的精神。上一周里，天天都有不幸的佛兰芒人和瓦隆人来到日内瓦，他们的家园已被焚毁、被洗劫、被掠夺。人人都在争着为他们提供住所和收留老幼妇孺。这些难民都被迫离开家园，或在逃难过程中失去亲人。他们所经受的，是可怕的不幸，是不可思议的痛苦。"

德国的目标是遵照既定原则，恐吓他国的人民并预防抵抗活动。但是，德国再次犯下了一个心理错误。既然没有镇压住抵抗，德国一切的暴力行为的唯一结果就是激起英国的愤怒，并推动 500 万毫无作战义务的英国人志愿加入军队。

回顾德国首相就入侵比利时所阐述的理由，其中包含一条德国历史学家普遍主张的原则——"需求面前无法律"。

第四章
德、奥、俄、法在外交谈判进程中的各自作用

1 俄法为避免战争所做的努力

法国根本未做好战争准备，俄国也一样。当时俄国正致力于修建铁路系统，却尚未获得任何实际成果。因此，没有任何一个国家希望战争。在此我必须重申，奥地利正是坚信这些国家不会卷入冲突，才采取了如此强硬的姿态。

奥地利毫不妥协的态度自最初起就将俄国置于非常尴尬的境地。数年前，俄国为了避免战争而允许奥地利占领波斯尼亚，如果现在再一次坐视奥地利入侵塞尔维亚，俄国在巴尔干地区必将再无威望可言。然而，俄国仍旧步步妥协，直至德国最终的行为实在令俄国忍无可忍、无法接受。

外交谈判开始之后，俄国对调停的态度最为积极，正如英国驻俄大使于 7 月 25 日函件中所述：

俄国认为，塞尔维亚可能提议将此问题提交各国仲裁。如果塞尔维

亚真的提请各国介入，俄国将迅速回避，并把问题留给英、法、德、意。

这位大使似乎对这一问题有非常清晰甚至近乎先知般的理解，因为他又提到：

奥地利的行为实际上是针对俄国的，其目的是颠覆巴尔干地区的现状，并建立自身在该地区的霸权。俄国外交大臣萨佐诺夫（Sazonoff）不认为德国真正想要发动战争，但是德国的态度其实是由英国决定的。如果我们坚定地与法国和俄国站在同一条战线上，便不会爆发战争；如果我们现在不与法、俄联合，我们最终必将陷入战争，欧洲必将血流成河。

这段话的预测极为准确。英国拒绝对法、俄明确做出承诺，从而导致德国相信英国将保持中立。在同上一封函件里，另有一段文字清楚地解释了俄国的意愿与动机：

俄国外交大臣向我表示，俄国不可能允许奥地利入侵塞尔维亚并在巴尔干占据主导地位。如果俄国因为有法国的支持而感到放心，便将积极地投身战争。他再次向我保证，他并不希望冲突升级，但是形势将不容乐观，除非德国能够制约奥地利。

但是，俄国未能继续保持如此积极的表态，很快就回归最讨好、最妥协的路线。7 月 25 日，法国驻俄大使电告法国政府：

明天，俄皇将主持召开内阁会议。萨佐诺夫表现出了最大克制。他告诉我，我们必须避免一切可能导致冲突升级的事情，我认为即使奥地利对塞尔维亚采取行动，我们也不应该中断谈判。

俄国这种让步表态，在法国驻意大利大使7月26日的函件中也再次被提及：

萨佐诺夫昨天告诉意大利驻俄大使，俄国正在动用所有外交手段阻止冲突爆发，俄国仍然可能希望奥地利听从各国调解，采取较为和缓的态度。尽管如此，俄国绝不可能坐视塞尔维亚被摧毁。

法国驻俄大使在7月26日的函件也再次描述了俄国的缓和态度：

俄国外交大臣还在为最终获得和平解决方案而不懈争取着。他告诉我说：我随时准备前去谈判，不到最后一刻决不罢休。

俄国政府尤其急切地想要阻止战争，甚至表示将愿意考虑做出任何妥协。俄国外交大臣在7月27日写道：

如果无法与奥地利政府直接交换意见，我将愿意接受英国的提议或是任何有助于解决冲突的此类方案。

不幸的是，由于俄国的这些退让行为，使奥地利坚信俄国将保持中立，并就此认为对塞尔维亚宣战没有任何风险。针对奥地利的这一决策，俄国下令进行局部动员，并在7月28日对本国驻德大使发出指示：

鉴于奥地利对塞尔维亚宣战，本政府将于明天（29日）宣布在敖德萨、基辅、莫斯科、喀山的军事区发起动员。请明确告知德国政府，俄国对德国绝无半点战争意图。

即使到了那时，俄国依然没有放弃和平的希望。当日，俄外交大臣发出以下一封电报：

奥地利的宣战明确排除了俄奥直接进行沟通的可能性。英国目前急需采取行动，应该着手开始调停，力图中止奥地利对塞尔维亚的军事行动。除非军事行动暂停，否则调停可能只会使得事态一路拖延，为奥地利留下摧毁塞尔维亚的充分时间。

经指示，俄国驻奥大使再次向奥提出交涉，但却未能成功，具体可参见他于7月28日的函件：

奥匈政府刚刚表示，尽管有悖于原本意愿，他们却不得不对塞尔维亚采取行动。他们不会后退，也不愿参与任何有关照会措辞的谈判。奥外交大臣贝希托尔德（Count Berchtold）表示，冲突已经加剧，公众也已变得如此激动，以至于即使现在政府想采取其他解决方案，也无从实施。此外，由于塞尔维亚本身并没有体现出足够真诚的态度，这一切就更加不可能了。

即便如此，俄国政府依然没有放弃希望。法国驻俄大使29日给国内发回电报：

我可以断言，俄国政府为了维护和平，将会同意法国与英国的任何提议。事实上，我相信英国大使此刻也正在将相同推断报回国内。

不幸的是，奥地利政府的态度却变得越来越强硬。俄国外交大臣眼见形势随时都在恶化，便将最后一丝希望寄托于英国的干预。29日，他向俄国驻英大使发去电报：

从现在起，我们唯一能做的就是完全依靠英国政府，听任其采取自认为可行的任何行动。

德国起初犹豫不决，此刻似乎也已下定决心参战。7月30日，法国驻俄大使在给国内的电报中说：

萨佐诺夫今天下午表示，他坚信德国将不会向奥地利明确表态要求维护和平。尼古拉斯二世（俄国沙皇）也持同样观点，因为他与德皇威廉二世已私下通过一些书信。另一方面，俄国总参谋部和海军部都获悉一些令人不安的消息——德国陆军与海军正在进行作战准备。

萨佐诺夫还表示，尽管如此，俄国依然将继续做调停努力。他对我说：我将争取谈判，直至最后一刻。

俄国沙皇也做了类似努力，这在法国大使7月30日发回国内的电报中有所体现，该电报记录了俄国外交大臣对法国大使说的一段话：

沙皇如此迫切地希望阻止战争，以至于我将以他的名义向您做出一项全新的提议：如果奥地利能够意识到，奥塞争端已远远超出两国范畴，事关欧洲各国利益，因此而能够宣布愿意撤回最后通牒中损害塞尔维亚主权的内容，俄国将停止一切战备活动。

可惜为时已晚，奥地利并未退让。7月31日，英国驻俄大使电告国内：

俄国已决定下令全国总动员，这一决定基于俄国驻奥大使发回的报告。报告称，奥地利对各国的干预毫不妥协，正在向塞尔维亚和俄国调集军队。俄国也有理由相信德国正在积极进行备战，如果德国占得先机，这对俄国来说将是不能承受的。

不能让“德国占得先机”，我们应当记住这句话流露出的怀疑情绪。因为正是这种怀疑，使得战争注定不可避免。

萨佐诺夫，这位俄国的外交大臣，最终不得不全盘放弃和平的希望。在一次谈话中，他明确表达了自己的无助，参见法国驻俄大使8月1日发回国内的电报：

萨佐诺夫说，他先前为了阻止战争而在一直不断拼命，现在已经心力交瘁。他对任何提议都持开放立场——他接受过四国协商的提议、英国和意大利调停的提议、奥地利与俄国直接对话的提议等。尽管如此，德、奥拒绝了全部方案，并用侵略行径让他的这些努力全部付诸东流。

当然，可能有人提出，如若俄国不试图介入奥地利与塞尔维亚之间，就可能避免这场战争。俄国已经容忍过奥地利对波斯尼亚的占领，为何这次就不能接受奥地利占领塞尔维亚呢？显然，这次事关俄国的民族情感与威望，只有身处其间，才够资格讨论。但是，作为旁观者，我们能够相信，奥地利占领塞尔维亚将极大地损害俄国的利益和名誉，因为这意味着俄国为避免自身受损而任由欧洲陷入一场可怕的战争之中。俄国的态度清晰地反映在英国驻俄大使 8 月 1 日发回国内的一封电报中：

显而易见，俄国无法忍受奥地利占领塞尔维亚，正如英国无法忍受荷兰依附德国一样。

2 德国希望保持冲突局部化，直到最后关头仍对挑起全面战争犹豫不决

百分之百地正确判断人类行为的全部真实原因——有时这真是个非常难的问题，因为即使做出行为的那些人都并不总是了解自己为什么这么做。

至今公开的一些资料显示，德国似乎并不是真正希望发动战争，而仅仅是在最后一刻才做出参战决定的。我将在另一章中解释原因。德国明显不愿对奥地利毫不妥协的态度加以调停，这无疑是由于德国相信英、法、俄三个协约国将不会干涉。德国希望借由三国的不作为时抓住机会不冒任何风险地羞辱俄国，正如此前其帮助奥地利占领波斯尼亚时一样。

只要明白了德国的这一如意算盘，便能毫不费力地理解：德国为何授命各驻外大使向各国倡议，共同保证奥地利与塞尔维亚的冲突局部化。

英国驻德国临时代办在7月22日写道：

昨晚我会见了德国外交大臣……他坚持认为，当前这一问题应仅限于在奥地利与塞尔维亚之间解决，外界不应介入两国的谈判中。

德国也对法国提出这一倡议。7月24日，法国外交大臣写道：

德国大使提请我尤其注意他的照会中最后两段，因为其中包含了整份文件的最主要观点。我逐字记录了如下段落：

德国政府望强调，在当前事件中，有关问题应当仅限于在奥塞双方之间解决，其他各国应当严格避免介入直接当事方之间。德国迫切盼望该冲突能够保持局部化，因为对他国的任何一个干涉都可能由于不同条约义务而导致不可预料的后果。

当时，德国政府似乎非常渴望将冲突控制在局部范围内。在以下报告中，英国驻德临时代办提到了与德国外交大臣的一段谈话：

德国外交大臣表示，他已对俄国政府解释过，德国最不希望一场全面战争的爆发，并将尽全力阻止这样一场悲剧。如果奥俄关系变得危险，德国将迅速接受四国联合调停的方案。

德国似乎非常希望俄国不会干预，法国外交大臣7月27日给各国大使的函件也显示了这一点：

今天下午，德国大使前来对我传达了对法俄两国出于维护和平目的而介入干预的看法。他告诉我，奥地利已经通知俄国，奥地利并不希望扩张领土或损害塞尔维亚的领土完整。奥地利的唯一目标是确保本国的安宁与秩序。俄国是能否避免战争的主要决定因素。德国与法国同样渴望维护和平，并坚定地希望法国利用自身影响力缓和俄国的愤怒。

英国也采取了同样行动。7 月 27 日，英国外交大臣爱德华 · 格雷写道：

德国政府原则上接受四国在奥塞之间调停的方案，当然，德国保留了作为盟友为奥地利提供战时支援的权利。德国还要求英国利用自身影响力说服俄国保持冲突局部化，维护欧洲和平。

但是，德国即使要求英法对俄国实施干预，依然认为奥地利与塞尔维亚的矛盾不应提交于外国解决，英国驻德大使 7 月 27 日发回电报：

德国外交大臣指出，英国建议的协商方案几乎等同于一个仲裁庭，他认为除非奥地利与俄国要求，否则不应召集各国参与。因此，尽管德国渴望同其他国家合作来维护和平，他依然不能同意英国的建议。

奥地利则无论如何都不愿受到外国影响。英国驻维也纳大使 7 月 28 日发回电报：

奥外交大臣冷静又坚定地表示，奥方不会就对塞尔维亚发出的照会接受任何形式的磋商，奥方今天即将宣战。鉴于奥皇和他自己众所周知的温和个性，可以保证这场战争确实是正义的、不可避免的，必须在直接当事方之间解决问题。

尽管如此，德国政府似乎仍然希望维护和平。英国驻德大使 7 月 28 日发回电报：

今晚，我应邀拜见了德国首相。他说，他希望我能告知英国国内，德国非常热切地希望同英国一起维护和平，正如两国在上一场欧洲冲突中所成功做到的那样。他此前未能接受英国有关多国协商的提议，是因为他并不认为这将行之有效。他认为，这种协商其实等同于由其余四国组成最高法院，对当事双方进行审判，因此德国未能接受这一提议，但不是强烈反对进行有效合作。德国已经在维也纳和圣彼得堡都尽了最大努力，一直试图推动俄奥直接、友好地就有关情况进行谈判。

很不幸的是，这些良好意图未能持久，德国很快便将做出可怕的决定。29 日，法国驻俄大使电告国内：

德国大使告知俄国外交大臣萨佐诺夫，如果俄国不停止国内战备，德国将下令全军动员。萨佐诺夫回答，俄国进行战备，一方面是由于奥地利顽固与毫不妥协的态度，另一方面是由于奥方早已动员了三个军团。由于德国大使传达上述信息的强硬态度，俄国政府下令，今晚将增加动员 13 个军团，做好与奥军的对抗准备。

尽管如此，德国仍对战争犹豫不决。7月30日，英国驻维也纳大使写道：

法国大使从柏林方面听闻，德国驻奥大使受命将向奥匈政府提出严正交涉，抗议奥方意图挑起欧洲战争的谋划。但是非常遗憾，这位德国大使本人非常认同奥地利普遍存在的极端仇俄仇塞的情感，他不可能全心全意地为和平请愿。

有关德国理应在奥地利方面做出的努力，在外交函件中有迹可循。1915年，仅仅在开战一年之后，德国首相才将以下信息报告给国会：

我向我国驻维也纳大使发去电报表示：我们不能再继续要求奥地利与塞尔维亚进行谈判，因为这两国已经陷入战争状态了；但是奥地利不应完全拒绝与塞尔维亚交换看法，这是非常严重的错误。我们当然乐于履行盟友的职责，但是如果由于奥地利无视我们的建议而把我们卷入全面战争，我们也必定不能同意。……战争变得不可避免，完全只是由于后来俄国开始战争动员。

这些理由出现得太迟，并且显然并不完全真实。有人曾恰如其分地指出过：如果政府陈述了事实，并且陈述的都是事实的话，就不会再有什么外交了。

那么，德国在外交谈判期间的所有声明都只是在为备战争取时间吗？德国驻俄大使显然对此持有不同意见。英国驻俄大使7月30日发回的电报称：

德国驻俄大使在今晨两点又拜见了俄外交大臣萨佐诺夫，因为他此时已经因为眼见战争不可避免而彻底崩溃了。他请求萨佐诺夫提出一些提议，以便他能用电报发回德国，作为阻止战争的最后一线希望。萨佐诺夫据此起草并提交给他以下内容：

如果奥地利承认其与塞尔维亚冲突将会影响欧洲其他国家利益，并宣布在最后通牒中删除有损塞尔维亚主权的条款，俄国将承诺停止一切战备活动。

但是，事态发展速度总是超过外交家们的预期。就在此刻，各家报纸刚刚报道德国国内的全面动员。法国驻德大使7月30日的函件称：

昨晚由德皇主持召开的军方会议已决定进行全国动员，这一事实终于让人恍然大悟，各国使尽各种手段（英国宣布保留自由行动的所有权利；俄国沙皇与德皇的书信往来）所得出的解决方案为何迟迟难以实施。

这一僵局并未持续太久，最后的决定性时刻很快便到来了。8月2日，法国驻俄大使电告本国政府：

昨日晚上7点10分，德国大使向萨佐诺夫传达了本国宣战声明。今晚，大使已离开圣彼得堡。

8月3日，德国驻法大使也向法国外交大臣传达了以下声明：

德国政府与军方都已确定，法国军队已经向德国领土实施了一些公开敌对行为。我奉命通知阁下，鉴于贵国的侵略行为，德国认为与法国开战完全是由法国的过错导致的。

这些当然全是不实托词。德国必须在俄国做好战备之前征服法国，因此必须制造一切借口，刻不容缓地向法国宣战。

第五章 大众心理对战争起因的影响

1 民意的重要性

在当代，即便是君主都无法对抗民意的力量。民意是缓慢产生的，并为不自觉意志打下基础，这通常比当局的自觉意志更为重要。

在当前战争的起源中，民意并不算是发挥了显著作用，但是其影响确实存在。所有国家的外交家都非常重视民意问题，尤其是奥地利；而在与塞尔维亚最无利益关联的英国国内，政府更是注重民意的塑造。

我早已提请读者注意，政治的最重要基础之一便是构建情感，并在最后以一种传播手段将其化为集体心理。借由这种手段，德国统治者使得德国人民如此痛恨敌对国家，并轻易地相信：英国和俄国不仅密谋针对德国，而且背信弃义地攻击德国。或许在7000万德国人中，没有一人不持这一看法。要重新还原真相，可能需要至少50年，或等到下一代人和下下代人占据主流。

要想成功地在德国人中激发针对英法的集体偏见，不仅需要个人本身具有强大意志力，也需要拥有强大的宣传工具。事实上，为确保获得期望效果，需要媒体、爱国社团、出版界与学术界的长期合作。在其中，报纸向来是权威的领导者，因为它拥有断言、重复、暗示、声望这一切能够影响群体心理的现成武器。

德国政府尽管强烈倾向于维护和平，却大力支持这种宣传活动，因为这可以为政府提供更多借口提高税收，以满足军队规模扩大之需要。德国政府的目的在于，尽可能提高德国军队的威名，使得任何一国都不敢做出反抗，从而便可无须通过战争手段而在整个欧洲建立霸权。这其实是非常危险的方法，因为经验显示，集体观念可能迅速获得巨大的威力，以至于其创造者最终可能再也无法掌控它。

在民意的形成中，媒体可能发挥了最大作用。每当德国政府想要为陆海军扩军征收新税时，媒体便在政府和军工厂的资助下，大量发表宣传文章，宣称法国准备进攻德国并对其复仇。

尽管人们并不总能意识到这点，但民意确实比君主的意志更具威力。当民意明确地做出自我表达时，没有人能够强大到足以与之对抗。

在战争初期，德国显然并不关注中立国的国内感情，但是当其入侵比利时在全世界引起强烈反对时，德国便开始畏惧民意的力量，并在西班牙、意大利、土耳其、美国等许多国家收购或创办报纸，试图以此挽回民心。同其他所有方案一样，德国使尽浑身解数，坚持不懈地实施这一设想。但是由于德国人缺乏心理学知识，不能充分把握受众的心理与感情，因此他们反而用了大量夸张的陈述，最终导致读者对其失去所有信任。

2 德国的主战派

德国人从来不喜欢法国人，而且嫉妒法国人的古老历史。这种憎恨最近由于种种事情变得更加强烈，尤其是摩洛哥问题。德国媒体更是巧妙地操纵了这一切，并在激起德国公众对法国的仇恨中扮演了重要角色。

黄皮书中收录的以下内容准确地反映了德国人的心态：

我们每天都会看到，由于去年的事件，德国人感到自尊多么受伤、多么仇视法国。1911 年 11 月 4 日的条约对德国而言，是极大的挫败。

德国每个地区、每个团体都认为法国在摩洛哥夺取了属于德国的那一份，并且一直因此耿耿于怀。

一两年前，德国似乎已经准备好征服世界。他们自认为无比强大、无人能敌，工业、贸易、领土都在迅速扩张……因此，他们将我们法国这个人口 4000 万的国家视作劣等民族。

主战派在德国有众多追随者，但是同样也有许多人支持和平。根据黄皮书中的另一份文件：

就近期爆发战争的可能性，德国公众意见分为两派。首先是主和派——德国有主张和平的势力，但他们并没有形成组织，也没有领袖。他们认为战争对德国社会是灾难，仅仅对英国有利。

主战派则又基于阶级地位、学识道德、个人利益和特定主张等被再次细分为几类，但他们大致形成了一个统一意见，并且持续推动战争酝酿。

一些人渴望战争，是因为他们认为在当前事态下，战争不可避免，德国迟早会陷入战争；一些人认为战争必然爆发，是出于人口过剩、产能过剩、市场贸易需求等引出的经济原因；此外还存在社会原因，这种分歧本身可能预防或者推迟德国国内民主党人与社会党人的势力兴起。

另有一些人对德国的未来没有信心，觉得时机对法国有利，因此认为应该加速战争。还有一些人因“俾斯麦主义”——如果可以使用这一表述——而变得好战。他们对不得不与法国谈判而感到耻辱：他们本身明明拥有更多决定筹码，却要在向来不占优势的谈判桌与会议桌上讨论权利、道理，因此显然不会情愿。

还有一些人渴望战争，是因为他们对革命后的法国怀有一种神秘主义的仇恨。

最后，主战派还包括那些希望扩张市场的军火制造商、期望在未来战争赔款中投机的银行家，这些人都认为战争将带来巨大商机。

德国的大学除了培养了一些杰出学者外，还发展了一套战争理论。经济学家通过统计学证明德国需要成为一个殖民与商业大国，从而才能与工业产能相称。历史学家、哲学家、政治宣传家等都渴望将德国特有的思想感情推向世界，并超越法国在世界文化上的至高地位。

越来越多的德国人开始接受这一种观念：未来的这场战争将是法国和德国的决战。

以上报告中的全部信息都似乎非常准确，但就最后一句“法国和德国的决战”的观点，我不能认可。因为德国实际上将英国视作更甚于法国的敌人，对英国怀有更深的仇视与恐惧。德国显然想要在未来某天对英国开战，但与此相反，德国的目标绝不是与法国对抗。这是由于英国是德国的竞争者，法国却是德国的客户，人们会消灭自己的竞争者，对客户却是一副顺从态度。德国的贸易正越来越深入法国和俄国，两者已成为其最好的市场，并为德国的制造业和商业提供越来越多的财富来源。如果与法国开战确实符合德国政府的利益，为了达到这一目的，德国必将早已抓住过去的许多好机会了。

德国人唯一害怕的对手就是英国。他们在全球各个地区加速与英国的竞争，对这个强大对手的仇恨也在与日俱增。但是，德国感到自己实力不如英国，因此勉强与英国保持着和平共处。但是，德国却对组建一支足以与英国抗衡的舰队表现出狂热兴趣，因为德国希望掌控世界主要贸易路线。为达到这一目的，德国人必须占领安特卫普，而为了做到这一点他们则必须征服英国。

但是，到了宣战之际，为了履行上述使命的德国舰队却还未组建完毕。对德国而言，一切事态发展都太快了，有些措手不及。因此，德国在当时不可能希望开战，战争的爆发源于各种情况的综合作用。

3 各交战国国内人民在外交谈判期间与宣战时刻的感受

英国和法国认为战争的潜在威胁和爆发是不可避免的，是必须承受的灾难；但是，一系列外交资料显示，情况在部分国家内并非如此，尤其是在那些并不真正关心此事的国家。

德国似乎非常欢迎战争，或至少德国媒体对此不持有异议。法国驻巴伐利亚代表在 7 月 10 日写道：

目前，德国公众将会支持政府的一切政策，即使其含有将国家引向战争的风险。因为在过去两年中，由于近东发生的一系列事件，公众已经相信战争不再是遥远的事，而是解决不断恶化的政治、经济问题的一种手段。

在现存文件中，包括以下这封法国外交大臣 7 月 26 日发出的电报：

柏林爆发了一种沙文主义风潮。法国驻德大使康邦认为，德国将在俄国采取第一个军事行动后直接做出回应，将可能等不及任何借口便直接向我们发起攻击。

当然，事情确实如此。但是，宣战在德国引起的更多是愤怒而不是喜悦，因为我个人从康邦处得知，他和使馆其他人员在回国的路上，途经每个车站，都会受到来自德国各个阶层旅人粗暴的羞辱。

在外交谈判期间及其之后阶段，奥地利的民众——或至少是日耳曼群体似乎非常支持战争，因为在奥地利人和塞尔维亚人之间的种族仇恨太深了，即便血流成河也很难消除。

英国驻维也纳大使写道：

奥地利政府摆出一副如此正义的姿态，以至于奥地利民众似乎无法理解，居然会有任何国家成为奥地利的阻碍。其他国家所做的任何纯粹关乎政策或国家威望的举动在奥地利民众眼中，一概都被上升为萨拉热窝事件的后续复仇行为。

法国外交大臣电告各驻外大使：

目前能做出的最有利猜测，即维也纳内阁感觉自身行动落后于国内新闻界和军方，正在尝试以直接或间接的恐吓手段迫使塞尔维亚做出最大让步。为了达到这个目的，奥方必须借助德国的支持。

在数封我已摘录的函件中，英国驻奥大使特别指出了奥民众对向塞尔维亚宣战的狂热态度：

这个国家已经就与塞尔维亚的未来战争陷入狂喜，倘若战争推迟或被阻止，民众无疑将对此感到极度失望……晚间，当得知塞尔维亚的回复遭到拒绝、奥驻贝尔格莱德公使已代表政府向贝尔格莱德断绝关系后，维也纳陷入了狂欢，人群纷纷上街游行并欢唱爱国歌曲，直至午夜。

……奥地利人显然认为除了征服或者被征服，对塞尔维亚再无其他选择。

这种民意走向很好地解释了奥地利对塞尔维亚毫不妥协的强硬态度。英国驻奥大使的另一封函件叙述如下：

奥匈政府已下定决心与塞尔维亚开战；他们认为自己是举足轻重的大国，不需听取任何调解提议，一定要让塞尔维亚受到惩罚。

至于俄国国内的民意，要获取有关信息则非常困难，因为俄国报纸上只有经政府授权的官方材料，俄国民众对奥地利也缺乏了解，甚至很少听闻。因此，在俄国所谓的民意可能仅限于学者、知识分子等高层人士。有关此问题的外交函件也缺乏一定的信息量，以下是我所能收集到的全部内容：

英国外交大臣爱德华·格雷在7月23日的信件中提及，奥地利在照会中规定时限“可能激发俄国国内的公共舆论”。

法国外交大臣7月26日的信件提到：“俄国的民意显示，俄国在政治上和道义上都不可能坐视塞尔维亚遭到入侵。”

法国驻德大使在7月27日的信件中提到：“在俄国将不可避免地涌起能够卷走一切的民意狂流。”

但是，上述不过都是猜想，因为这种模糊的结论都是站在俄国之外的远距离推测结果，讨论的只是种种可能性，而不可能准确反映俄国民众对战争的真实态度。

对于战争爆发之后的事情，我们则更加了解。往往是那些根本不知为何要参战的无辜牺牲者在宣战时表现出极大的热忱。俄国农民正是这种情况，一位目击者如实记录：

农民们带着不可思议的热情开赴前线，并受到了上层社会——不论是激进派还是保守派的欢送和羡慕……

……战争突然从俄国国民的灵魂深处释放出各类美德与力量，若不遇到这一机会，它们原本可能永远沉睡。

农民们通常认为他们一生唯一要做的事就是喝酒，但是情况再也并非如此。他们似乎在战争中找到了生活的真正意义，也似乎在死亡中找到了存在的真正价值。对一个俄国人而言，参战意味着将躯体献于神圣的祭坛之上。

当俄国士兵冲向敌人时，当他们冲上前去拥抱死亡的荣耀时，我们在其非凡的勇气中切实感到了先烈的精神。

第六章
奥、德、俄三国君主意志的作用

1 奥皇的意志及奥地利政策的心理主导因素

以上我们引用了直到宣战之前的枯燥文件，但这并未给我们提供有关战争近因的满意解释。现在，我们必须努力地进一步探究战争促成者们的心理。

在战争之类的重大事件中，国家元首通常被视为拥有巨大的影响力——但其实他们不具备这种影响力，即使具备也非常有限。当然，他们的自觉意志发挥了一定作用，但是他们也在潜意识中遵从着集体所创造的不自觉意志。在某一特定时刻，这种不自觉意志可能变得如此重要，以至于抑制了我在别处曾经提到过的“动机平衡”。

或许天堂里有独裁者，但在人间确实没有，因为所有人都受到意志之上各种因素的主宰。拿破仑就此不止一次地表达过肯定态度。历史事实显示，君主们经常不得不违背个人意志或自觉意志行事。例如，法国国王和普鲁士国王在 1870 年都不希望战争爆发，却都无法予以阻止，并且不得不顺从事态的发展。

奥地利皇帝位列交战国元首第一位，尽管他在长期统治中一直在不停地四处征战，但实际上他却一直渴望和平。由于年事已高，他不能过多参与战争爆发前期的外交谈判。或许正由于他那些平庸的大臣、他那不算平庸的继承人以及国内臣民对塞尔维亚的深刻憎恶，他才最终不得不同意挑起武装冲突。他被告知这是一场局部化冲突，将仅限于塞尔维亚和奥地利之间。

此外必须指出，他对和平的热爱完全是出于对困难的恐惧，而不是出于善良天性。因为自从他统治的起初阶段，他便多次展示过极端残酷的一面。例如，在他继位不久之后，匈牙利爆发了起义。他因此下令对该国最活跃的起义分子处以绞刑或斩首，将其财产没收，并将这些人幸存的家属公开处以鞭刑。在这些受害者中，甚至有年届八旬的老年人——匈牙利上议院议长兼最高法院院长。

奥地利向塞尔维亚发出最后通牒并引发战争，是数种心理主导因素的共同作用，其中最显著的有两个：起初是对权威的渴求，最终是对俄国的怀疑。前者促使最后通牒的产生，后者引起奥地利及其他国家的全国动员。

事实上，大使们的外交函件便突出证实：权威对于奥地利当局而言必不可少。例如，英国驻意大利大使在7月23日的函件中写道：

> 事态持续恶化，是因为奥匈政府坚信这对维护其权威非常必要，奥认为在巴尔干局势变化引起的一系列幻灭之后，必须在这一事件上获得绝对胜利。

英国驻维也纳大使在7月28日的函件中也做出同样认识：

今早我与奥外交大臣举行会见，他宣称奥匈政府不能再推迟对塞尔维亚的军事行动了，也拒绝塞尔维亚复照中提出的一切谈判要求。事关奥匈帝国的权威，冲突将不可避免。

奥地利当局深深怀疑俄国可能成为塞尔维亚的庇护者，也担忧其他国家的介入，因此在德国的支持下对塞闪电宣战。这是为了避免欧洲各国形成类似仲裁庭的协商机制，否则奥地利将不得不遭受各国的审判，并费力解释自身行为与动机。但是，尽管奥地利确实希望对塞尔维亚施以惩罚，却并不愿意挑起欧洲全面战争。因此，当一场全面战争显然迫在眉睫时，奥军虽然已经进入塞尔维亚领土，态度却突然缓和下来。这可以参见 8 月 1 日法国外交大臣写给各驻外代表的信函：

奥地利大使求见俄国外交大臣萨佐诺夫，宣布奥政府愿意就对塞尔维亚最后通牒的实质内容进行磋商。萨佐诺夫对此表示满意，磋商建议最好在伦敦举行，并有各国参与。

英国外交大臣也在 8 月 1 日写道：

我已得到最可靠的消息：奥地利已告知德国，尽管俄国的动员已经改变目前局势，但是奥匈政府充分赞赏英国为维护和平所做的努力，愿意考虑我国的调停提议。这一提议的结果自然便是奥对塞的军事行动从现在起还将持续，但英国必须敦促俄国停止对奥军事动员。

不幸的是，德国在最后一刻却介入冲突——原因我将在下文解释，英国驻维也纳大使报告国内：

随着冲突焦点转移到德国与俄国之间，圣彼得堡和维也纳的对话就此中断。德国在7月31日介入，并向俄国和法国分别发去最后通牒，丝毫未留协商的余地。8月1日，德国向俄国宣战，3日又向法国宣战。如果德国能够推迟数日再做此举动，欧洲很可能将不会陷入此后的灾难中。

2 俄国沙皇的意志与俄国政策的心理主导因素

俄国沙皇显然是当代权力最大的独裁者，同时也是史上最显著的例子，证明君主总是不得不违背自身意愿行事。因为在整个统治过程中，他总是不免被迫去做一些完全不情愿做的事。

沙皇是怀有理想主义的和平主义者，在刚即位之际，他希望带来世界和平。尽管如此，在他的统治期间，俄国却经历了最频繁、最持久、最血腥的几场战争。有日俄战争、俄国内战，还有目前与德奥的战争。

正如我已说过的，当今君主是自身意志以上各种意志的集合体。他的权力完全由各种意志组成，并完全受这些意志操控。无论这些意志如何改变其表现形式，都仍会对他产生影响。现代政治的全部艺术便体现于此，这种艺术可以引领事件的发展，却无法创造事件。

在外交资料中，人们可以看到沙皇是多么反对战争，并且为阻止战争做了许多努力。既然如此，为什么沙皇最终还是不得不同意参战呢？

俄国沙皇的行为也受制于同期主导奥地利政策的心理因素，对权威的渴求，对强大邻国的怀疑。因此他同样相信：俄奥冲突在所难免。

从某种程度上来说，俄国是巴尔干小国的创始人——这些小国原先被土耳其统治，因此俄国自认为有义务保护这些国家不受奥匈帝国的侵犯。俄国如果允许奥匈帝国吞并这些小国，根本说不上会有多大损失。但是，正如我此前所说，这些问题事关国家尊严，一个外国人是很难回答的。就塞尔维亚这样一个小国而言，奥地利的军事动员显然毫无必要，因此这只可能是针对俄国的——奥方一是对俄国心存疑虑，二是无法承受俄国的突袭。

奥方的闪电动员也引起了俄国的匆忙回应，加速了战争爆发。沙皇政府匆忙行动的原因也在外交文件中有所体现。

英国驻俄大使在 7 月 29 日写道：

> 若不是俄国的战争动员显示了其认真备战的态度，奥地利或许还将认为俄国渴望和平，也将相信自己真能为所欲为。

法国驻俄大使在 7 月 29 日写道：

> 俄军总参谋长证实，奥方正在加利西亚前线上加速战备和国内动员。俄方将于今晚向 13 个军团下达对奥开战的动员命令。

俄方除了因为不信任奥方而发起动员之外，并未表现出任何好斗姿态。为了维护和平，俄国在最后一刻宣布，如果奥方保证尊重塞尔维亚的独立，俄方将就此罢休。

英国驻维也纳大使 8 月 1 日写道：

俄国大使称，如果奥地利保证尊重塞尔维亚的领土完整与独立，俄国现在便会罢手。他说，俄国无意攻击奥地利，今天他将再次向奥外交大臣指出，如果奥方拒绝做出这点让步，将导致非常严重的后果。俄国这次将奋战到底。

3 德皇的意志和引领其决策的因素

关于德皇的心理，人们已经多次试图刻画，但在此处，我将仅仅探讨那些可能导致其在最后一刻宣战的因素。

除了为避免任何国家的攻击而下令加强战备外，德皇无疑还是爱好和平的，这清楚地反映在他 25 年统治的事实中。他曾经解决了不止一个可能将本国卷入战争的难题。法国驻德大使对此不持有异议，甚至在一份报告中指出：

德皇正在努力熟悉与接受一种他先前排斥的思想，这种思想可借用他常常爱说的一句话来概括：“我们必须保持火药干燥”。

威廉二世非常冲动、自私、虔诚，总认为自己是上帝选派的代表，并常常这样主张。在宣战时，他向士兵们做了以下演讲：

请记住，德国人民是上帝的选民。上帝的精神已经降临到我——你们的皇帝身上。我是他的武器、他的宝剑、他的副手。让不服从我的人受苦受难去吧！让懦弱者和怀疑者们去死吧！

劳合·乔治如此评论以上演讲：

自从穆罕默德时代以来，再无这种事发生过。疯狂或许向来都很恼人，但是有时也会变得异常危险。当这种疯狂显现在一国元首身上并成为一国政策时，必须无情地将其铲除。

这或许还不是疯狂，但却无疑是神秘主义精神的发作。为了完全理解战争思想是如何在德皇脑海中产生的，我们必须注意到，尽管德皇热爱和平，却总是乐于采取威胁的手段。他时常说要保持宝剑锋利、火药干燥。他前往摩洛哥、君士坦丁堡、耶路撒冷等地，宣扬要依照个人承诺履行保护职责，并在各处发表威胁性演说。他希望受到畏惧，因为他认为德国的强大军队是强大后盾，无须征战便可确保他在欧洲舞台上的领袖地位。

他的统治制度并不算糟糕，因为在多年中，他获得了想要的一切，在摩洛哥击败法国，在奥地利占领波斯尼亚和黑塞哥维那时也迫使俄国保持沉默。

至今为止，他的威胁姿态是如此成功，以至于他几乎不能相信这在塞尔维亚事件中无法奏效。那些我所摘录的德国外交报告使这位皇帝认为：法国和俄国绝对不可能参战，英国正处于爱尔兰内战的威胁中，战备情况比德国差得远。

基于上述情况，德皇怎么可能同意召开各国会议？此会议必然会像以往所有会议一样，得出一个无人满意的解决方案，并阻止奥地利人为斐迪南大公的遇刺而向塞尔维亚复仇。

既然德皇热爱和平，又并无任何兴趣参战，那么，又是何种动机促使他最终决定宣战呢？

我首先要解释的，是看似最终推动其做出决策的军事原因。为了认识到这类原因的重要性，我们必须首先证明，军事动员日期在德皇与俄皇看来是多么重要的问题，因为这是将德国和俄国推向战争的根本因素和决定性因素。法国大使与英国大使的函件明白地显示，各国对彼此缺乏信任，担忧对方的战争动员，担忧对方占得先机。为了消除这些担忧，他们最终不惜发起一场真正的战争。

奥地利开始战争动员后，俄国立即效仿。法国驻俄大使7月31日报告：

在过去6天内，奥地利发起了全国动员，德国也在秘密并持续地准备动员。因此，俄国也已下令开始军事动员，因为俄国决不愿冒险让奥地利占得先机。

英国驻德大使在与德国首相会谈之后，于7月31日的报告中写道：

德国首相表示，由于俄国开始对奥备战，他在维也纳为和平与缓和局势所做工作受到严重损害……但是，当其他国家正在抓紧时间加强防备之际，他不能任由本国毫无准备。如果俄国现在针对德国采取军事行动，他将无法保持沉默。他希望我知道，德国政府很有可能在近期——也许是今天——有非常大的动作，事实上他正打算请示德皇。

首相还说，当他得知俄国正在俄德边境加强战备时，沙皇还在以老朋友的名义写信给德皇，请求德国在维也纳加强调停，而德皇也同意了这一请求。

俄国也为自身加速战争动员提供了充分理由。英国驻法大使在 8 月 1 日写道：

据悉，俄国之所以开始全国总动员，只是因为奥地利下令总动员。如果所有国家都解除动员，俄国政府也将愿意这么做。

德国是如此害怕俄国的动员，以至于 7 月 31 日向俄国发去最后通牒。这份通牒显然无法被俄国接受，因为其提出了在 12 小时内解除动员的要求。到了 8 月 1 日，德国便向俄国宣战了。

在事态发展到这一步之前，德皇个人向沙皇做出停止动员的急切呼吁。这不仅证明了他对俄国动员的恐惧，也表现了他维护和平的真诚愿望。我将在下文中摘录一些文件片段，首先是 7 月 28 日德皇给俄皇的信函，以下是其中最重要的段落：

我已知悉奥地利进军塞尔维亚在贵国引起的反应。正是塞尔维亚多年肆无忌惮地煽动，才最终导致了斐迪南的遇刺事件。我并不讳言，对您和您的政府而言，要抵抗公共舆论的压力是多么困难。我谨记我们之间多年的真诚友谊，正在竭尽全力说服奥匈帝国与俄国达成谅解。为了移除未来可能出现的困难，我需要您的协助。

俄国沙皇在回信中感谢了德皇所做的调停，后者于7月29日再次发出电报：

俄国任何被奥地利视作威胁的军事行动都会引发你我正在力图避免的灾难，同样也会使我的调停工作毫无建树。

7月30日凌晨1点，德皇又发出电报：

我国大使已受命提请贵国政府注意，贵国的军事动员可能带来巨大危险和严重后果。这是我在上份电报中已告知您的。奥匈军队的动员仅仅是针对塞尔维亚，也仅限于局部。如果正如您的电报和贵国文件所述，俄国正在针对奥匈发起动员，那么我在您的授权与请求之下进行的调停工作将受到损害，甚至不可能成功。目前，是战是和，都将由您决定。

沙皇于7月30日下午1:20回电：

我国目前的军事措施是在5天前决定的，是对奥地利战备的预防手段。我最真诚地希望，这些措施无论如何不会阻碍您的调停工作，我非常珍视您的工作。

7月31日下午2点，德皇做出了最后的努力：

我原先承担了在贵国政府和奥匈政府之间的调停工作。当谈判还在进行之中时，您的军队却已开始针对奥匈军队——我国盟军进行武装动员。有鉴于此，正如我之前提请您注意的，我的调停工作几乎难以进行。尽管如此，我还在坚持努力。

方才据最可靠的信息称，贵国军队已在我国东部边境部署战备。为了对我国安全负责，我国不得不采取类似防御手段。

我已经为维护和平竭尽所能，我也不应对这场目前正在威胁整个文明世界的灾难承担任何责任。

即便到了此刻，决定权仍然在您手中。没有人威胁俄国的荣誉和权威，俄国最好耐心等待我的调停结果。

这封电报没有得到沙皇的答复。到了7月31日，德国向俄国发出12小时内解除动员的正式通牒，这便意味着宣布战争。

在宣战之后，从德皇对待法国大使不同寻常的粗鲁与暴躁中可以看出，德皇并不是一个因奸计得逞而扬扬得意的人，德皇确实不希望看到战争爆发。我已经提到法国外交官们在回国途中遭受的粗暴待遇——他们不得不待在紧闭的火车车厢中，26小时不吃不喝，还被迫支付了5000金法郎（收款人最终因羞愧而将钱返还回来）。

一心维护和平的德国皇帝此刻发现已经不可能再阻止战争了，因此非常愤怒。单是这一事实就可以解释德国为何在一系列非常友好的通信后，向俄国发出一份措辞专横的最后通牒。但是，我们该从何处来寻找这位君主如此急躁的动机呢？是什么紧急要事促使他在最后一刻失去耐心决定宣战呢？

显而易见，德皇害怕给未来的竞争对手留下更多准备时间。要理解这种说法，必须明白迅速动员对德国将意味着什么。根据德军总参谋部掌握的情况，法军需要20天动员时间，俄军需要近两个月。如果按照德军正常的动员速度，便能够首先摧毁法军，然后再撤回来进攻俄国。但是，如果俄国利用外交谈判尽可能拖延时间加强动员的话，这一方案将彻底流产，德国届时将需要同时面对两个敌人，而不是一个。正是为了避免这种情况出现，德皇才发出最后通牒。

4 影响德皇不自觉意志的各种因素

除了理性动机之外，其他因素也影响了德皇的不自觉意志，并促使其做出了自觉的决定。我们必须考虑这一事实：这位热爱和平的皇帝正渐渐地不受军方欢迎，而与此同时，他那好战的儿子在军方的威望正在逐日上升。德国军方曾经有三四次想过开战，尤其是摩洛哥事件爆发之际，但最终都未出手。在泛德主义者们的不断煽动下，德国统治世界的愿望最终似乎也变得容易实现。但是问题是，过了几年后，这是否会变得更困难。那时俄国应该已经修建好落后的铁路系统。以上这些原因综合在一起，无疑促成德皇最终的决策。

为了对本章做一个总结，我必须再次指出，德国对奥地利的鼓励以及奥地利毫不妥协的态度主要源于奥方这一错误认识——俄国、法国、英国都不会参战。在那关键的一周之内，这一错误围绕着所有的外交谈判。正是由于这些缺乏远见的领袖所做的错误判断，数百万人最终牺牲，多座繁华城市被摧毁，欧洲沦为一片焦土。

第七章
结论：究竟是谁想要战争？

1 一系列导致战争的事件的总结

我认为，战争爆发之前的事件已经叙述得非常清楚，其实再无特别的必要去对其加以总结。尽管如此，我还是需要稍作小结，以便概括梳理一些事实，因为仅从官方文件中研究事实是一件非常乏味的事。

让我们撇开导致大战的系列远因，直接看看奥地利斐迪南大公遇刺事件的起点，塞尔维亚煽动形成的阴谋。

在其王储遇刺身亡之后，奥地利决心为之复仇，同时想在巴尔干提升威望。因为在巴尔干战争期间，奥地利遭遇了一系列反抗与忤逆。因此，奥地利向塞尔维亚发出一份不可接受的最后通牒，只要塞方予以拒绝，奥方便可即刻向其宣战。奥地利就此看不到任何风险，因为德国已经承诺对其给予支持。而根据所有外交报告，俄国和法国也会因为自身软弱和国内纠纷保持中立。俄国早已在波斯尼亚事件上让步，必然会再次妥协；英国正受到爱尔兰内部威胁，最不可能介入这样一个毫不相关的问题。

奥地利当局热切希望吞并塞尔维亚，因为若能将之付诸实施，不仅能增加一个新省，还能对斯拉夫人重树权威。德国虽然不会从中实际获利，但却可能获得同样重要的道德优势。德国将再次将自身意志加诸欧洲，并利用自身迅速壮大的霸权给世界留下深刻印象。这其中最妙的一点是，无须任何成本，只需坚定地阻止其他国家介入奥塞冲突之中。

事实上，以上便是德奥两国当局的全部企图。但是在实施其精心设计的方案时，两国的外交家们却不幸忘记考虑某些情感的、神秘主义的、集体的因素——没有任何历史事件能摆脱这些因素的影响，这些因素也遵循与理性完全不同的逻辑序列。它们的预测与论证过程或许可能看似无懈可击，但却可能导致完全错误的结果。俄国就是这样一个例子，尽管这次的情况与上次几乎完全相同，但由于俄国太需要维护声誉，既然上次已遭遇了彻底羞辱，这次就绝不能再容忍新的羞辱。

战争起源于一个心理错误。首先，其预设前提就是错的，认为俄国会让步，其他国家不会干涉，随后一系列悲剧便将必然发生。为了使俄国感到恐惧而退却，在俄国为了阻止战争而提议谈判时，奥地利和德国表现得非常傲慢。随着德、奥进一步相信无须担心全面战争，态度变得愈发强硬，直至奥地利最终认为能够安全地对塞尔维亚宣战。这在奥地利外交家们看来是非常明智的决定，但其实极端愚蠢，因为各国一旦决定干涉，奥地利将没有任何回旋余地。事实上，各国在最后一刻果真出手干涉了。

当德国和奥地利——尤其是奥地利发现他们的强硬态度正将导致欧洲滑向战争时，态度就会稍有缓和，并且拼尽全力阻止战争，但却为时已晚。德皇写给俄国沙皇的紧急电报最终都成徒劳，将事态推动至此的人们终将反而被形势所绑架。

到了 11 点，就在宣战之前，想要维护自尊和树立权威的情绪，迄今为止的唯一动机在两国之中渐渐消退，一种新的感情出现了，那就是怀疑。

正是怀疑推动各国加速军备，从而不让对手出奇制胜。因为在一场战争中，速度也是胜利的要素。

奥地利已针对塞尔维亚开始武装动员，一方面是为显示坚定决心，一方面是为吓阻俄国。奥地利清楚地了解自己的常备军足以对付塞尔维亚这样的一个小国，后者早已在前两场战争中透支了国力。

因此，俄国完全有权利认为奥地利的军事动员是针对自己，因此也开始动员，以避免到时措手不及。

德国不愿让任何国家超过自己，便向俄国发去一份专横的照会，要求俄国立即解除动员，也希望借此一窥俄国的真实意图。俄国的动员显然多少有些鲁莽，但是沙皇绝不可能听从德皇的粗暴命令。双方感情都过于强烈，因此无法妥协，其最终结果便是战争。

法国尽管真心渴望和平，却不得不跟随盟友的脚步。

英国强烈期望不介入冲突，却也由于心理错误被卷了进去。德国总参谋长坚信，英国将对德国入侵比利时无动于衷，于是将战时条约的神圣性置之度外，毫不迟疑地进军比利时。这一错误早已在战略层面受到谴责，因为这在对手阵营中又加入英国，也没给德国带来好处。如果德军不入侵比利时而直接取道卢森堡，就不会在列日耽误两周时间，也能更快逼近巴黎。

因此似乎有充分的理由认为，如果各国在谈判中能够再多一些耐心，战争就可能得到避免，这似乎是毫无疑问的事实。但是，根据我们所见的战争远因判断，战争只能被推迟，而不可能被彻底阻止。因为在德国和其他国家之间存在着太多矛盾，直到目前为止，欧洲所采取的都是用武力维持和平的手段，其代价过高，不可能长期持续。

2 究竟是谁想要战争？

在上一章中，我曾指出，就“究竟是谁想要战争”这一问题，回答“没有人想要”，毫不夸张，因为事实上确实没有人。尽管如此，德皇还是宣布开战。从心理学的视角上，我们也可以说明，他其实并不想要这场战争。

直到认真研究了许多资料之前，我都与多数法国人持同样观点，认为德国一直在寻找借口向我们开战，一有机会便立即出手。一位知名学者在黄皮书收录的文件中表达了这一观点，另有两位索邦大学的教授也在一篇费尽心血的论文中提出这一观点——他们的文章遵循所有历史学方法，并且正以“谁想要战争”为题。

但是，即便我起初同意这种普遍看法，现在却有一些因素让我对此产生犹豫和怀疑。在遥远的未来，英德之间的战争或许多少不可避免，但是我却不得不自问：德国究竟能从与法、俄的战争中得到什么好处？法、俄在当时是德国最大的贸易伙伴，每天都在加大对德国的开放程度，德国有何必要对其开战？如果德国确实想开战，原本也有很多更好的机会。我已经提到过，在俄国败于日本又陷于国内革命之际，对俄开战几乎是最佳时机，因为当时俄国根本无法自我防卫。

随着更加认真地研究这些资料，我灵光一闪，得出了这一结论：尽管德国战备不断加强、外交态度不断强硬，但当战争真正爆发时，德国其实并不希望得到这一结果。（有很长一段时间，我认为我是法国唯一持此观点的人。但是，另一些认真研究过历史材料的人最终也被这些证据说服。索邦大学教授维克多·巴希在《1914 年之战》一书中写道：“是的，德国人想要和平，想带来和平，想要一个德国式的和平，想要各国投降而形成的和平。德国并非不惜一切代价渴望战争，尤其不希望主动挑起战争。”）

即使没有那些我已引用的文件，在我看来，还是有一些心理学事实足以证明以上结论。

首先，德皇在最后一刻向沙皇发去电报，请求俄国停止军事行动，并指出这种行动会迫使德国不得不开始动员。德皇甚至还提请沙皇谨记他曾经在祖父临终前所发的有关德俄友好的誓言。如果德皇已经决定宣战，以上这些虚伪的言论似乎毫无必要。因此他的这封电报内容或许是非常真诚的。第一封电报写于冲突爆发前三天，毫无疑问，即使已经这么晚了，德国依然没有完全下定决心参战，仍旧在竭尽全力去阻止战争。

我认为，这封电报具有极强的证明力。此外，德国驻俄大使一番出于绝望的攻击性言论也是非常有力的证据，英国大使在一份文件中提到：

> 眼见战争已不可避免，他（德国驻俄大使）似乎完全崩溃了。他请求萨佐诺夫提出一些解决建议，好让他报回德国国内，作为最后一线希望。

显然，这并不是一个经政府指令致力发动战争的大使所应有的态度。

事实上，德国外交大臣在某次谈话中也向英国大使流露过类似情绪。这种身处高位又相隔甚远的人，要想勾结一气来伪装出同样的绝望，显然不太可能。在这里，伪装早已毫无必要，因此完全不可能。

除以上几个证据之外，我们还可以加上一位法国海军上将在《巴黎时刊》上所述的信息：

7 月 26 日，德国舰队正在远离基地的位置进行部署，如果这时英军舰队去干扰它们，它们根本来不及添煤或等待所有士兵就位。

因此，我们必须否定德皇是想要战争的。但是，的确又是他宣布开战，这又是为何呢？

在上一章中，我已经就此明确地给出答案。德皇最担心的莫过于，如果德国行动过晚、谈判不成功，便将留给俄国充裕的时间完成动员，由此破坏军方制定的快速进攻方案。如果少些怀疑，他就会多些耐心，因为奥地利当局已经开始显示妥协退让的态度了。但是在最后一刻，他还是受到环境与身边人的影响。

无论如何，德皇与俄国沙皇一致希望避免全面战争，奥皇也不想要这一冲突，但是三者之间的互相怀疑还是不可避免地导致了战争。

因此，对于“谁想要战争”这一问题，答案可能是“没有人”；对于另一问题“战争的近因是什么”，答案必然是“三国皇帝的互相怀疑”。德国皇帝是三者之中疑心最大的，因此他也被认为应对战争负主要责任，因为最终下定决心宣布开战的正是他。

他也被认为应对鲁汶、兰斯、伊普尔等城市遭遇的屠杀和破坏负责，因为如若没有他的允许，任何德军将领都不敢下此命令。这将成为他永久的耻辱。

我在本书中花费数章的篇幅探讨心理学问题，因为心理学反映了激发人类行为的不同情感的碰撞，并显示了这些感情的产生和发展。尽管教授和学者们都非常关注战争起源，但这一问题其实毫不重要。战争的不可避免是由于种种形势的共同作用，无论说是谁导致战争的最后爆发，都没有什么区别。

以上正是多数公众的观点。公众不会像学者们一样总要找出究竟德、俄、奥哪一方想要战争，也不会迷失于对模棱两可的外交文件的细致分析中，因此能够更加清楚地看清形势。公众意识到，德国是在故技重施，要重现在摩洛哥与阿尔及利亚的做法。法国各处都在大声疾呼："我们不能再这样继续下去！"人们眼见战争不可避免，纷纷准备挺身而出。在这种情形之下，无论德国是否决心参战，都已毫无区别，因为德国一直自忖实力壮大而不断实施威胁，这迟早会导致战争爆发。因此，法国根本不必为了维持和平而继续蒙受羞辱。

第八章
德国和各国国内就战争起因的观点

1 有关战争观点的心理基础

对于中立者而言，某些德国学者就战争起因的观点和整体呈现的激烈情绪着实令人惊讶。

在以下章节中，我将提到其中一些知名学者最为突出的表现。为了理解这些观点的起源，请读者参考我的*Les Opinions et les Croyances*，（《观点和信念》）一书。书中提出：理论论证对那些源自集体、情感、神秘主义的信仰完全不起作用，个人心理是与集体心理融合在一起的。

每一个现象都反映了该书中提到的某一原则，我也已尝试对其中部分做出说明，但是在写这本书时，我无论如何没有想到，欧洲战争如此之快便成为这些原则的鲜明例证。

现在我将谈谈德国国内民众对战争起因的观点，这些观点充分显示：对于基于暗示和心理感染的信仰，说理完全不起作用；即使是最高明的智慧，也不能说服一个深受某种信仰主宰的人。

这些观点的表达方式大多非常激烈——这也是新信仰诞生的特征，

是无价的心理学研究资料。事实上，当我们看到德国知名哲学家冯特（Wundt）竟然大肆谩骂其他国家，污蔑他们为强盗和杀人犯，我们的惊讶不言而喻。

这种野蛮与暴怒不仅让我，也让别人感到印象深刻。克里斯迪亚纳大学的戈拉乌教授虽然身处中立国，但是在一场演说中，他也对德国如此卓越的思想家因战争变得不可理喻而表示震惊。他引用了我在多年前总结的集体心理规律说明：在集体心理的包围下，即使是最明智的人也会丧失判断力。就此，他以知名哲学家欧肯（Eucken）教授为例，后者告诉我们德国参战是为了履行复兴人类的使命，“我们不仅为自己而战，而是为全人类福祉而战”。

在上文中，我已经引述过哲学家冯特的言论，但以下这段更加直白：

> 德国正在向敌人们发起一场真正的战争，从某种程度上说，这是一场正义和神圣的战争。法国、俄国、英国发起的战争完全不能与之同日而语。
>
> 我们敌国的战争不是真正的战争，绝对不是，甚至根本不能称其为战争，因为战争有其自身的权利和法则。敌国的这些攻击不过是一群强盗的无耻阴谋，而不是手段光荣的公开斗争。

戈拉乌认为，这种集体疯狂一旦病症发作，便很少有德国学者能够逃脱。

2 德国外交家的观点

自从冲突开始，德国外交家就在尽全力证明，德国政府尽管对宣战负责，却不是战争真正的制造者。

在上文中，我已经摘录过一段德国总理的演说。以下这部分是他在1914年12月1日的演讲内容：

英国政府无所作为，坐视这场大战爆发，因为英国认为既然有其他协约国的支持，便将有机会在世界市场上给德国以致命打击。因此，英俄应当为欧洲和世界陷入战火承担责任。

德国总理显然认为自己的观点正确，他声称英国希望打压德国。但与此相反，从我在其他章节中引用的资料来看，英国对战争怀有极大恐惧，并竭尽全力想要避免战争。

在有关德国政治的著作中，前任总理冯·比洛很好地刻画了英国政策中极端不具侵略性的一部分：

在通过海军法和启动造船业之后的10年间，英国原本可以肆无忌惮地实施海上扩张政策，完全遏制德国的海上发展，但是英国人并未这么做。英国不愿开战，使得我们有机会抓住海上的部分主导权。

德国首相多次回到战争起源和侵犯比利时中立地位的原因问题，甚至毫不犹豫地伪造资料来捍卫自身行为的正当性。在洗劫比利时期间，一些德国人发现英国与比利时军事代表于 1906 年、1912 年的谈话资料，其中提到了如果比利时受到袭击，英国将采取措施提供保护。后来德国总理关于这些谈话的报告却淡化了这些内容，还将“谈话”一词曲译成“协议”。比利时的外交代表自然对此存有异议，并呼吁所有人注意这一伪造文件的丑行。

这种行为向来很危险，是对名誉的严重损害，因为一个谎言需要更多谎言加以支持。

3 德国权威媒体和学者的观点

德国外交家可能并没有准确地陈述事实，但他们所述的内容中至少还有一些准确度，远远好于德国的学者们——后者的智力显然已经下降到一个非常低的层面上了。如今，当这些还算颇具名望的专家走出研究室，开始研究全新问题时，他们的论证能力突然莫名其妙地大打折扣，而且表现出对其他国家心理的全然无知。

他们发表了许多怪异的言论，引述如下：

他们首先攻击俄国驻法大使，称其一直在为战争铺路并最终引起战争爆发。然后他们又谴责英国国王、首相、外交大臣以及俄国沙皇等。……读者若想找到证明材料，请参见 10 月 2 日的《新自由报》和 3 日的《法兰克福日报》。后者刊载的文章题为《协约国的阴谋》，非常能够说明问题，但却仍不及他们在保加利亚刊发的一篇类似文章，那篇文章声称整个事件都是英国、法国、俄国政府早在巴尔干战争时期就已谋划好的。

慕尼黑大学的教授布伦坦诺（Brentano）的言论也同样古怪。他声称，法国开战是为了避免1870年之耻重演，并重新建立王朝。以下是其文章中的部分节选：

法国的反动派不愿看到复仇思想减弱——巴黎人已经开始期盼君主政治的复兴，许多人认为战争将为法国带来想要的一切。在过去数年间，《费加罗报》和《高卢报》刊载的文章和巴黎小餐馆中的歌曲都足以证明：法国——或者至少是巴黎——已经为君主政体和战争做好充分的准备了。

柏林大学教授爱德华·迈尔和同时代许多人一样，并没有多少原创观点，他所有谴责和攻击的重点主要集中于英国人：

德国从上至下人人都已意识到，英国是我们不共戴天的敌人。正是英国迫使我们进行殊死一战，也正是英国自私地将其他国家拖入战场，只为摧毁我国，剥夺我们作为一国的独立存在。

……毫无疑问，英国政府是故意挑起这场战争的。

……如果能够暂时推迟战争爆发，他们或许会更加高兴，这就是爱德华·格雷使尽全力要召集协商会议的目的。果真如此，协约国就将赢得更多时间加强战备，德、奥就将遭受更大的羞辱。……德国在俄国开始动员后发出最后通牒，从而搅乱了英国的计划。除非德国愿意被打个出其不意或是任由形势变得更对自己不利，否则便该是我们亮剑的时候了。

这位作者似乎不太熟悉自己国家的历史，因为他下了这一结论：

我们可以问心无愧地说，德国向来不寻求征服政策，也向来不会非法入侵他国，甚至是比利时。

Herr Schrodter 这样的大制造商、大实业家也持以上观点。他在 1915 年 1 月 31 日面对德国工程师社团的演说中表示：

这场战争是英国的阴谋，我们就此所掌握的证据正越来越多。

德国毫无根据便一味指责英国的顽固态度给中立国留下了极其深刻的印象，从 1915 年 3 月 26 日《日内瓦日报》上的一篇文章中便可看出：

当德国报纸将英国描述成战争的煽动者时，他们一定幻想读者们完全不能思考或没有记忆。我们可以说，1914 年 8 月时的英国政府是世界上最最倾向和平的政府了，因为当时其仍在努力通过海上裁军法案。

4 德国军方的观点

多数德国的军方人士也都一致认同战争确实是由英国煽动爆发的，但是也有一部分人将之归咎为俄国的快速动员。

以下是对德军总参谋长冯·法尔肯海恩（von Falkenhayn）将军访谈的片断，其刊载在1915年1月25日的《日内瓦日报》上：

这场战争并非我方主动侵略，也不由军队任何派系挑起，而是俄国的军事动员强行导致的。面对这场动员时，我们无能为力，只有加强自身动员。我国皇帝和驻圣彼得堡大使都已给过俄国建议与提醒。俄国当局知道，如果他们开始动员，我们也将下令总动员，并将采取一切必要措施维护我国的安全。尽管如此，俄国还是一边谈判一边不断地动员。

现任德军总参谋长的冯·默特克将军也和他的多数同胞一样，将一切归罪于英国。1915年1月23日的《泰晤士报》转载了一份德国报纸对默特克将军的采访。他否认了德国想要发动战争：

如果我们这么迫切要发动战争，那为什么不在日俄战争期间趁俄国之危呢？或是在英国深陷布尔战争时先下手呢？我从未有一刻怀疑过英国将会参战反对我们，因为促成冲突爆发正符合其利益。英国已为此筹备了很长时间，比利时问题不过是借口罢了……可以肯定地说，这场战争将对德皇是一个沉重的打击。

5 德国公众的观点

包括中产阶级在内的大多数德国人都毫无个人主见，除了那些灌输给他们的。德国人纪律性强且尊重权威，以至于不愿发表任何不同于政府观点的个人意见。因此若要寻求民意分歧，可能会无果可获。在 7000 万德国人中，实际上很少有人不相信战争出于英国的邪恶谋划，是为了颠覆德国。正是由于这种观点，当德国媒体积极炮制出宣战声明后，人民便反馈以狂热的态度。许多电报都带来胜利的消息，但是不会承认任何败仗——马恩战役似乎根本没有被提起，只被称为“影响德军进军巴黎的战略原因”。一个瑞士人在 12 月上旬访问德国时，如是描述了德国人民的战时心理：

> 所有德国人都相信德国必将胜利，相信德军战无不胜，还相信德国参战动机是纯洁和神圣的。虽然只有在所有民主国家鼓励首创精神、催生个性观念、激发个人能量，德国人的统治者却赋予全民一种集体情感，只有来自高层的影响才能唤起这种情感。化学家奥斯特瓦尔德认为这证明了德国人的种族优越性，因为拉丁文明既不能理解也不能忍受这点。

鉴于德国人这种古怪的心理，很容易理解他们为何会盲目认可统治者的观念，并将其全部视为如同福音书般的真理。因此，当一个德国人声称只有德国陈述了事实、协约国发表的全是谎言时，当一个德国人主张德国由于比利时与英国有密约而有权侵犯比利时中立地位时，他都是真诚的。没有任何反面论据能够说服他，因为他认为只有德国是正确的，其他所有国家都在撒谎。

在德国人的表现中，可以看到宗教信徒的所有心理特征。

在战争期间，有数家新闻机构都接到了持续引导德国公共舆论的指示，其中包括最具争议的沃尔夫社。公众怀着宗教般的虔诚接受了报道中最虚假的部分。例如：年轻的比利时姑娘挖出了德军士兵的眼睛，德军伤员由牧师们负责看管，等等。

沃尔夫社向世人源源不断地提供耸人耳目的新闻报道。1914 年 10 月 18 日的《法兰西报》发表了一份沃尔夫社发给一个南美小国的电报，节选如下：

一大队德军飞机昨晚已经成功抵达伦敦。德国士兵攻进英国王宫并活捉国王。国王刚被俘，便立即花了 1 亿金马克为自己赎回自由。

这类叙述当然是留给那些原始国家的，因为他们的人民头脑简单、容易受骗。在这些事例中，报道的作者们肆无忌惮地发挥着天马行空的想象力。参见一家驻君士坦丁堡的德国新闻机构在土耳其报纸上发表的内容：

根据阿姆斯特丹传来的无线电报消息，如果土耳其同意不派遣强大舰队袭击伦敦，英国政府将提供给土耳其 2000 头驮满金子的毛驴。

6 中立国国民的观点

对于战争的起因，不同国籍的作者持不同看法：德国军方的影响力、协约国的阴谋、德国王储的自大、法国的复仇愿望、俄国的泛斯拉夫主义、奥地利的野心……尽管如此，许多独立作家还是不愿得出定论，提供了与著名历史学家费雷罗大致相同的结论：

关于在今日文明世界中占据非常重要地位的责任问题，在本次战争中暂时还无法解决。

费雷罗认为，很可能是“德国的宣传机器和主战派在国内营造氛围，导致政府无法再继续做出不明确的姿态”。

一般而言，关于战争起因的中立观点并不是来自对事实的观察或理性查证，却来自情感或神秘主义倾向。天主教徒们——或至少是西班牙与意大利的天主教徒们——起初支持德国，这是一种普遍立场，这可参见 Dudon（迪东）于 1915 年 1 月 19 日发表的宗教评论文章：

在战争的第一枪打响之际，他们真诚地希望德国能够获得胜利，因为上帝应许了德国一个辉煌的军事胜利。这是德国应得的，鉴于德皇的虔诚、德国人民的正直、德国天主教徒的善行和奥地利的正统与忠诚，这一切都是德国应得的。如果德国战败，欧洲将会变成什么样子？如果欧洲最终的主宰权落入信奉新教的英国、推崇分裂主义的俄国和鼓吹革命主义的法国这三者之手，等待它的将是什么？

除非上帝决心用世俗邪恶淹没西方乃至全世界，否则德国必须获胜。因为随着德国的胜利，社会、政治与宗教的正统秩序也将获胜。

但是，战争却改变了很多事物。法国少数天主教徒曾经认为战争是神明对法国的惩罚，但是不久便放弃了这一想法，甚至走上战场，表现出最为英勇的一面。

卷五
战争涉及的心理因素

第一章
战争手段的变化

1 现代战争中不可预期的新元素

此处我并不打算详细探究现代战争全新且难以预期的形式。但是，既然我将重点探讨心理因素在战争中发挥的作用，就势必需要简短梳理一下第一次世界大战的背景情况。

战争将会有力地推动个人、政治与社会的发展，因为其将改变武器、战略、人道主义概念、权利观念、风俗习惯——总而言之，改变一切。同时，战争也将像法国大革命一样，对人类生存产生深远的影响。

在分别研究某些特定变化之前，我将先对其做整体分析，来说明这些变化是如何影响到地上与地下、海面上与海面下以及空中的战争的。

现代陆地战争的首要特征，即军队人数从以前的几十万人上升到现在的几百万人，战场范围从过去的有限空间拓展至如今长达几百英里的战线。

沿着这条长长的战线，士兵们在泥土中挖掘壕沟并进行着殊死战斗。而将领们则除了用电话下令发动进攻或在某些要塞加强防守之外，再无其他活动。

早期的枪支射程都在几百米之内，而且瞄准度很低，杀伤力很弱，如今早已为射程在 6 至 125 英里的加农炮所取代。这些大炮的威力如此强大，以至于在数日之内便可彻底摧毁看似坚不可摧的要塞，并能够几乎即时消灭暴露在其炮筒之前的战斗力量。

海上战争也发生了同样巨大的变化。自战争初始，潜水艇便被投入使用，能够在几分钟内击沉造价达 300 万英镑的巨型军舰，迫使后者不得不进入港口躲避，甚至不敢轻易驶出港口。

除了这些陆海战争，还有空战——尽管飞机的打击力量尚未获得充分验证，但是由于飞机能够数以千计地飞越边境进入别国领空，其很可能在未来战争中发挥极其重要的作用。

在过去的战争中，从恺撒至拿破仑，战争一直由将领个人主导，依赖人们的运筹帷幄。将领眼观六路、耳听八方，在后方遥控着一切情况。在路易十六和拿破仑时代，有画家为了描绘战场画过这样一幅画：在画面近景中，士兵们在用大炮向敌人猛力开火，而在画面远景的山坡上，坐落着将军们的指挥部。

若是换作当今的时代，观众们便可看到一幅全新的景象：几十万军队悉数出动，在画面中却不见一人一枪，因为士兵、战马、枪炮、战壕全都隐藏起来了。

但是，如果观众目光敏锐并且保持长时间观察，最终将会不时地看见一些人，他们偶尔从背景显现出来，慢慢地爬过田野，又迅速跳起来跃入战壕。

如果观众希望看见正在指挥这支隐形军队的将领本人，便将发现他正在缓缓地、悄悄地退出画面。他通过接收和发送电报或电话信息的方式，向不同军团发出指令，他最重要的战略部署便是下令用火车将军队运至想要攻打或守卫的地点。

最后，如果我们这位想象中的观众想要找到所有军队的最高统帅，则可能需要走上很远的一段路程。如今我们得知，自1914年9月5日至25日，在马恩战役整个过程中，元帅和其副手们都一直待在距离战场120英里的地方。

数以百计、陆续不断的小规模遭遇战也取代了过去毕其功于一役的作战模式。除了在波兰和俄国，在其他地方并未出现大型战役。但是，为了在许多小型战役中夺取一点微弱优势，仍然有许多人失去了生命。

除了我在上述指出的变化外，本场战争还为人们带来许多出其不意的感觉。例如，在战争之前，所有军校都教授步兵应该呈开放队形分批前进，以此避免人员的严重损耗。但是本场战争自始，德国却反其道而行之，采取大举进攻的冒进方式。德国军队在沙勒罗伊出人意料地采取这种方法，在那时还是成功的，因为这种出其不意的阵势大大挫伤了法军的士气。但是到了伊瑟战役时，这种方法却失败了，因为德军将自己大面积暴露在英法两军之前，成为集中攻击目标，在短短几天之内便损失了15万人。

总体说来，法军将领完全不了解德军的战术。鉴于对法国战备的整体考虑，目前活跃在战场上的马勒泰尔将军（General Malleterre）于1915年8月9日写道：

即便是在最近几年，当法国逐渐从好战转向和平主义，并最终清楚地看到德国的威胁时，法国军方仍然懈怠地认为东部防线牢不可破，法军有能力通过阿尔萨斯与洛林发起迅速反击。

但是，德国在1914年8月迅速策划、组织并实施了作战方案，打得法军措手不及。正因如此，当法军首次接触敌人并发现暴露于来源不明的炮火之下时，感到非常震惊。德国攻势的惊人之处在于，在发动步兵之前，先用密集的火炮攻势将法国本就脆弱的防线置于瘫痪状态。我所知道的都是我的亲眼所见，我将永远记住法军在敌人的枪林弹雨中坚守与撤退的日子，也将永远记住法军由于根本不能将战线向前推进一步而愤怒万分。

……德军于1870年和1914年发起的两次攻势都体现了战略、人数与物质上的强大优势。

由此可见，德国人确实预知了战争中的一切，除了某些尚属未知的特定心理因素影响。

现在我将具体探讨现代战争中一些最重要的技术转变。

2 现代战术、战线延长、进攻与防守

从战术角度上来看，原先由于供给困难而异常复杂的现代战争已经大为简化，因为先前战争的宏大部署在目前仅仅意味着发动前线进攻与包围敌人。目前的困难则包括大量人员的调动与部署，还包括武器与食物补给。因此，铁路至关重要。铁路系统比对手发达的作战方仅凭此项便占据了压倒性的优势，能够打败人数占多数的敌人——俄国的战败即

为实证。德国人能运用铁路系统将军队调遣至预先确定的地点，并用简单的战术战胜敌人——将一大队军团调至敌人侧翼，突袭之、包围之，然后俘获大量战俘与大炮。弗雷德里克大帝很久以前说过："如果发动突袭，一支三万人的军队能够打败十万人的军队。"

尽管如此，法军将领们在战争早期甚至还坚定地相信，德国将难以抵挡俄国的入侵。但是情况恰恰相反，德军是胜利的一方。即便俄军胜利，也无法从其大本营向前推进太远距离，因为其交通设施不够发达。如果德军撤退，其必然将摧毁通往其境内的铁路，因此即使俄国入侵德国，也不可能深入其境内。

当前战线的延伸绝对违背了过去完全集中兵力的原则，并避免了"毕其功于一役"的做法。现代战争是较大空间范围内的一系列遭遇战，很少产生决定性后果。

此外，战壕的应用大大改变了过去关于攻守的概念。

从心理学角度看来，进攻方显然比防守方具有突出优势。守方一无所知地等待不知将从何而来的攻击，自然处于劣势地位。自拿破仑时代起，所有军事教科书都提出了这一原则。此外，它还是德国军队的基本教条：

弗雷德里克大帝对路易十五致信称："即使人数不占优势，也最好主动占据进攻地位"，"敌人在遭遇袭击时常常自乱阵脚，正好提供可乘之机"。弗雷德里克大帝通过主动进攻赢得了许多战役的胜利，这是因为他的敌人们常常拘泥于旧时兵法的僵硬形式与准则，防守十分无力，不能采取有效的反击手段；拿破仑的许多胜利也是由于对手的战略战术有许多破绽，在冯·毛奇（von Moltke）时代，包围敌人的原则也很成功，因为敌人并未找到有效的反制措施。

战壕的出现并未消除进攻方的这些优势，除非涉及重要军事行动，指挥官很少敢于下令大规模向战壕发起进攻。我提到过一个事实：当德军想要占领加莱并袭击法军侧翼时，便贸然对法军的战壕发起攻击，在短短几天内无谓地牺牲了15万人的生命。

尽管如此，守方对攻方这种偶然的优势并不是绝对的。因为攻方如有足够的弹药供给，便能重获优势。俄军总参谋长在1915年6月的军队公报中写道：

> 总体说来，我们在进攻中的损失并没有防守时大，因为防守需要顶着敌人的重重火力。比如，当我们进攻某一个村庄时，我们缴获了一挺机关枪，俘获629名奥地利战俘，其中包括19名军官，而我们自己只有50名人员伤亡。

另一个有趣的事实是：不像拿破仑的将领，德军的多数成功将领都是老人。巴伐利亚的利奥波德、兴登堡（他已在统领第四军团时退休）、麦肯森等人都已年逾七旬，冯·黑泽勒（von Haeseler）元帅更已是80岁高龄。他们都已位列退休名单，好将职位让给更年轻的军官，但是如今却又被召回。在拿破仑时期，年轻人能够战胜资深将领，如今情况却正好相反，无疑可以得出这一结论：如今确保成功的资质已完全不同于一个世纪之前。如今当然还需要大胆攻势，但也需要更多深思熟虑。

3 现代战争中的要塞和战壕

当今战争已经完全改变了我们关于要塞的概念。在这里不存在预见性的问题，因为单凭经验便可判断：如果诸如南锡之类的开放城市周围有临时战壕的保卫，便能抵挡围城军队的进攻。但是，安特卫普等地曾被认为坚不可摧的要塞却在短短数日内沦陷。这场战争将无疑标志着永久防御工事的终结，因为没有一座工事能够抵抗甚至很短的时间。查尔蒙特（Charlemont）的要塞在 8 月 29 日受到自 75 英里之外的攻击，在 3 天之内沦陷，这期间守军的子弹甚至没有碰到敌军。隆维的要塞在坚持 6 天之后陷落，安特卫普也没能坚持过两周。当然，德国人没有告诉任何人，他们还有比在攻打法国和比利时要塞时所用的射程更远的大炮，因此能够在三四天内摧毁这些工事。

目前战争的结果证明，要塞只是将那些原本应作战的士兵固定住，它们提供的隐蔽不过是迷惑和陷阱罢了。华沙和科夫罗看似坚不可摧，因为前者有 30 多个工事包围，后者作为俄国后撤的最后一道防线，配备有最先进的现代防御设施，也具有强大的弹药储备，德国人在此处缴获了 400 多门大炮。

现代战争虽然终结了要塞的时代，但是开启了战壕的时代。战壕是露天的要塞，如果部分被占领或摧毁，就能转移到其他地方。防守战壕仅需很少人力，但是却比构造最为科学的要塞都要坚固。战壕常常使守方比攻方占据更多优势，因为如果要冲破战壕防线，需要比普通战场上高出 10 倍的人员和炮弹储备。

战壕如此坚固的一个原因在于，即便费很大力气攻占其中一道，敌人还能在后面再挖几道，于是又不得不发起新一轮进攻。

战壕不仅终结了从前的战略部署，也意味了滑铁卢之类决定国家命运的战役的消失。

现代战争中战壕的新颖性在于它的范围、重要性和加固方式，而并不在于它的使用方式，因为战壕其实一直被用于战争中。从前的要塞总是在工事四周平行地挖掘一些战壕，在 1640 年围攻阿拉斯时，法军便是这么做的，后来在 1658 年包围敦刻尔克时，也应用了这种方法。

很久以前，战壕不仅被用于进攻，也用于防守。众所周知，惠灵顿迫使马塞纳撤退，是通过双重战壕包围通往里斯本的路线，并分割成两段——前一段长 30 英里，后一段长 75 英里。战壕宽度为 5 米，由 25 000 人用一个月挖掘完成。战壕也在许多现代战争中得到使用，尤其是在特兰斯瓦和日本战场上。

在抗击德军侵略的初始阶段，法国并未使用战壕，尽管军事教材中早已阐述过战壕的重要性。就此我想指出，在 1906 年 10 月 24 日出版并于 1911 年 10 月 28 日修订的《步兵陆地工事指南》中，均有提及战壕，甚至还收录了战壕的几种不同类型，既有露天的，也有上面有所遮盖的。

现代战争中的战壕有几大新颖之处：一、部署了重火力，从而使其真正具备了工事的题中之意；二、战壕本身能绵延长达 300 或 400 英里。这一延长本是源于马恩战役后的临时需要——德法两军都要尽力包抄对方，又要避免暴露在对方的火力覆盖之下，唯一适合的掩体便是战壕。因此双方沿着整条战线挖掘战壕，一直伸至海边。这 300 多英里的地下掩体才花了几个星期就建成了。

接连数月地待在战壕里要求士兵们有不懈的耐心和勇气，因为士兵们不得不暴露于敌军机关枪的扫射与脚下地雷的危险之中。以下这段对战壕的描述文字来自于一位军事作家的亲眼所见：

请想象这样一条沟，有一人身高之深度、两人前后并立之宽度。士兵们就站在沟底开火，火药筒和其他装备碰撞着一面沟壁发出响声，另一面沟壁上掘出些台阶，以便轻松出入。根据地势不同，战壕的长度也各有不同。

如果有一枚炮弹落进战壕，便足以导致里面所有人丧生，因此士兵们发明了弹片屏障。这些屏障是一些土制的墙体，厚度足以抵挡炮弹碎片，并将壕沟分隔成若干相互连通的部分，每个隔断都留出容纳一人通行的空隙。从上空看下去，壕沟就像一个耙子，弹片屏障便是一个个耙齿，每两个耙齿之间足以容纳三至四个机枪手。如果场地允许，在壕沟一侧或背后还能挖出一块更大的空间，让暂时空闲的士兵稍作休息以恢复体力。这块空间顶部覆盖着厚厚的树枝和泥土，底部铺着稻草。每两道壕沟之间常有过道连通，以便成百上千人在其中来回穿梭——正是通过这种地下工事，敌对两军争相发起进攻。

要夺占战壕已然非常危险，但是此后的防守却往往更加危险。因为这些战壕通常已在此前的战役中被炮弹毁坏了些许，必须顶着敌人的炮火予以维修。一名炮兵说：

我记得在一次进攻中，由于前期火力工作很彻底，受命攻占一组战壕的兵团仅仅花费了 13 分钟、牺牲了 80 人便取得胜利。但是之后，他们遭遇了敌人的 11 次反击战，虽然守住了战壕，却花了整整 6 天 6 夜，并牺牲了 1500 人。

必须承认，战壕除非构造得当、防守有力，否则也并不真正是坚不可摧的。对于俄国人来说，战壕毫无用处。（法军将领不久便亲身体会到：只有将大炮架至要塞前方位置合适的战壕里，才能守卫要塞。一旦意识到这一事实之后，法国许多要塞便从此能够抵挡德军的进攻。）俄国人则不能理解战壕的原理（俄国一份报纸的军事评论文章将其所有要塞的陷落归为战壕的缺陷，也正是该报说：由于缺乏技术专家，俄军没有能力建造合适的战壕抵挡侵略。但是，能力不足永远都是蹩脚的借口。）无法阻挡德军前进的步伐，因此竟沦落到实行焦土政策，野蛮地焚毁自己的城市。

1915 年 9 月 3 日的《泰晤士报》描述了俄军实施焦土政策以暂时阻止敌人前进的一系列做法：

俄军后撤的沿途已俨然成为一片火海，路边的房屋都被焚毁，绵延有数英里。克莱罗夫的每条街道都在燃烧。当匈牙利人进城时，整座城市已经变成一个巨大的火盆，因此他们无法通行，只能绕道而走。当他们抵达弗拉基米尔－沃林斯基时，那里也在燃烧，他们从那里还看见韦尔巴镇和远处的所有村庄——统统都在燃烧。科韦利的整片平原已化为一片熊熊火海，周边所有村庄都在燃烧。没有随俄军撤退的滞留居民惊恐万分，已经说不出话了。

被焚毁的不仅有村庄，也有大城市。例如，布列斯特－立托夫斯克原有 40 000 人口，在焦土政策后一切荡然无存，仅有烧焦的残垣。俄军在撤退的路上焚毁了所有东西，似乎尤其重视能将德国人阻止几个小时。

4 弹药和军需

当战争爆发时，作战人数被普遍视作最为重要的因素。但是，我们如今不得不得出这一结论：可获取军需的数量更加重要。因为我们已经意识到，俄国常常战败的一大原因即军需不足，尽管俄军人数相对敌人要多得多。一位英军将领所言极是：只需两个人和若干挺机关枪守卫战壕，便能抵挡一个旅的攻击。要夺占一个由大炮和机关枪以每分钟 600 发射击频率守卫的战壕，需要铺天盖地的榴弹炮轰炸。

尽管今天看来似乎非常明显，弹药数量的重要性却在很晚才被认识到。经历了 6 个多月的战争后，这一理念才被法国、英国、俄国所认可。由于不够及时，已有许许多多的人为之付出了生命。

在战争爆发之际，没有一个法军将领认识到这一事实：必须大规模制造子弹。1914 年 9 月，工厂每日产量不足 7000 枚，到了 1915 年 5 月，每日已能产出 80 000 枚，但即便这一数目仍然不足。

法军将领如此忽视弹药供给的重要性，以至于在宣战时，兵工厂的多数工人都被送上前线，之后又被分别从所属兵团中抽调回来，但这一过程便浪费了一个月。今天，经验告诉我们，少数人与大量弹药的组合远比多数人和少量弹药更有价值。

5 人数因素

充足的军需补给是现代战争的主导要素，但人数的优势同样非常重要。德国人一贯强调人数的作用，尽管他们也很小心地指出其限制。以下是伯恩哈迪的观点：

我们必须永远记住，道德和智力一直是主导因素，在一些可变范围内要强于人数要素。毫无疑问，在一些案例中，道德力量本身便足以抵消其他一切缺陷。个人杰出品质将能提升全军甚至全民族的能力水平……在一场不确定的对抗中，如果双方实力相当，实力的效果便会逐渐下降，显示出最高道德和最强牺牲精神的那一方才能最终获得胜利。如果双方的道德水准相当，能够保证最长时间财政支持的那一方将获得胜利。

因此，军队的稳健比人数重要。同一作者又写道：

1870年和1871年时，法兰西共和国派出的大批军队尽管人数占据优势，照样被勇猛的普鲁士军打得落花流水。另外众所周知，日本的军队人数虽然远远少于俄国，却能不断战胜俄国。美国内战也同样如此，南方军队虽然人数占优，却一直输给北方军队的稳健。

尽管如此，如果双方其他差距都不大，那么人数多的一方当然会取得胜利。

理论和经验都告诉我们，即便是天才面对绝对人数优势也会无能为力；此外，规模够大的群体只要正常发挥，也会战胜一切占智力与道德优势的对手。因此，天才只能在有限范围内对抗多数优势，因为当多数优势到达某一特定程度时，将显示出势不可挡的威力。

“一战”中的军队人数极其庞大，因为其代表了不同国家的全部有生力量。一些军事作家估计，德国有900万武装力量。毋庸赘言，在任何历史时期都没有见到过如此人数众多的武装力量，因为这场战争不仅仅涉及各国军队，更涉及各个国家整体，这在人类历史上是史无前例的。

战争初期，由于采取突然袭击战术和大规模编队，德军损耗严重。自从马恩战役失利后，德军采取了所谓防守进攻战术，即先选定恰当的防守位置，待敌人实力出现减弱迹象时反戈一击。这种方法自马恩战役后使用至今，却并未产生显著效果，因为参战各方几乎完全势均力敌，除非其中一方在实力、弹药、指挥上占据优势，并在敌人前线打开数英里的口子，否则将不可能出现任何变化。如果防线在某一特定位置撕破，整个防守都可能一溃千里。

6 海战和空战

海战显然比陆地战争经历了更多发展，因为战役渐渐倾向于在海底进行，而不是在海面上。至于那些花费数百万英镑打造的军舰，能在几分钟之内被一颗水雷或潜艇鱼雷炸沉，未来会不会继续被使用都是问题。

潜艇在海战中扮演了双重角色，因为它们不仅通过制造破坏而给敌人带来物质损失，也通过引起恐惧而发挥心理的影响力。正是在恐惧这一心理因素的威慑下，即使最大的军舰都不得不躲避在港口中不敢再次驶出。

如果德国拥有足够的潜艇，就可以对英国形成有效封锁，但是，至今为止的专家意见都还倾向于部署大型军舰，而将潜艇置于次要地位。这一偏好实在无章可循，因为潜艇在未来的重要性早已被预见到。1905年时，时任英国海军第一上将的费舍尔称，潜水艇将为海上战争带来变革。战前几周，珀西斯科特上将也写道，潜水艇的引进已使水上舰船毫无价值。他说："潜水艇将把军舰逐出海洋，就像汽车将马车赶下公路一样。"

一个原先为海军总工程师的意大利人建议，将潜水艇改装成军舰与驱逐舰的集合体，既能在水下导航，又在水面不露痕迹，仅露出包含烟囱、发动机和大炮的部分。船体仅在水上部分有装甲护面，因为对于水下部分而言，周围水的密度足以保护其免受炮弹袭击。

随着科技的迅速发展，现代文明进入了不稳定状态。有鉴于此，我们可以盼望更多其他变化的出现。

第二章
战争激发的新型情感与新型人格

1 新型人格的出现

一场经久不息的战争，诸如目前使欧洲陷入动荡的这场战争，属于有能力改变人们心理因素均势的基本事件之一。其结果便是：促使人格发生多种改变（已在其他章节中提及）——某个人会做出令其熟人惊讶不已的反常行为，甚至当其本人回到先前环境并试图恢复原有人格时，也会为自己的行为感到震惊。

这类变化与引发的事件同时产生。在某一时期，奢华和对安逸的热爱使得人们不可能想去过危险与贫困的生活，也没有准备好日日面对死亡的威胁。但是战争一旦降临，成千上万的人却能变得与古代最著名的勇士一般英勇无畏，英雄主义对他们来说非常平常。当在文献资料中读到这些人的名字时，人们可以发现，那些在公民生活中无比平和的人却能在战场上显现出无比的英勇。

因此，“一战”再次证明了我在其他书中提出的一个理论：表面上持久不变的人格仅仅来自持久不变的环境。我们在日常生活中认识的人可能变得与之前完全两样，因为每个人都有不同的性格潜质，在环境的压力下以不同形式出现。因此，没有人可以声称他完全了解自己。

对于军队中的不同社会阶层成员，所有旁观者都为其心态变化而感到印象深刻。有一个法国人如是说道：

我们的士兵们正在形成一种奇怪的心理，环境经常将他们提升到英雄主义高度，他们自愿牺牲、充满狂热并完全无私，却极度厌恶不必要的交谈。在火线上，喋喋不休者是不为人容忍的，因为法国人再也听不进多少好话了。但是，士兵之间及其团结，当需要发动非常危险的突然袭击时，根本不需要寻找志愿者，因为人人都准备好献身。职责与战争使得每个士兵都变得崇高。我认识的一个军官曾经是个猎人，他指挥的士兵是巴黎的一群混混，但如今他们都是出色的军人。在同僚眼中，他们过去的劣迹早已一笔勾销。(《泰晤士报》，1915 年 7 月 27 日)

这种新的心态显示出特定情感的变化发展，下面我将指出其中最主要的。

2 爱国主义的升华与种族精神的影响

热爱自己的祖国，或爱国主义，使得个人有必要为了整体利益而牺牲个人利益。历经几个世纪的共同生活与共同利益，种族精神逐渐变得稳定，爱国主义情结也逐渐增强，因为集体保全的直觉远远超越了个人保全。

种族精神是战争中真正的参战一方，其存在越发受到威胁，就将越发勇猛地捍卫自身。爱国主义是一种神秘主义而非理性的遗传品质，任何仅仅处于理性的爱国主义者都是非常差劲的，他的爱国主义不可能持久。谢弗里荣说过：

如同宗教和道德，爱国主义并不关于理性，而是关于生活。它是一种直觉，是一种随着生活发展而不断形成的幻觉与情感，它所奋斗的最终目标是形成并完善自身展示形式。它部分为保全个体，部分为保全群体，部分为保全种族。因此，如果有人称爱国主义非常愚蠢，是为了死后再无关联的事物牺牲自己，根本没有必要与其争论，因为其论点本身基于“只有个体才能存在，个人存在的意义和目的都仅限于其自身”这一错误前提。与之相反，正如一片树叶的生存依赖并服务于树，一个人的存在也依赖群体并服务于群体，其部分——无疑是主要部分并不属于个人，而是属于社会。从这一点来讲，爱国主义是符合逻辑的。当一个人为某样不属于自己的事物而牺牲时，并不是错误或是误判，而是出于集体生活对个人的影响。这种影响在平常时期是潜在的，却可能突然苏醒。

由祖先传承而怀有的爱国主义是长期累积的最高作用力之一，总会在关键时刻展现力量。在宣战当天，正是爱国主义将和平主义者、社会主义者等各派人士召集在一起，正是爱国主义发挥了潜意识的推动作用，使得他们抛弃一切理性论争，同心协力地为其服务。

很多小事都显示了这种情感的惊人影响力，其中最典型的事例之一，即一名士兵于1899年从军队脱逃，成为一名农夫，并与一名德国女子结婚，还生下6个孩子。他对兵役肯定持有极强的憎恶感，因为他为此不惜脱逃。但是，当战争爆发时，他却毅然离开新家庭，返回法国参战。

还有许多类似事件，其中最感人的可能莫过于一名年届花甲的国务大臣报名作为一名普通士兵参战，最终被炮弹碎片击中而丧生。

3 鲁莽与冒险精神

热爱冒险是人性的一部分，并以不同方式呈现，例如：赌博、狩猎、搏击、探险等。

一国的征服者或创建者只有多次将自己置于命运的赌桌上，才有可能获得成功，因为“不入虎穴焉得虎子”对于战争来说尤其贴切。但是，成功的概率比起失败来并不会小太多，因此必须对各种可能性有清晰的概念。

俾斯麦为了统一德国历经了许多冒险。因为若是换作他人，可能还会犹豫攻打看似强大的奥地利，更会为之后是否攻打法国而犹豫不决。

基于很小的成功概率的冒险就是鲁莽，这种形式的勇气既无好处又很危险，并已在这场战争中让我们牺牲了数千条生命。以下内容摘自一位炮兵军官（M.de B.）从前线给我写来的信，之后我还会引用他的有趣观点：

在英勇与鲁莽之间存在许多不同，后者必须绝对禁止和受到惩处，因为后者将害得我们损失整个军团。在德军不屈不挠的攻势面前，我们如此骄傲地鲁莽行事，却经常损失惨重。因为鲁莽，我们失去了一些最好的士兵，军队的战斗力被大大削弱。

4 战时法国宗教情感的复兴

在法国，战争带来了许多神秘主义的表现，但完全不同于德国在政治上的神秘主义。

在德国人特有的神秘主义理念中，上帝将德国皇帝命为其在世间的最高统治，从而要与世俗事务保持距离。如今上帝已经选定德国人来改造世界，并为此目的赋予德国人所有优秀的品质，他便再也不必操心了。

德国人的神秘主义理念确信上帝时时在给予庇护，并不需要刻意向其祈求。但是法国的神秘主义理念却不太确信这种庇护，因此要通过不断地祈祷来努力获取。一位知名学者在主要报纸上发表的文章声称：“法国遭遇的这场灾难是对我们所犯下所有罪过的惩戒。所有宗教派别都一致认识到这场灾难的赎罪意义。”

该作者认为，为平息上帝的愤怒，必须发动公众向其祷告，因此政府也收到这样的请愿。当然，这一要求被拒绝了。因为一个仅仅能为可怜乞求所打动的上帝，显然对现代人来说过于残暴。尽管如此，这种宗教理论还是影响了战争，谢菲尔斯将军在 1914 年 12 月 26 日的《高卢报》上发表文章称：

我们很容易理解全能的上帝为何不允许战争拥有我们预期的速度与破坏性，因为这场战争是脱胎于重生，而重生意味着必将有坟墓存在。上帝为法国人安排了一场漫长、艰苦、血腥的磨难，从而促使法国人的灵魂得以重生。这是战争如此持久的真正原因，它由于超自然而变得最为真实。超自然的力量一直主导着宇宙万物，这无可置疑。

毫无疑问，对于真正信徒而言，神秘主义精神是一种巨大的力量源泉，但是有时也会带给他们一些奇怪的理由。

宗教感情显然在前线出现复兴，但在法国其他地方却并不突出。由于教皇和一些中立国中天主教派的敌意，也由于一些神职人员断言法国的失败是上天的惩罚，法国人的爱国主义情感受到深深的伤害，并开始对天主教普遍反应冷淡。

5 战时公众情感的发展变化

要谈论战时公众感情的变化是一件困难的事，因为尽管所有社会阶层的情感和思想都发生了显著变化，但是其最终形式却仍然未知。战争停止或是继续在很大程度上取决于不同国家的公众意见，因为事物本身如何，远没有人们如何看待它们更为重要。一个坚信自己必将失败的人不久便将看到失败真正降临。目前，世界受到集体观念的统领，这种集体观念形成缓慢，一经完善之后却有不可阻挡的力量。因此，德国为赢得民意而大费周章。但是德国当局扭曲了太多事实，以至于人们不再相信其陈述。尽管如此，德国人关于最终胜利的神秘主义信念并未减弱也不会减弱，除非感到战争之神放弃了德国。

一个人可能放弃发现不同国家间真实民意的尝试，因为媒体仅仅报道各国政府允许的内容——或许英国除外。我在此节选了一份匈牙利报纸的文章内容，仅仅作为参考资料，并不做任何强调：

在这场已持续8个月的可怕战争期间，公众情感经历了三个不同阶段。

第一阶段中，全民都充斥着狂热情绪。到了第二阶段，人们的脾气发生变化，公众渐渐对战争无动于衷，无人对胜利欣喜若狂，也无人对失败激动万分。

如今我们已经进入了公众情感的第三阶段，一种极端的紧张与兴奋取代了先前的无动于衷，产生了极强的反应。公众情感会对任何刺激产生反馈，并被最小的事件所触动。人们的悲痛从未像现在这般深刻，对逝者的缅怀从未像现在这样令人心碎，对所有事件的感触也不像现在这样丰富。这一切已远远超出了精神上的兴奋，几乎成为一种病态现象。(《匈牙利日报》，1915年4月4日)

本章和下一章将会向我们显示，我们将如何大大调整关于人格一成不变的旧观念。我必须重申，构成人格各种要素的集合仅仅由于社会环境和日常生活的稳定而维持稳定。由于遗传而累积的影响形成一个相对固定的心理内核，不确定的环境却可能为其带来一些新的因子，从而改变人格，将个体转变成完全陌生的人，不仅使同代人震惊不已，更让子孙后代为之迷惑不解。

第三章
作战勇气及其起源和形式

1 勇气的不同形式

生命是人的宝贵财产，但在特定情形中人却甘愿牺牲生命，尤其是当遵从祖国号召的冲动超越自我生存的天性时。勇气可帮助人们反抗对于危险的天然畏惧，其包含不同元素，并在不同层面上形成一个整体组合。勇气可能是偶然的，因此相对容易实践。但若要持续不断地保持勇气却困难得多，除非习惯已将勇气变成潜意识的一部分。

“一战”为我们提供了很好的机会，能够就勇气这一主题进行许多有趣的思考，因为在不同战场上的观察记录具有很强的教育意义。在从前线收悉的诸多信件中，我挑选了以下这封来自炮兵军官 M.de B.（上文已提及）的信件：

关于英勇这一概念，战争已使我对之前总是混淆的诸多有关品质做出区分。首先，我开始意识到西班牙语中为何有这样一句话：“他只在今天勇敢。”关于英勇，最值得钦佩的是一个人能够离开安全地带，不受战斗的刺激，冷静地投身经过完全估计的已知危险之中。

真正的勇气是谨慎的，严格限制于必要，更不会威吓或咆哮。除非人们开始动摇，必须跟随榜样的力量。

一个人的勇气完全取决于环境，这对于耳根子软的法国人尤其适用。换作德国人，肯定会在这方面少些波动。

士兵对于司令官的信心是一个尤其重要的因素，因为仅仅由于不同的领导方式，同一拨士兵可能在相同情况下成功，也可能失败。

自从战争开始，法军的勇气已经发生了很大变化，并摒弃了所有草率和冲动的特质——他们使我们损失惨重。起先，士兵们听命于指挥官一成不变的过时战术指导，将自己暴露在敌人的火力之下，并疯狂地向敌人发起冲击，使得敌人不费一兵一卒地获得胜利。显而易见，这种战术很快便导致法军的惨败，与法军将领的无能一道为德军的胜利做出贡献。

在 1914 年 10 月 5 日的《费加罗报》中，一名德军将领在访谈中强调了这一点：

你们的步兵值得表扬，但他们有非常严重的缺点——其中最危险的便是他们的勇气。你们的步兵不做任何保护便暴露自己，似乎很乐于让自己成为攻击目标，因此瞄准他们并开火是一件容易的事。他们的所为当然十分英勇，却也十分荒谬。你们法国人认为勇气总是有益的，确实，勇气在攻占要塞或白刃战中至关重要。但是太多勇气常常是更加麻烦，而不是优点。你们或许没有意识到这一点，但这确是事实。你们似乎不知道，若要攻克目标，首先必须隐藏自己，在伪装中靠近目标，尽量不向敌人暴露自己。在地上挖个坑并藏身其中，利用乡间的每一块石头和每一处坑洼，看得见敌人但不要让敌人看见自己。

或许你们某天终将从我们这里学到这一切。在战斗中必须冒险，但是在战争之外不要做无畏的冒险。

最终，士兵们通过亲身经历学到了这一切指挥官们在和平时期忘记教授的知识。一名法国军官在 1914 年 11 月 29 日的《闪电》上发表文章总结了法军的变化：

我们关于勇气的概念已经发生转变。我们的勇气并未减少，却变得更加温和适度、更加有所保留、更加小心谨慎——总而言之，更加讲道德。我们原来的勇气与杰出、高贵相挂钩，勇敢的人总能突显于整支队伍。从第一刻起，他们便被视作军中之花，也明显在队伍管理中受到特殊对待。但是，当群体不存在时，例外也不存在了。在战壕中，一个士兵的勇气只有两个见证者——这相当于没有。战壕中的勇气不会带来荣誉，而且通常是不自觉的表现。这种勇气几乎完全等同于保持冷静，以便允许头脑和意志充分发挥功能。那些伊普尔战役的幸存者将会感到足够光荣，因为他们毫不疯狂，也没有露出任何疯狂的潜质。

这是我们迄今为止赢得的荣耀，这并不得益于少数人受性格或环境激发而展现的品质，而是由于我们全民族的共同品质。

以上言论清楚地向我们展现：间歇性的、莽撞的勇气已经被一种持久、深思熟虑、谨慎的勇气所取代，这种无畏将在当前发挥更大作用。

在战火中观察到的事实向来都尤其有趣。以下是若利沃博士（Dr. Jolivot）给我写的信，其中对军官们所发挥的影响提供了很好的见解：

在重火力的影响下，士兵们变得像受惊的马匹，但还能够盲目地听从长官的指令，如果指挥官们不在了，这些士兵都会很快崩溃。在阿尔贡战役中，我看见一支连队在受到第一次攻击后便迅速溃败，而其他仍然有指挥官的连队却保持稳定运转。这些人或许能够再次集结，但除非长官们能够用声音和行动传递信心，否则一切都是徒劳。这些士兵可能抛弃枪支和行军袋等最有价值的物品，其中部分人还有可能发起暴动。

2 英雄主义

现代战争的残酷与血腥必然会导致失败或英雄主义。幸好在这场战争中，我们所见的是英雄主义——事实上它是如此普遍，可被视作一项基本品质。简单一瞥英雄事迹簿上长长的名单，都会让人对此确信无疑。以下是我随机挑选的一些事例：

126 步兵团的一名预备役士兵首先歼灭了德军所有机枪手，然后只身跃入由 20 名德军守卫的战壕，击毙若干，并与剩余一些人展开白刃战。

第三轻步兵团的一位士兵和三名战友受命于 1914 年 10 月 8 日侦查敌军位置。他发现埋伏在篱笆之后的 40 名德军，杀死其中 18 名，其余敌人侥幸逃脱。

第四骑兵团的一名下士尽管只身一人，却凭借冷静和勇猛俘获了德军一名上尉和 23 名士兵。

一名海军士兵，为了掩护同伴撤退，他独自坚守战壕，面对上百名敌军，且只有若干沙包作为防卫。尽管他的一只手臂被刺刀扎伤，却成功地拖住敌人并重新返回队伍。

319 步兵团的一名士兵，单手杀死 4 名德军，俘获 8 名。他两度受伤并被送往后方，却未等伤势痊愈便主动返回队伍。

此类英勇壮举数不胜数，存在于来自所有社会阶层的士兵中，因为英雄主义不分等级。但是，这些都是间歇性英雄主义的例证，现代战争中的战壕却使持续性英雄主义变得不可或缺，并呼吁下文中提到的勇猛。

在 1914 年 11 月 29 日的《闪电》刊载的一篇文章中，一名在伊普尔战役中生活在战壕里的军官说道：

24 日晚上，我们突然被派往伊普尔附近火线上的一条战壕中，我们在那里蹲守了 12 天 13 夜，我在第 13 天时负伤了。我们全身都是泥土、夜晚被雾水打个湿透、久坐到全身麻木，那些子弹与炮弹却像冰雹一般，日夜从未停止袭击，甚至从未停过一刻钟。

……我们要向所有戏剧性的英雄主义梦想说再见了，势如破竹的进攻、用敌人的血染红刺刀……这一切都不可能实现。与此相反，我们被炮弹爆炸的浓烟呛倒、被其巨响震得双耳发聩、被掩埋在弹片中；我们听到伤员的惨叫，却无法移动过去救援他们；我们的脸溅上了一个战友的脑浆，看到另一个人的手臂被炸飞，扶起双脚粉碎的第三个人，又搬走胸腔破碎的第四个人。我们不得不目睹和听见所有一切，我们尽管会战栗，却绝不会畏缩。尽管命运最终将让我们躺进坟墓，对我们而言这进程似乎加快了——因为我们此刻便如同被活埋，并为这地狱般的折磨日夜祈祷。

莱昂·布尔茹瓦（Leon Bourgeois）将战壕中的生活总结如下：

他们的双脚在冰冷的水里，他们只能在黑暗中沉默地忍受，听着夜晚最微弱的低语，一直不能睡去。他们的双手紧握步枪，时刻准备战斗或死去。一夜接着一夜，一连数百英里——他们都是警惕、冷漠的。他们的指挥官们就在附近，也同样保持沉默。但是当战争打响时，他们便见不到指挥官了，那些指令只能通过电话从远处传达到他们这里。子弹在呼啸，大炮发出突然的轰响，这些强大的破坏物落在战壕上，将它淹没。当一轮袭击风暴过去后，他们便集合队伍，清点剩余的士兵。没有一刻的迟疑与困惑，沉默的士兵们与指挥官们迅速再次就位。

当次日的军中公报描述这场战争时，会用一些直白、简洁的语句概括整场英勇斗争，没有人会告诉我们这些士兵或指挥官的名字。从最高到最低级别，这些军人的脑海里从未出现过荣誉。

3 习惯对于勇气的影响

现代战争要求持续的勇气，而习惯在其起源中发挥了突出作用，因为这种勇气是通过重复经历相同危险而形成的。通过习惯，士兵们最终从间歇性勇气迈向持续性勇气。

当我在叙述战壕生活的艰苦时，不能做任何夸张，因为出于不同习惯，看待事物的角度也会有所不同。一个总是生活在阳光中的人若展望矿井中的生活，想到那些持续存在的爆炸危险，就会觉得离开阳光、宽敞的环境而前往只能爬行前进的黑暗洞穴，就如同离开天堂进入地狱。但是如果老矿工退休后，或许会怀念先前在地下的生活，对他们来说那才是天堂，而阳光中的生活才是地狱。

正是出于习惯的力量，战壕里的士兵斗志昂扬，并未显示出任何疲惫。习惯给他们打上了深深的烙印，当他们从战场上回到工厂、农田或办公室时，不止一个人将会怀念这些致命的战壕。

赫里欧（M.E.Herriot）就士兵们在战壕生活中的快乐做出以下中肯的表述：

这些泥泞的沟里铺着湿稻草，住着我们的士兵。他们确实已到达人类苦难的最大限度，这种苦难包括贫乏、严寒、日复一日的紧张以及没有尽头的危险。但是必须承认，一个人关于事物的概念有时可能比事物本身要糟糕。另外，人能够逐渐习惯任何事物。我从未听过任何人抱怨，这倒不是由于腼腆，因为我们的士兵毫不腼腆。尽管战壕里的生活条件艰难到了极点，我却不仅没听到任何抱怨，而且所见的战士都非常愉快，这种愉快源自我们国民性格最大的几项优点——自信、乐观、坚定。

我们必须记住以上几个词，因为那是战壕中士兵们的精神支柱，也是那些指挥官的主要支撑。他们知道其重要性，也采取不同方法予以培养与维系。战壕里的所有人都能很快适应这种可怕的生活，一个在类似条件下生活很久的士兵如是说：

要习惯战壕生活并不算非常困难，至多要花上不超过一个星期。到了最后，士兵们都是如此适应敌军轰炸，以至于如果炮弹响声停止，他们可能会因为过于安静而失去听力。我们每天都能注意到，士兵能随着炮弹的声响入睡，一旦响声停止却会惊醒。这意味着他们已经形成了习惯，自从开战以来它的形成速度快得超出人们预期。

前线士兵寄回的所有信件都显示出他们是如何迅速地适应了新生活。以下内容展示了习惯在其中发挥的作用，也显示了法国士兵们是多么轻松地适应了这种战争环境：

此刻任何事情都不能使我沮丧，无论子弹和大炮如何呼啸，我都不会像一开始那样失去镇定，我们所有人都是这样。当最初几场战役打响时，我们冲锋过早，因为我们所想到的只有白刃战，最终我们由于过于仓促而被子弹击中。现在不同了，当我们进攻时，我们肚子贴地向前爬行，并利用哪怕最小的土块儿作为掩体，从而得以随心所欲地向德军开火。有些时候，他们甚至不知道这些子弹来自哪里。上次行动中，我们处于一个几乎难以防守的位置，同时需要抵抗来自侧翼和正面的袭击，但我们没有一个人退却。

在这里探讨习惯的心理成因并不合适，习惯来自调整适应的能力。如果一个人无法调整自己，便不能形成习惯。

根据时间长短，习惯能建立临时或永久的自发神经反射系统，请参见一位夜间遭遇突袭的军官所提交的报告：

专业训练的自动作用是多么珍贵啊！几秒钟前我还在做梦——这是晚上唯一的消遣，现在我已站在我的士兵面前，在他们的目光中感到某种神奇的力量。我立即成为冷静沉着的指挥官，坚信自己的命令正确，并自信能够以自身的坚定激励那些软弱的人。

来自习惯的勇气出现在面对已知的危险时，并不断地在相似情境下加以重复。这种现象常常被注意到，例如总是遭受炮弹袭击的士兵可能不再会注意它们，但是如果投射物发生变化，士兵们可能会感到心烦意乱，并不得不形成一种新习惯来克服这种干扰。

我已经阐述了许多事实，足以证明习惯对于持续性勇气的产生所发挥的作用。同和平时期一样，我们在战争时期的行为中四分之三都受习惯控制。

但是，产生持续性勇气的习惯对不可预知的危险毫无效果，因此，对抗不可预知的危险的勇气显然另有来源——其意味着强大的意志、紧绷的神经，很不容易持续。在这种时候，军官们便开始发挥引领作用了。

4 心理感染的影响

心理感染是社会生活中一个非常强大的因素，对于士兵的生存更发挥了重大作用，因为仅其一项便产生了任何军事行动都不可或缺的集体凝聚力。

众所周知，心理感染这种现象能够促使个人依照周围众人的意志行事，而不是根据自身意志。它对智力影响很小，却对情感影响很大，在其暗示与操纵下，群体中的所有人的感觉和反应都是一样的。

许多来自各种情感组合的心理状态——例如乐观、悲观、恐惧、勇气等——都可能变得有传染性，某些想法理念也可能偶尔产生传染性，但是这些都与其感性或神秘主义的内容成比例，因为一个完全理性的想法永远不可能具有传染性。

当一个人加入诸如军队等某种具备专业特征的集体时，心理感染便对其产生作用了。集体精神随后会叠加在其人格之上，从此他的感觉、思想和意见形成都基于群体的意见，而不是他通常作为个人的所感所想。

塔布罗（Tabureau）上尉写道：

由于某种令人震惊的奇迹，当一个士兵穿上军装时，他的心理状态突然改变了，他的个人感情弱化了，却获得了集体生活的全新感觉。他再也不是杂货商、铁匠或农夫，而成为战争机器的一部分。他的个人观点消失了，某种神秘的力量促使他和其他人一样思考和行动。如果他听见周围人说“敌人情况很糟，我们可以一口气消灭他们”，他就会确信敌人是软弱、可笑、可鄙的。但如果周围人告诉他一个可怕的秘密——“我们被出卖了”，他也同样会确信所有长官们都将他出卖给了敌人。

当我们的士兵们正在战场上时，如果有人喊“各自逃命去吧”，那么他们也会丧失全部理智，像个疯子一样落荒而逃。根本不花片刻时间思考，也根本不去注意危险真实存在与否。

心理感染使得谣言、意见的传播变得非常危险，尤其是当失败已削弱一支军队的士气。以下这封我已提及数次的炮兵军官的信便是例证：

战争开始数日之后，我便发现有一件事证明了您的观点。8月20日在斯特拉斯堡，有传言称敌人的火炮射程很远，我们根本无法保护自己不受袭击。这一传言让几小时前还热情高涨的一队士兵迅速成为一群犹豫不决的乌合之众。仅仅是敌人的火炮，便震撼了军队士气。突然一颗炮弹击中了我的马，我被抛进了一个弹坑中。我也不明白为何会想到您，但在残存一半知觉之际，我震惊地意识到这些士兵受到了心理传染的影响，我们这些炮兵未受影响，是因为我们不属于他们的群体。5天之后，还是这群人，受到了某些战友事迹的激励，也受到我军在北方取胜传言的鼓舞，做出了非常出色的表现。之前那群犹豫不决的乌合之众再次变成了强大的武器。

不仅如此，这位军官还提醒我注意："当士兵重新回到原来所属队列中时，他们便表现得异常出色。但若他们被编入其他队列，情况则大为不同——他们一有机会便离开新战友并牢牢地握住机关枪，因为在这陌生环境中，由心理传染激发的自信消失了。"

第四章
战争中由于缺少远见和心理错误导致的后果

1 政治心理学的普遍特点——缺少远见与洞察力

多数物理现象都能被简化为公式，但社会生活中的现象却不能，因为后者包含了诸多不同因素，无法依照某一简单规律予以预见。

即使对于近在手边的事件，预测仍然是毫不确定的，因为并没有太多头脑能够抓住事件发展的最近联结点，更别提更远的结果了。事实上，多数政治家甚至不能在最小限度内预测某些重大事件的发展。

预测遥远未来中事件的难度显而易见，但是为何少有人能够准确洞察却不易理解。历史显示，政府虽然拥有所有信息来源——驻外使节、军事专员们、间谍和其他机构，本应能便利地获得情报，却几乎连邻国发生了什么都不知道。例如：如果拿破仑三世知道德国在 1870 年时的真正军事实力，就显然绝对不会向德国开战，从而导致法国损失惨重；如果法国了解 1914 年之前德国的军备状况和战略意图，就可能及时修补我们此前暴露出的所有缺陷，为战争做好准备。

政治家们向来对国民心理暴露出更加不足的洞察力，因为他们倾向于根据自己的成见对他人做出判断，并用同一标准衡量所有人的心理，这显然是非常严重的错误。

伟大的政治家向来都是伟大的心理学家，但是即便他们能成功洞悉本国国民的行为动机，其他国家国民的动机对他们而言却像一本合上的书。

拿破仑是如此熟悉法国人的心理，却完全不了解俄国人和西班牙人，正是这种不了解诱使他发动战争，从而导致他的帝国最终灭亡。

俾斯麦最卓越的成就之一，便是他不仅深刻了解德国人，也深刻了解其他国家的国民。他知道该做到什么程度、到何处便该适可而止、该如何着手动员民众。通过在电报中改几个词，他迫使法国宣战——或许在两到三天的耐心研究后，法国人会发现真相，但是俾斯麦了解法国人的心理，并推测出法国人不可能有这份耐心。

如果统治者不了解国民心理，通常会付出沉重代价。英国首相由于不了解布尔人的心理，从而将本国拖入特兰斯瓦战争。这场战争不仅损失惨重，而且毫无用处，因为英国不得不意识到它不可能征服这一个小国的灵魂，最终只好授予其全部自由，并放弃征服该国的一切念头。

第二帝国时期的所有战争史充分展示了缺乏远见和洞察力的政治特征，因为那一时期的每一场战争。尤其是克里米亚战争和墨西哥战争——都显示出法国统治者的无知。他们的利益仅仅在于发起一场战争，再无其他，但是他们的目标本该是阻止普鲁士与奥地利结盟，从而削弱普鲁士的实力。如果他们那样做了，法国就不会遭遇之后的战争灾难。

1870 年战争之前的一系列事件也在最大限度上暴露出政治家们缺乏远见与理解力。如果浏览 1865 年～ 1870 年间法国的报纸、议会演说和外交文件等资料，并研究从萨多瓦到色当发生的诸多事件，便会发现这里充斥着错误判断、可笑的预测和各种错觉，到处体现的都是盲目无知，却丝毫没有任何洞察力的迹象。如果这些事件之后能够为人理解，也只是因为他们的后果已经形成，再不可能有任何问题了。

考虑到现代政治的复杂性，必须承认即便是近在手边的事件也难以预测。因此，不必感到惊讶——在“一战”爆发的前一天晚上，法国某位最知名的政治家还能够写出以下内容：

奥匈帝国非常安静平和。其对任何国家都不构成威胁。(《费加罗报》，1914 年 6 月 5 日)

各方既不能理解目前事件，又对其后果毫无预知，我们对此如何解释？首先，这主要是由于多数政治家都将自己封闭在源于神秘主义或情感的政治理念中，他们并不从事件中推导结论，而是由结论构成事件。他们的理念无关于现实，通常只是他们感情和欲望的反映。

如果我们能够回溯到很多历史错误的根源，我们总能发现其或多或少都是由于缺乏远见、洞察力与了解。

在政治家可能犯下的所有错误中，心理错误是可能导致最惨重损失的。因此，政治家的任务非常艰巨，因为一国的命运都常常受他的远见或过失所左右。凭借远见与判断力，加富尔促成意大利统一，俾斯麦成就了日耳曼帝国。然而从另一方面看，法国因为统治者缺乏远见而失去色当，并遭受了入侵。个人的意志并不能完全左右历史发展，却至少能够影响历史的前进路线。我们的鲁莽与过失所造成的后果，最终还将由我们自己承担。

政治家犯错通常是由于忽视了操纵其国民的情感、神秘主义与集体作用力的影响。“一战”提供了许多这类错误的例证，其中较为突出的便是我们巴尔干政策的失败，尤其是当外交家们认为局势明显缓和时，保加利亚人和土耳其人却嘲弄般地挑起了冲突。

人并不是棋盘上毫无知觉的棋子，他们不在冷静计算下随便挪动，因为在思辨的过程中，过于自信总会导致人们不能理解起初的动机。

预见未来的天赋对于政治家总是很有用的，但对于个人而言，并不见得特别有益，克莱蒙梭如是说道：

根据长期观察，我发现看得太远的人总是很不幸，因为短视的同伴们往往将其视为公敌。没有什么比有限的视野更容易助人在政治上获得成功了。历史上每一个坏政府的行为都反映了这一点。

我们现在应当暂时把这些大而化之的内容放到一边，进一步探讨不同国家在战前和战时犯下的一些心理错误。

2 法国的心理错误和缺乏远见

法国犯下了许多心理错误，其中最严重之一便是对和平的幻觉。因此，我们在很长时间内都忽视了战备，甚至反对通过三年制兵役的法案。在此期间，德国持续上升的威胁姿态正使得危险一步步向我们逼近。尽管如此，我们的诸多统治者并没能看清这些，他们确信欧洲绝不会在这一文明时期燃起战火，甚至在宣战之时，多数内阁大臣还投票反对三年兵役法案。当德国人在一天天加强战备时，法国人还在梦想着世界和平。

此外，法国统治阶级还认为，即使战争爆发，冲突也不会持续很久，因为那些现代武器——机关枪、大炮、炸弹能够迅速决出胜败。他们认为，征兵制将抽调出所有18至46岁的健全男子，这将大大损害国家经济与社会生活，交战国最终将受到贫困的威胁。

经验表明，以上这些推断毫无价值。战争似乎更可能持续很久，而不能迅速终结——正如英国外交大臣寇松（Lord Curzon）对英国的志愿兵们所说：再过很多个圣诞节，他们才能重回祖国。尽管所有预测都与现实相反，人们早已迅速适应了新环境。老人、妇女和儿童勇敢地取代了男人们的位置，靠劳动为国家产出生存资料，尽管社会生活与生产的节奏慢下来了，却并未停止。

此外，法国统治阶级还普遍确信，只需一两场大的战役便能决定交战双方的命运，因为其将牵涉大量作战人员。然而恰恰相反，本场战争的一大主要特点便是极少有大规模战役，只有非常密集的小规模冲突。

很少有学者预见到目前战争中的种种暴行，但是在我看来，它们并非难以预料。很久以前，我已在《政治心理学》一书中就这场正在迫近且不可避免的战争写道：

我们不要忘记，这和许多载于史册的战争一样，是终极的斗争。同样，它也会使得交战国中的一方永远地消失。在这场战争中，将会涌现许多可怕、残酷的行径，整座整座的村落都将被彻底毁灭，不会剩下一幢房子、一棵树乃至一个人。

我当时确信战争一触即发，便在那本书里又写道：

让我们铭记这一切，便以此教育子女、训练士兵，让我们不再相信那些关于和平、博爱和其他废话——当穆罕默德二世摧毁君士坦丁堡的城墙时，那些拜占庭人正是这么夸夸其谈的。

法国前外交大臣阿诺托（Hanotaux）也指出了统治阶级自战争爆发以来犯下的心理错误，数量还真是不少：

列强有重要理由介入巴尔干局势。早在土耳其控制巴尔干之际，列强就应该对其进行削弱与牵制。土耳其从南部对俄国实施了陆海双重封锁，并威胁了英国在苏伊士运河和印度的领地。非常奇怪的是，法国在外交上未对此表示警惕，也丝毫没有掌握有关土耳其最终立场的准确信息，因此在开战数日之前还贷给土耳其2000万英镑。更令人感到奇怪的是，当法国在之后显然必须有所行动时，却并未采取任何及时有效的措施。我们在此犯下了一系列严重错误，在很大程度上导致了目前的局势。

3 德国的心理错误和缺乏远见

法国人的心理错误非常严重，因为他们涉及心理准备不足，并最终导致了灾难。德国人也犯了许多错误，尽管不像法国人那样惨重，却仍然导致其为此付出高昂代价。

从几年前一位德国名人接受采访的报道中能够看出，德国人主要指望凭借以下因素征服法国：

①法国的宗教与政治纠纷。

②法国国内反军事化倾向。

③法国已形成普遍的劳动者联盟并常常宣布大罢工，因此当战争爆发时，也可能出现军队“罢工”。

④法国人身体和精神的衰颓。

⑤法国陆海军组织混乱。

⑥法国人天性中的和平主义倾向。

事实已经证明，以上推断毫无根据，这点我们已经非常清楚了。做出这些推测的人只是在转述其本国内部的普遍想法，却忘了最根本的心理因素——民族精神，正是这种精神在关键时刻促使所有法国人万众一心、共渡难关。

德国人不理解的另一件事是：为何对比利时中立地位的侵犯会惹恼英国，并使得英国国内长期对立的党派立即和解？无论如何，德国人都不会预见到破坏条约的后果，因为德国教科书中关于国际法准则的说法完全不同于英国。此外，德国也不能预知弱小的比利时竟会奋起反抗武装侵略，因为在此德国又忽视了心理因素的力量。

以上种种事例都表现出德国人缺乏远见，正因如此，德国迅速进军巴黎的计划最终流产。

我们早已说明，战争的主要原因之一是德国错误地认为俄、英、法都不会介入。因此德国建议奥地利采取毫不妥协的态度，并鼓励其占领塞尔维亚。这也属于本章提出的心理错误范畴。

德国关于意大利的心理错误也非常严重，由于对这一盟友态度过于傲慢，最终还树立了新的敌人。

德国人最严重的心理错误之一，即对所占领国家实施了毫无必要的野蛮暴行。这使得包括美国在内的所有中立国都与其疏远。这一后果当然不是德国的目的，因为其随后在美国斥资百万买断报纸、印发宣传册、四处演说，只为了改变美国公众的态度。白里欧（M.Brieux）清楚地描述了美国国内感情发展的过程：

一个对我而言最最有趣也最重要的事实，即我亲眼看见了美国民意逐渐向法国倾斜。在此我将以哥伦比亚大学校长巴特勒（Butler）为例：在战争初始，他非常支持德国，并毫不掩饰自己的观点。随着事态发展，真相渐渐变得无比清晰，如今他已经开始坦率地表达对法国的同情了。三个月之后我回去时，他对我的态度比之前热情得多。

在我结束演说时，常有年轻人激动地上前来对我说："我们是德国人，但是我们希望与您握手。您知道那意味着什么，所以不要让我们再做任何解释。"我当然知道，他们的表现是源于对德军在各地暴行的义愤。在艺术学校学习绘画、雕塑和建筑的年轻人们甚至交给我一份500多人的签名，以抗议德军的暴行。

德国人的心理错误持续贯穿了战争的始终：学者们签署了那份臭名昭著的宣言，否定一切显而易见的事实；教授们向中立国公民鼓吹，德国的目标是征服并进一步治理那些小国；电报、小册子、宣传品充斥着夸张与谎言，试图愚弄全世界；德国首相更是无耻地编造出理由，为自己"条约不过是一张废纸"的言论辩白。

在以上这些活动中，德国人很少取得收获。他们最大的成就也不过是驱使土耳其对协约国开战，但那很简单，因为只需向土耳其政府亮出金钱和威权——这两样东西向来对土耳其统治者很有效。如今人们承认，如果协约国在1914年12月初允诺一些利益，土耳其将会保持中立，也不可能想要阻止协约国的舰队通过达达尼尔海峡。只要巧妙地花费几百万英镑，便足以保证土耳其不会制造任何麻烦。

德国人不仅在有关心理的问题上很少获得成功，而且在多数时候都会犯错，这证明了冯布罗关于德国人在政治上无能的言论。这种无能也源自他们对其他国家国民心理的无知，因为德国人总想用同样的标准衡量任何人。

以下段落摘自一份德国报纸，1915年3月29日的《泰晤士报》也予以转载，其中表明，德国人自己最终也承认犯下了许多心理学错误：

我们这么多的计算都错了！我们原以为整个印度都会在欧洲第一声枪响时群起推翻英国人的统治，但是看看，成千上万的印度人却和英国人一起与我们斗争。我们以为英国的殖民地统治会分崩离析，但这些殖民地却与英国空前地保持一致。我们期望南非针对英国的起义获得成功，却只看到了惨败。我们期望爱尔兰发生骚乱，但爱尔兰却把一些最好的部队派来对抗我们。我们原以为主和派将在英国占据绝对上风，但是英国全民都狂热地支持对德开战，包括那些主和派。我们认为英国政府已经堕落了，不可能认真地涉入战争，但英国人却成为我们最危险的敌人。

法国和俄国也同样如此。我们认为法国政府已经堕落，早已失去全民团结，但是现在我们知道法国人也是强大的对手。我们认为俄国政府将不会有所举动，因为俄国人对政府深深失望，不可能愿意为政府出战。因此，我们指望着俄国政府的迅速崩溃。但是俄国政府的动作非常迅速，并成功地动员数百万臣民，形成了庞大的军事力量。那些诱使我们犯下以上所有错误和误解的人已经为此负起沉重责任。

德国人的心理学错误给每个国家的学者都留下深刻印象。一个意大利学者帕累托在 1915 年 3 月 1 日接受《科学评论》采访时指出：

由于奥地利当局的残暴和德奥想将意大利置于其附属地位，意大利与同盟国这两国的关系已经疏远。

在另一方面，德法之间不可能形成同盟或持久和平，因为德军不仅占据了阿尔萨斯和洛林并对其居民进行了残酷迫害，更在通过不断动作想要抢夺法国的殖民地。德国人过于激进，未有足够耐心去采取渗透与瓦解手段。如果再等待一段时间，英法两国国内的反战派或许会占据上风。

……英国和古代罗马一样，能够获得所占领国家人民的友谊，或将其完全囊括于势力范围之内。这便是罗马能够成功抵抗汉尼拔入侵意大利的原因，也是英国在当前保持凝聚力的原因。但是德国却不具备这种统治艺术，看看今天德国统治下的阿尔萨斯、洛林、波兰……

4 俄国的心理错误和缺乏远见

俄国人缺乏远见的表现完全不同于德国或法国。其实那并不是缺乏远见，而是源自俄国统治者神秘主义倾向的一系列心理学错误。这些错误使得俄国人在加利西亚等地非常不受欢迎：当俄国人在战争初始征服这些地方时，却基于宗教原因迫害其新臣民，忘记了宗教信仰其实是一国最神圣的财富，是无法用武力手段剥夺的。关于俄国人在加利西亚大肆打压宗教信仰自由，我们并无具体资料，因此只能从一些国外报纸中获取——这些报纸应该是客观的，因为他们原本一贯亲俄。以下这段来自于 1915 年 2 月 16 日《日内瓦日报》的报道：

根据 1914 年 9 月 30 日颁布的一条法令，加利西亚的所有乌克兰语书籍——甚至包括祷告手册都将被警察收缴并销毁。如不遵守法令，将被判处 3 个月监禁或罚款 3000 卢布。禁止一切使用乌克兰语的通信，包括私人信件。奥地利管辖下邮局、铁路等机构的 20 000 名加利西亚员工统统失业，一下子陷入贫困潦倒的境地。这些职位空缺全部改由俄国人来填补，尽管他们甚至不懂当地方言。

乌克兰议会代表团主席在 1915 年 4 月 28 日的《日内瓦日报》上发表文章称：

俄国对加利西亚的入侵一举破坏了我们多年的努力，乌克兰语不仅被禁止在官方使用，也在教堂和学校内被禁止。加利西亚的所有乌克兰报纸都受到镇压，图书馆被捣毁，国家博物馆的收藏也被运回俄国。所有乌克兰社团都被解散，数百名重要人士都被流放至西伯利亚。

东加利西亚的所有乌克兰人加入东仪天主教会已有两百多年（在战前几乎无人信仰东正教），该教成了乌克兰的国教，如今却受尽各种镇压。教区总主教被流放至俄国内陆的库尔斯克，许多教士被驱逐出境，教徒们在惊恐和饥饿中被强迫皈依东正教。俄国人现在开始将天主教堂改造成东正教堂——“它们在两三百年前就是东正教的，现在理应回归东正教。”

一家俄国报纸称，教廷枢机议会已任命了一个委员会，来监督俄国人在东加利西亚的宗教生活。沙皇的一份宣言也称：

在历经天主教和波兰人一个世纪的统治之后，加利西亚终于回到了俄国神圣母亲的怀抱。

因此，受着残酷镇压的加利西亚人在俄军撤出其国家时，是如此欣喜若狂。

1915年的《巴黎评论》上发表了一篇《一个法国人在德国的日记》，其中提到：

俄国迫害的唯一结果便是引起波兰人的怀疑，导致他们向德国和奥地利进一步靠近。

该时刊的另一位通讯员也在1915年3月23日的文章中明确地指出俄国严酷手段对波兰人情感的影响：

我看到的波兰人非常消沉……其中一人跟我说：“看看俄国在东加利西亚的总督是如何剥夺人民的所有自由的。所有人都开始怀念奥地利的统治，即使是那些原本乐于成为俄国人的罗塞尼亚人。必须承认，这让人丧气。此外，新政府的一半成员都是德裔俄国人，一群前普鲁士密党还在掌控沙俄内阁。他们在 1905 年违背过沙皇的诺言，如今还会这么做。”

……甚至在华沙也有许多人感到心灰意冷，因为学校刚刚收到新的禁令，迫害仍将继续。报纸甚至不被允许谈论任何有关沙俄王储的事。

这些愚蠢的规定几乎将人带回遥远的野蛮年代，也证实了波兰人的怀疑。波兰最高委员会的主席贾沃斯基（Jaworski）在 1915 年 5 月 15 日的《科学评论》上发表文章称：

会有人相信我以下所说的一切吗？在俄军占领的波兰全境内，所有波兰家庭——所有，我必须重复，都在为亲人们痛哭，他们的亲人只是太热爱祖国、热爱自由了，因此或是被绞死，或是在俄国监狱里被活埋，或是在西伯利亚的冰天雪地里度过余生。

所有爱国的波兰人都深刻了解情况的严峻，并确定了一条行动路线。他们拒绝了俄国皇储诱惑性的许诺，因为他们知道波兰与俄国在文明和国家利益上存在不可逾越的鸿沟。如果俄国胜利了，波兰必然毁灭。

我一直关注俄国在加利西亚短暂统治中犯下的那些严重又愚蠢的心理学错误，因为它们证实了我常常在书中提及的理论——神秘主义的心理因素完全超越了情感和理性因素。个人若受到神秘主义的驱使，便会失去了一切理智，全然无视自身利益，也不会受到任何论证的影响。

第五章
源于心理错误的战略错误

1 战略中的心理因素

所有伟大的将领都坚信，战争既有关于战略，也有关于心理学。拿破仑说过：“在战争中，士气便是一切。士气与意见的威力相当于物质力量的三倍。”

战略错误可能由军需不足、意外事件等各种原因导致，但多数都仅仅源于心理因素。例如，我们由最权威当局处得知，协约国之所以在战争初始表现不佳，完全是由于指挥官的懦弱和缺乏远见。正如我早已指出的，在战争时期，诸如坚持、耐心、主动等心理因素都是至关重要的。

在一场战争中，如果起初便犯下心理错误，那么之后可能导致许多战略性错误。例如，法国政府非常了解德军在 1870 年时的有生力量，因为这一信息在许多文件中都已得到披露。尽管如此，法国还是做出了错误比较并导致了许多误判。即便有梯也尔这样的杰出人士，法国依然以为德国的军事力量绝不会超过法国国民军，尽管后者当时主要由平民组成，严重缺乏纪律性和军事训练。

2 法国方面源于心理错误的战略错误

“一战”与之前的所有战争并无相似之处，其不仅比先前有了出乎意料的新发展，还揭示了一些普遍规律的运作方式。伯恩哈迪在《现代战争论》一书中清楚地展示了一些绝对重要的规律：

> 战争同重大的社会事件一样，在其中总会不断出现一些特定的规律和现象，而且原因和结果之间常常存在一些永不改变的联系。某些情况和原因将永远发挥决定性作用，同时大多数特殊现象都在不断变化。

我无法列举所有错误，只能提及其中一些代价最为惨重的——原本只需一些远见便可以避免它们。

要说法国将领在 1914 年还不了解德国的军事手段，显然是不可能的。

但是某种我所称为“阶级虚荣心”的情感却让法军将领们相信，法军的作战方法更好，直至第一场惨败便让他们知道，德军的作战手段无人能敌。在那时，法军既没意识到大炮的攻击威力，也没意识到战壕的防御能力。这些都能轻松地阻挡德军入侵，但到法军意识到时，为时已晚。在和平时代，这些事情必须引以为鉴。

我们必须承认，法军非常漠视军事教育的重要性，因为当战争爆发时，我们再次见证了 45 年前所有错误的重现——缺少侦察，没能利用自然地势找好隐藏地点，过远发起进攻又缺少火力支持，等等。幸亏我们这次够灵活，成功地改正了这些错误，但却损失了许多人员，并招致数场失利。如果我们的军官看到过德军的大练兵，就会了解所有要点。这些人之所以会忽视如此重要的事情，是由于他们头脑中的固有观念已根深蒂固，容不下任何与之相左的观念。因此，专家们向来都只能接受自己的想法。如果您将这一规律代入周围某些朋友身上，就会很快发现这完全正确。

在所有源于心理成因的战略错误中，我们可能提及对兰斯教堂的轰炸。法方只是听信一些军官说兰斯周围的要塞已经保不住了，因此下令守军撤退。事实上，只需稍作努力便可以使这些要塞变得坚不可摧，因为德国人在攻占其后在此驻留了一年多，并从此处向教堂大肆开炮。关于这次不可思议的撤退，即便是军方人士也不能给出解释，下令这场撤退的军官必将长期对此耿耿于怀。1914 年 10 月初，谢尔菲斯（Cherfils）将军就兰斯要塞的重要性说道：

由于先入为主的观念，我们抛弃了埃纳防线，也抛弃了兰斯四处壕沟却毫无损伤的要塞。那些要塞都变成野蛮德国人军事行动的坚实阵地，他们从那些地方向兰斯进行轰炸，并致力于破坏其一切宗教、历史、艺术瑰宝……

在战争早期，法军将领们还抱有非常奇怪的幻想。1914 年 8 月 25 日，即德国入侵法国并闪电进军巴黎之时，法军官方公报称：

我们完全保留了利用铁路系统的自由，所有海域都为我们补给开放。我们的举动帮助俄国进入战斗状态，并直插东普鲁士的心脏地带。

实际上，俄军离直插东普鲁士心脏还差得远，恰恰与此相反，普鲁士军队此时正在直捣俄国的心脏地带。

从心理学角度看，法军的公报也是站不住脚的。例如，12 月 5 日的公报称“兰斯遭到极其疯狂的轰炸”。德国当然希望这一事实为人所知，但我们却不应告诉公众 100 万法军竟无法抵挡几千德军，任由他们在法国最重要的城市之一大肆破坏。

在法国犯下的所有源于心理的战略错误中，最严重的错误，即在战争开始时，法军将领相信德军会取道阿尔萨斯。因此，法军所有兵力都向东集结，而实际上敌人却从北方发起入侵。法德两国的学者都发表了大量论文，论证德国将穿过比利时进入法国境内。直至 8 月中旬，《泰晤士报》的军事评论员还以地图说明，德军 30 个军团已在法国北部和西部集结完毕，而在东部边境上只有三四个军团，但这一切都是徒劳。这些错误概念的力量太强大，以至于法军将领毫不动摇，其最终苦果便是沙勒罗伊的惨败。

3 海战中的心理错误

心理因素在海战中对协约国产生了至关重要的影响，因为协约国海军的糟糕表现完全来自一个重要的心理因素——胆怯。再没有比这更好的例子来说明精神影响可以使物质力量毫不发挥任何作用。当然，协约国中并不缺乏勇士，但却大大缺少果断与有魄力的人。战争伊始，当哥本号和布雷斯劳号轰炸菲利普维尔后进入达达尼尔海峡，如果协约国的地中海舰队能派出些许军舰紧随其后，我们早就能在君士坦丁堡了，也不会在之后再为攻占达达尼尔海峡损失太多军舰和人员。当时指挥舰队的将领本可以轻松穿过海峡，但他却并不敢这样做。

即便是海军内部人士，也不得不承认：协约国缺乏远见，还在海战中犯了许多战术错误。海军上将德古伊（Degouy）在《巴黎评论》上说：

> 首先，这是一场灾难，这场灾难将影响我们在未来的所有行动。协约国舰队在一开始未能发起迅猛攻击，因此未能释放全部战斗力。
>
> ……我们在战争开端便失去向奥地利舰队给予沉重打击的机会，我们本可以让其长期无法恢复战斗力的。
>
> 我们的海军没有准备好开展有力行动，一是由于缺乏准确信息；二是由于缺乏辨别我方和敌方在交战时将采取哪些行动；三是由于缺乏军事洞察力或政治智慧；四是由于缺乏进攻性心态。谨慎——我不愿将此称作怯懦——对我们来说是更加自然与容易拥有的心态，它毫无争议地取代了敏锐、镇静、自信、大胆这些成功的要素。

这位作者还指出尽管英国海军比对手强大得多，却在战争初始表现得胆小懦弱：“在这一事例中，强者对弱者系统地采用了消极防守战术。”事实上，当战争爆发时，德国舰队尚处于非常危险的位置：

> 当时（7月25日和26日），德军舰队正在卑尔根海岸附近，远离基地——舰队必须回到基地更新设备、添加燃料、增加补给，才能为一场决定性的重大交锋做好全部准备。除此之外，对德国更不利的是，英国舰队正是空前强大的时候。

以上作者评论称，他无法理解英军如此小心谨慎的原因：

英国的举动完全不符合那句名言，“敌人的海岸便是英国的前线”。当时，英国完全有时间做出一切准备——组织潜艇防卫、核对舰艇与海岸的信号、装备辅助船只并集结作战单位、加强海岸防卫力量……但是英军并没有抓住机会积极行动。

在波罗的海地区，情况也同样如此，英军还是毫无动作，显得非常迟钝。

英国海军的怯懦或许源于其政府内阁的犹豫不决，但是这些犹豫不决所造成的危险却再次证实了一点：决断和远见对于一国统治者非常重要。

目前的战争也同样让英国政治家们看到，其前任是多么缺乏远见。黑尔戈兰（Heligoland）岛是德军最重要的海军驻地之一，因为其靠近海岸，并保卫着汉堡的港口。因此，如果这座岛能被英国占领，便可能改变战争的整体格局。数年前，这座岛还属于英国，但是索尔兹伯里爵士于 1890 年将其让给俾斯麦，以换取德国对英国在桑给巴尔管辖权的认可。他无疑认为自己的所为是抛砖引玉，但事实上却是得不偿失。这又佐证了我在《政治心理学》中提出的一条结论：“缺乏远见的政治家是灾难的制造者。”

俄国方面也犯了类似的心理错误，我在上文中提到过的海军上将还说过：

俄军有鱼雷艇、驱逐舰、布雷艇、扫雷艇和潜艇等，数量同法国和英国一样。事实上，他们在波罗的海还有许多轻型舰艇，但也同样从不利用这些无价资源，除了简单的防守。俄军也许是在人力和物力上都没有做好立即发动攻击的准备，也许还出于成见认为德国海军还如以往一样胆怯、保守、不足为敌——但德国海军的力量早已突飞猛进了，并还在德国造船业的推动下持续扩张……

这一切都证明了我反复指出的那条规律：在战争中，心理因素是物质因素的灵魂，因为后者如果缺少强大意志的推动便毫无价值。

从我的上文所言中，读者务必不要认为协约国舰队在战争中没有发挥任何作用。诚然，它们曾经胆怯地在港口的钢丝网后面寻求避难，但是它们确实上了战场，而且它们的存在本身便给予我们海权，阻止德国舰队入侵北海和波罗的海，也切断了德国舰队与他国舰队的交流联系。英国舰队尽管行动稍显迟缓，却还是为国家赢得了海上主导权。

4 德国的战略错误

德国人的心理错误当然没有其对手严重，但是数量仍旧不少。正如我已在上文指出过的，他们做出了许多错误的预测。

伯恩哈迪意识到了战壕的作用，他在《现代战争论》一书中说道：

我们当然不会藏身于土墙与壕沟之后，德国人的天赋不允许我们这样做。一个全力捍卫自身的人不会轻易牺牲行动自由，躲进壕沟里。(vol ii p 250)

尽管如此，德国人最终还是下定决心进入壕沟。

德国最具名望的将领也同样对未来局势做出了许多误判。一位瑞士作家写道：

冯德戈尔茨元帅并不是第一次做出预言。当1912年巴尔干联盟成立时，他还十分健谈。他应当比任何人都了解土耳其军队，因为那正是他一手组建的，因此他的门口围堵着德国、奥地利、匈牙利、英国甚至法国的众多记者。他口无遮拦地向记者们宣称：可怜的保加利亚、希腊、塞尔维亚和黑山将会遭遇惨痛打击，土耳其军是世界上最强大的军队之一。人人都相信他，他的这番预言也主导了奥地利与德国的全部政策……随后发生了阿德里安堡的占领、萨洛尼卡和约阿尼纳的占领、科索沃与莫纳斯提尔战役等一系列惨败，证明这位伟大将领的预测完全错误。有一段时间他甚至为此倍感耻辱。

与操纵心理相比，开枪要容易得多。德国人由于不善于操纵心理，为自己招致许多敌人——这些本是他们可以轻松避免的。无论如何，他们的心理战术只注重一点——恐吓。这便导致了我们今日所见的结果。

德国人从未成功了解过敌人的心理，这是他们那些战略预测经常失误的原因。费伊勒（Feyler）上校就此指出：

在战争中，政府有15个月都在承诺尽快达到远期目标，但是这些目标从未得到实现。德军原本计划在6周内攻占巴黎，却没有考虑到意外事件的影响；他们计划在秋天进军加莱，却无法绕过比利时军队的抵抗；空军本打算轰炸伦敦，却没有对伦敦造成太大影响，反而大大破坏了空军的名誉；海军潜水艇本应封锁英国，却毫无建树；他们还打算在华沙、维尔纳、里加等地围堵俄军，却反而受到俄军的大肆进攻。

卷六

德军在战争中运用的心理战术

第一章
德军作战方法的心理基础

1. 战争的目的

德军在打仗时缺乏道德观念，这点无可厚非，因为虽然他们经常用错了手段，但不代表他们不重视心理战术。德国作家曾写道，战争的目的即是使用一切手段摧毁敌方的意志，并将自己的意志强加于对手。

“只有屈服并消灭了一个国家的灵魂时，才能称之为胜利。”

支配敌国的国魂即是道德效应，既包括物质层面，也包括心理层面。不仅如此，德国人不仅仅把战争作为掌控对手意志的手段，还把它作为展示自己国家道德优越性的决定性手段。

这个观点最先由黑格尔提出，后经很多作家加以丰富，最终形成了现代战争学观点。德国作家泽贝格（Herr Seeberg）在一篇题为《战争的道德正当性》的论文中曾做出过评论，后被意大利《科学评论》在1915年5月刊中总结为：

战争修改了真正的历史价值和力量的关系。它根据国家实力重新定位了国家的地位，并给予他们与自身能力相符的活动空间。战争加速了揭露真理的进程。这就是战争在历史上的道德重要性，我们必须寻找到战争的正当性。没有人认为战争仅仅是炫耀武力，因为我们当下正在经历的战争恰恰相反。

战争不仅是展现武力上的优越性，也是展现道德和文化的力量。战争是评断历史的最伟大的法官。有些国家可能崛起，有些国家可能衰落，但战争的评判却永远是公允的。

在审视影响德国人当前的战争心理原则之前，让我们先来回想一下文明国家为了限制战争法则所做出的一些尝试。

2 战争的法则

历史上似乎只有瑞典人讨论过战争法则的局限性。波利比乌斯说："所有战争都是对现有法则的破坏，但战争也有自己的法则。"

在古代世界的其他地方，尤其是罗马，统治者的意志是唯一的法则。统治者可以随心所欲地毁灭城市，屠杀臣民，幸存的俘虏则被当作奴隶贩卖，或者为了取悦大众，被放在竞技场中被野兽生吞活剥。当时的作家都不敢发出反对的声音，即使抗议，程度也不激烈。

这些观念和战争法则都长期存在。但是到了现代社会，情况稍有好转，人们已不再屠城，伤者得到救治，其他改善手段也已出现。

几年前海牙国际法庭上出现了旨在修订战争法则的案件。几个知名的法学家试图成立战争法，虽然他们的努力令人敬佩，但仔细想想，我们不难发现，他们的构想根本无法成为现实。他们忽略了一个现实，那就是除非有足够强大的武力保证遵守战争法，否则战争法本身将毫无意义。《海牙公约》只会对那些遵守公约却被无意遵守的国家侵略的国家造成伤害。这正是德国人的想法：德国人同意通过了他们从来不打算遵守的《海牙公约》，以此制约他们的敌人的行动力，从而达到自己的目的。

德军违反《海牙公约》的行为与大部分法学家的理论不谋而合，他们一直都对试图限制征服者的意志这一做法嗤之以鼻。他们认为，只要没有人强大到奋起反抗，征服者的意志就是至高无上的。

自格劳修斯以来，几乎每一个德国作家都承认除非出于自愿，否则战争法将对任何国家都毫无约束力。吕德赞同这个观点，他认为有时候必须采取一定的恐怖手段以快速结束一场战争——例如对平民毫不留情地施以惩罚。德国人认为，没有任何理由可以阻止征服者屠城并掠夺财富。

这个观念与古代的观点如出一辙。在古代，敌国之间没有法则可言，只要征服者认为符合自己的利益，便可以选择杀害伤者和屠杀囚犯。在德国人看来，战争不过是动物王国里强者和弱者之间的无谓之争，要么做猎人，要么沦为猎物。因此人们便不难理解，为什么德国理论学家对古时骑士精神遭到无情破坏根本毫不在乎。在另一章中提到的杀戮和毁灭不过是德国人秉承原则的一种应用，正是这些原则激发了德国军事作家的灵感和德军总参谋部的指令，具体请参看下文。

3 德军总参谋部制定的心理原则

我之前提到过德军引起举世公愤的一些行径，这种行径不仅是个别士兵或堕落的知识分子纵容自己残暴本能的体现，而是德国人长久以来坚持原则的结果，这些原则由德国理论学家制定，由德国军事作家传播，最终影响了日耳曼军官。其中一些著作由安德勒教授翻译并在1915年1月15日的《巴黎评论》上发表：

德军总指挥部称：

因为19世纪的道德理念受到人文主义的影响，往往沦为感情用事或多愁善感，所以对于有效战争手段的研究常常违背了战争的本质和目的。而未来关于战争手段则给予了我们无限可能……通过仔细研究战争史，我们可以完全驳斥那些被夸大的人道主义理念。

据克劳塞维茨观察：

任何一个发动战争却不感到愧疚，也不吝啬流血的人，一定会占到上风，除非他的敌人也不心慈手软。若要把中庸之道引入战争哲学，无疑是荒谬的。

哈特曼将军说：

实用的军事理论存在自己的专属利益，必须凌驾于国际法律的科学要求之上……当战争手段需要动用一切资源时，任何对战争行为的限制都会削弱整体的战斗力……国际法律必须清醒地认识到，一旦给战争设置了障碍，就有可能导致军事行动陷入瘫痪……

从本质上来看，战争就是对现有文明和文化赖以生存和发展的原则的破坏，因为战争会取代它们的位置，并将武力和个人权力合法化。文明不过是通过实现权利和义务的平衡，以此支撑一个国家的社会结构，保障国家机构的正常运作。布伦奇里曾经提出过“文明战争”的说法，这当真是无稽之谈，因为文明和战争本来就是不可调和的矛盾体。

只有对敌人施以折磨和伤害，才能真正抑制和摧毁他们的意志。这种做法的合理性在于其效果，因为只有这样才能确保对作战对象的完全征服。

冯·布鲁姆写道：

战争旨在增加对敌人的伤害。……战争中首先要做的事情便是进攻对方领土，这是为了扩充军饷，或者使对方市镇彻底陷入瘫痪。

哈特曼将军说：

我们必须用战争为敌国带去痛苦，这是不可避免的事。我们必须一直将战争的包袱压在他们身上，这就是国家战争的宗旨……从军事层面来说，一旦爆发战争，恐怖手段必须成为国家的作战原则。

而对战争征税的权力则是由克劳斯威茨最先提出的：

为了战争而增加税收是国家理所应当的权力，其唯一限制条件可能就是这个国家过于贫弱，或者趋于灭亡。

德军将领在这个问题上的阐述更加明确。哈特曼将军说：

税收不仅意味着在侵占地区积累军需，更包括对该地区方方面面的搜刮……

所以我们在此声明，首先，出于军事需要，不需对公共和私有财产进行区分，军队可在任何时候以任何方式声称对财产的所有权。

为了打赢一场战争，必不可少的条件便是军队应当享有军事行动的绝对自由。这一原则意味着军队必须反对国际战争法中任何试图限制军事行动自由权的条款……

这些原则被德国人最大限度地运用到本次战争当中，他们毫不在乎那些关于他们破坏了人类遗产和历史文物的抱怨。这点可以从一位德国将军为一份德国报纸撰写，并由1914年12月15日的《世界双月刊》摘录的文章片段中看出来：

我们不需要为自己辩护，我们的士兵所做的一切都是正当的，都是合法的。如果那些法国人的建筑在我们的枪下毁于一旦，我们根本无所谓……法国人称我们是野蛮人，我们一笑了之。最多我们会暗自思忖一下，这个头衔有没有道理。我们不希望再有人指责我们破坏了兰斯大教堂或者其他什么教堂和广场，因为我们不想再听到这些指责了。如果我们得知我们的军队二次进攻兰斯获得成功，那么其他任何事情根本都不重要了。

德国人十分不能理解中立国家对他们的愤怒，因为在德国人看来，他们只是尽自己义务遵循了实用主义战争理论，而且他们不明白纵火和抢劫有任何不妥之处——腓特烈大帝很久以前说过："抢劫和盗窃完全是两码事。"

4 德军运用的各种心理战术

德国人在战场上运用各种各样的心理战术，比如恐怖袭击、突袭和夜袭等，但所有这些战术都源于同一个原则，那就是必须出其不意地冲击敌方，继而降低敌军士气。下面我将对这几种心理战术进行详细描述：

恐怖袭击——这是德军军官采用的最基本的心理战术，也是德军大屠杀和纵火罪行的来源。我们将在另一章研究这种心理战术的后果，在这里我一笔带过。

从战争一开始，德军就致力于恐吓敌军。他们枪杀或者折磨了大批无辜平民，以达到恐吓的效果，最后再烧杀抢掠一番，直至最后的幸存者也变得一贫如洗。建筑都会遭到轰炸，最后除了废墟什么都不会留下。我们很清楚，德军是如何细致地在比利时的城镇和村庄里展开这个心理战术的。将所有人都集中到一个空地上，枪毙其中一部分人，然后洗劫并焚毁所有房屋。这些都是公开行径，并且德国军官们还以此为荣。安德勒说：

在8月22日针对当地政府的声明中，冯·布鲁姆将军提到了德军对昂代恩的大洗劫，他说："我非常满意，最后总司令下令烧毁了所有房屋，并枪杀了百余人。"

这些指挥者如此野蛮，不过是传承了德国战争传统模式罢了，这种做法在德军之中很常见。20世纪，德皇腓特烈一世时期，每个战俘都要被剁去一只手，在抢掠并焚毁了米兰之后，他还下令杀光俘获的所有居民。在西西里，他的儿子下令将囚犯剥皮，或者弄瞎他们的双眼。1622年，蒂利屠杀了海德堡的所有居民，还烧毁了整座城市。1631年，他洗劫了马格德堡，毁掉了1500座房屋和6座教堂，还活活烧死了大部分居民。萨瓦利特说：

必须指出，德国人犯下的此等暴行必将最终激起对手的报复行为。人们曾经强烈指责卢浮瓦对普法尔茨下达的命令，这在当时震惊了莱茵河左岸，但却是对德军残忍行径的报复。事实上，卢浮瓦就此表示：“如果德国人始终没有学会体面地战斗，那我们必须比德国人做得更没人性。”

德军总指挥部总在为自己的行为找借口，直到中立国买账为止。他们甚至声称比利时的神父和小姑娘会挖出伤员的眼珠，虽然他们自己也不指望这种说法会有人愿意相信。

在敌国领土上开展战争的必要性——这也是德国作战的基本原则之一。如果要实际运用这个原则，就必须进行长时间的准备工作，比如建造具有战略意义的铁路，仔细研究所有调动与部署细节，等等。德国人太过急于进攻，所以忽略了比利时的中立国地位，尽管这意味着德国有可能与英国交战。事实上，把战场设在敌国具有极大优势，因为这样便于军队对征服地区强取豪夺，从而获取更多补给。一份德国报纸指出：

整个军事行动都基于一个原则，那就是在军队补给方面，德国花费得越少越好，从敌国获取越多越好，最好能够再把多余的物资运回德国。

整整三个月，五分之四的军需都源于我们已攻占的城市，即使现在补给能力已大大降低，也能满足我们西边军队五分之二的需求。粗略估算，德国每天可以省下300万到400万马克的军费。

胜利带来的收益还不止于此。通过与发达国家开战，我们获益更多。我们可以把从比利时和法国北部掠夺来的财物运回德国，这些财物包括堡垒、谷物、羊毛制品、金属和木材。德国凭借智慧和商业头脑从战争中获取经济收益，每天可以高达600万到700万马克。自开战以来，西线战场累计已攫取了20亿马克的财富。

综上所述，把战场设在敌国境内的巨大好处不言而喻，几乎无须赘言。尽管如此，法国政治家过去45年来都生活在安逸享乐中，没有认真聆听这样的经验教训，以至于疏于防范。倘若他们认真做过思考，就会尽力守住法国北部边境。从经验上来看，一些战壕本应能够实现自己的价值，抵御敌方进攻很长一段时间，因为所有外国军事教材都强调过战壕的重要性，战壕的作用也在日俄战争中得到过证实。

大规模进攻——为取得我前面提到的效果，也就是立即占领敌国领地并成功恐吓敌手，不但需要最先进入敌国，还需要动用武力。在侵略法国和俄国时，德军都成功做到了这点。我在上文中提到，侵略行动需要长时间的准备，因为如要完成一次进攻，不仅需要一支训练有素的军队，还需要所有储备物资的支援。虽然我们目前尚未收集到相关信息，但是当时德法边境很有可能已经集结了200万德军，这一定经过长时间的准备。

战争后期，德国虽然已经有些力不从心，但却仍然成功地将大部队集结在进攻点。在第一次佛兰德战役中，尽管面对无数战壕，德军还是以紧密队形不断向前推进。因为这一战术，德军几天内便折损了15万士兵。但是如果他们能够获得成功，这无论如何都是值得的，因为这样他们就能攻下法国北部城市加莱。

威胁恐吓的各种手段，德国总指挥部没有放过任何一个可能削弱敌军士气的办法，他们会采用夜袭、窒息性气体、空投炸弹等手段。事实证明，用气球投掷炸弹并不会造成任何实际损失，只能影响到敌方的士气。具有最明显心理效果的行动之一，便是趁着英国舰队防范不周的时候，利用巡洋舰向英国沿海小镇投掷炸弹。这种行动其实风险很大，因为很有可能遭遇英国的战舰攻击或者被鱼雷炸沉。但是，由于这一行动极为重要，所以德军还是义无反顾地予以采取。这次行动并未造成重大的人员伤亡，但是却给英国人带来了巨大的心理影响。英国《泰晤士报》报道，这次袭击使得英国政府原计划向法国增援60万军队的计划彻底搁浅。

事实上，这次袭击吓坏了英国人，这是他们即使处在拿破仑时期都未曾体会过的恐怖经历。这促使他们留下了一部分原本打算调遣去往欧洲大陆的军队，以保护自己本土的安全。因此，德军冒着损失几艘巡洋舰的风险，却为自己减少了60万的敌军力量。

所以说，轰炸英国海岸是一场心理战，它与导致1200名乘客遇难的卢西塔尼亚号沉船事件属于同一性质的行动。只不过德军在击沉卢西塔尼亚号时犯了个大错误，他们没有预见死亡的乘客当中有很大一部分是美国人。因而此次事件引起了美国人的极大愤慨，甚至几乎直接导致美国参战，继而让德国失去为数不多的几个朋友之一。

突袭——当可以采用多种战术时，德国人总是倾向于突袭，所以夜间袭击就是他们的家常便饭了。一名军旅作家写道：

人们并不畏惧强大的力量，而是畏惧未知的力量。危险本身并不让人们心生恐惧，怀疑才是恐惧的来源。夜晚容易催生恐惧，因为在夜幕掩映下，有太多的未知和出其不意。

与此相比，协约国却忘记了军事战争中突袭的重要性，这一点在协约国进攻达达尼尔海峡时显得尤为突出。倘若他们在土耳其宣战第二天立即展开行动，打胜仗就会很容易，因为土耳其当时不可能抵御来自海陆的多重同时突袭。但是协约国没有这么做，他们花费了大量的时间去商讨哪个国家拥有君士坦丁堡。这种做法无异于在鸡蛋还未孵化出来就开始数小鸡，其结果便是给予敌人充足的时间组织防御。一份英国报纸客观地指出，在这场战役中，英国和法国均未显示出足够的热情。

在两国尚处于和平阶段便发动快速进攻也是一种打击对方士气的突袭方式，这在现代战争中也较为常见。这种战术的典型范例就是第二次巴尔干战争期间保加利亚对其盟国希腊和塞尔维亚的侵略。这次侵略以失败告终，其中一部分原因是保加利亚错误地估计了自己的实力，另一部分则是因为希腊和塞尔维亚军队的将军没有消极应战，而是积极反攻，破坏了保加利亚一次又一次的突袭行动，使得原本指望迷惑对手的保加利亚军队反而士气大落。自信本身是好事，但不能盲目夸大自己的实力，也不能指望敌人一定会按自己的设想出牌，因为自己设想的通常都与实际情况相去甚远。

关于现代战争中心理战术的研究，我暂时便探讨到这里，在研究战争中心理战术的特点时，我也已经充分展示了运用心理战术的效果。需要重申，在战场上无论借用了何种物质工具，归根结底都是运用心理战术的结果。

第二章
德军对作战原则的具体运用：烧杀劫掠

1 德国战俘日记中对烧杀抢掠等行径的记述

我将要举例证明的烧杀抢掠罪行都是我之前所描述德军所用战术的后果，并通过各种媒介与载体记录下来。

关于事实的准确性，自然难以描述，因为德国人对这些指控全盘否认。但是，类似的证据太多而且相互印证，加之来源不尽相同，所以绝无可能将其全部推翻。无论如何，从德军战犯身上搜出来的日记中也记载着许多对于罪行的坦白。

在这种情况下，证据的价值更取决于其来源而非数量。比如，人们之所以会认为亚述君主会令囚徒们挖出自己的双眼，这完全是因为他们将这个场景刻在宫殿的浮雕上。德军战犯的日记本起到了类似的记录作用，尽管他们当时并没有意料到这在今后将成为他们所犯罪行的证据。有鉴于此，德军种种暴行的细节必将大白于天下，人们将会了解，德军方面对比利时牧师的指控完全是无中生有。

现在让我们仔细审视德国人犯下的罪行，首先从德国战犯的日记本开始，我只挑出了其中最典型的例子。以下是贝迪尔教授翻译并发表在1915年1月1日《巴黎评论》上的文章。文中包括犯下这些罪行的人名和所在军团：

1914年9月3日，在索姆（马恩）。惨绝人寰的大屠杀，整个村庄被夷为平地，法国平民被直接扔进燃烧的房屋中，活活烧死。

一个撒克逊军官的日记本：

8月24日，阿登的一个迷人小村庄被我军纵火烧毁了。在我看来，这个村子似乎是无辜的，但是有士兵说，有个骑自行车的村民假装摔倒，其实是为了扣动来复枪的扳机，于是我们就将这个村民射杀，又烧了整个村子。

还有一段：

就这样，我们毁掉了8间屋子和里面的住户。其中两个男人，他们的妻子和一个18岁的小女孩儿被活活刺死。我为她感到惋惜，她是无辜的！

还有一本日记本的片段：

8月25日（比利时），300名平民遭到射杀，活下来的人被迫为死者掘墓，你真该看看那些女人！

由于一部分士兵对待他们的战俘较为仁慈，因此第五十八旅的斯坦格将军在8月25日对将士下令：

从今往后，再无战俘一说，我们必须处决所有战俘。无论他们是否受伤，是武装人员还是平民百姓，一律枪决。即使是一个大型军团的战俘，也必须全部处死。我们决不留活口。

某一杂志也刊登了这些日记本里的其他一些片段。以下这则最为骇人听闻：

8月23日，我们抓住了几个自称是狙击队的士兵，我们将其分成三排站好，这样一颗子弹就可以贯穿杀掉三个人。我们占领了默兹，对其大肆破坏。到处都变得乱七八糟，房屋尽毁，那些平民的尸体惨状简直不堪描述。我们还在角落里和修道院里找出一些幸存者，无论男女老少，统统杀光。

保罗·哈扎德是一名翻译官，他翻译了很多德军战俘的日记，我从其处摘录了一部分：

8月18日，我们枪毙了大约50个村民。

另一本日记本：

8月25日夜里，我们杀害了几名平民。你无法想象比利时现在的惨状。几乎所有的村庄都毁了，所有的东西荡然无存。教区神父总是最先受害的，牧师们也不能幸免……

世上的种种恶行本来便无从抵赖，但当这些罪行由德国士兵自己说出来时，更是成了确凿无误、不容置疑的事实，任凭德国百般抵赖都无法推翻。

2 关于烧杀劫掠的其他记载

官方文件中记录的军事行动大多是从其他渠道获得的，虽然没有上述摘录来得真实可靠，但不管怎样也是确凿的证词，所以我在此引述其中部分内容。以下是从一份官方报告中节选出来的部分内容，有关迪南大屠杀：

在一番烧杀抢掠之后，士兵们放火烧了房屋。这个镇子很快陷入一片火海。简而言之，迪南被彻底毁灭了，原本 1400 多间房屋最终只剩下了 200 间。

……委员会手上有迪南大屠杀遇害者的名单，上面有将近 700 个名字，即便如此，这份名单仍然还是不完整的。在死者中，有 73 个女人和 39 个年龄在 6 个月到 15 岁之间的小孩子。

迪南有 7600 个居民。其中十分之一死于非难，每个家庭都至少丧失了一个家庭成员，甚至有的家庭没有留下一个活口。

1914年11月30日的《泰晤士报》刊登了德军在迪南所犯罪行的恐怖细节：

有的家庭被全体枪毙了。为了节省时间，我们找来了两把机关枪，上百平民包括男女老少就在露天被全部枪杀了。

对战俘的屠杀和折磨更是数不胜数，1914年12月31日的《泰晤士报》如是报道：

9月6日，一个名叫巴克兰德的骑兵被捕。他被绑起来，被德军士兵用刺刀剖开肚子。在桑布尔维耶，一个法国军官被绑在一棵树干上，他的四肢被分别绑在四匹马上。一声哨响之后，马鞭扬起，马儿奔向四个方向，把人体整整撕裂成了四份！现场目击者至今回忆起来都颤抖不止："我看见他穿的那条红色裤子被一下子撕裂，整个身子散落成了好几块。"

这份报纸还报道，巴东维莱几名妇女和儿童被浇上汽油，然后被活活烧死。

1915年1月26日《费加罗》报道了隆维一个难民的叙述：

他们把一个老人的脚绑起来，然后用一条电线把他吊在门上，电线不断地勒入他的皮肉中，使得他不断地惨叫。那个老人整整叫了20小时，才咽下最后一口气。

比利时发生的众多惨案中，最为血腥的是对鲁汶的洗劫和对其居民的大屠杀。相关报道有很多，但我特别关注了一个名叫福格利斯特的瑞士公民的描述，当时他就住在鲁汶。以下是从 1915 年 5 月 5 日的《日内瓦日报》中摘录出来的：

大屠杀和大火是有预谋的，到了特定时间经过一声令下就开始了。整个场面恐怖得难以言表，德军很快就烂醉如泥，并干出了种种可耻行径。福格利斯特先生听到几个军官说："……把他们全部杀光、全部烧死。"到目前为止，我们没有一个确切的数字，但是鲁汶曾有 43 000 名居民，但现在却只有不到 21 000 人活下来。

福格利斯特先生亲口证实了一系列暴行，他手上一直保留着证据。在鲁汶发生的惨案让人们见识到了前所未知的恐怖。

关于官方文档中收集到的一些德军行为，只有虐待狂心理才能予以解释得了：

在某地，182 人被枪杀，一个年轻人被活埋，他的头埋在土里，腿在坟墓外面，这样他的折磨者就能一直看着他受尽折磨时的惨状。另外，还有一个比利时战俘的双手被放在锅里煮了。

为了寻找一个适合大规模屠杀的场所，普鲁士人一路拖着一群疲惫不堪的妇女、农民和哭泣的儿童。他们时不时会停下来，因此这些可怜的人以为到了枪决地，于是彼此拥抱，彼此做出临终告别。但是却都不到时候，他们还要继续向前走。普鲁士人会用鞭子抽打他们，用来福枪的枪托推搡他们。最终，一名军官下令他们停下，挨个排好队，让士兵放低来复枪枪口瞄准目标，然后他轻蔑地说了句：“再看你们美丽的祖国最后一眼吧。”

为开脱自己的罪行，德国人声称是那些平民先开的枪，但是对于那些在德国澡堂里洗澡的几千名俄国人受到的痛苦折磨来说，这个理由根本不够充分。瑞赞诺夫先生的一本书里记载了这个事件。这本书的摘要刊登在 1915 年 8 月 1 日的《两个世界月刊》里。摘要里并没有大肆渲染大众的愤慨，而是主要描述了各个阶层的有识之人特别是那些德国军官的认罪和忏悔。

此外，德军士兵也会当着受害者亲人的面强奸女性受害者，如果这时亲人们显示出一丝反抗，就会立即被枪杀。受到这种刺激，很多人最终因为绝望而自杀或是发疯。这种邪恶行径体现出了德国人性情中残暴虐待狂的一面。这是无从抵赖的。

德国人凶残和掠夺的天性可以说在所有战争中都表现得十分明显。以下是 1807 年惠灵顿将军的描述，当时他所在的德国部队在英国部下服役，一起对抗拿破仑：

我可以向你保证，在德国部队里，从将军到鼓手都是一个模子里刻出来的，都是一群嗜血成性、臭名昭著的暴徒。无论路过何处，他们都会杀戮、抢劫、虐待平民。

因此，我所列举的罪行不过是一种传统的延续。德军侵略比利时不禁令人回想起十几个世纪以前日耳曼民族对其他民族的侵略。当时同现在一样，德国人养育了太多的子孙后代，发现自己的国土已经无力养活这么多人，便如潮水般地侵入了邻国的土地。有几次，罗马人曾对这些入侵者大开杀戒，但这还不够。据说普罗布斯大帝曾经杀死了数万名德国人，但依然无法阻挡德国人摧毁高卢战争的宏伟纪念碑。一个世纪以后，德国人卷土重来，却摧毁了高卢、西班牙和意大利。如今，德国人更是立誓要鞭笞全世界，正如他们当年鞭笞了罗马帝国一样。

倘若没有德皇威廉二世的直接授意，鲁汶、兰斯和阿拉斯的宗教纪念碑绝无可能遭到破坏。这说明德国皇帝对天主教恨意极深，这点在他早年给改信天主教的亲戚的信中可见一斑。“我恨你信奉的天主教，我要把摧毁天主教作为我人生的终极目标。”

1914 年 10 月 3 日的《法兰西》杂志刊登了德皇威廉二世的一次演讲。他在演讲里说道：

人们告诉我要对天主教无限崇敬，但是那些天主教教堂在我看来简直是对上帝的亵渎。他们无礼地漠视上帝，转而崇拜所谓的圣人，而他们在拉丁迷信中大部分都是取代神祇的白痴。兰斯大教堂将他们的法国国王奉若神明，可实际上他们个个都是通奸者。在兰斯大教堂的门廊里，这些皇帝雕像的位置居然比上帝的形象还要显眼。

德国人教育我们要配得上自己的民族，当我们提到教堂时就必须对天主教的迷信表示愤慨。

从以上内容便可看出，德国人为何会对古代教堂如此深恶痛绝。

3 奥匈帝国军队的暴行

在第一次侵略塞尔维亚时，奥匈帝国军队跟他们的同盟德国军队侵略比利时一样，表现得毫无怜悯。瑞士洛桑大学的瑞斯教授曾赴塞尔维亚展开调查，调查结果刊登在1915年4月7日的《巴黎评论》上。以下是从报告中节选出的片段，描述了奥匈帝国士兵在长官的命令下的种种暴行：

> 我亲眼看见了残害和杀戮：受害者有的被枪杀，有的被刺死，有的喉管被割开。有的被先奸后杀，有的被石头砸死，有的被吊死，有的被来复枪或棍棒活活打死，有的被取出内脏，有的被活活烧死，有的被砍下四肢，有的被割去耳鼻，有的被挖去双眼，有的被切掉胸部，有的将皮肤切成条状、骨肉分离。最后，有个只有三个月大的小女孩被扔去喂猪。

这不禁让每个人想起巴尔干国家与奥斯曼帝国打仗时受到的指控。巴尔干半岛国家声称，他们都是半野蛮民族，几个世纪以来都活在互相屠杀中，只有土耳其人才能使他们和平相处。但是因为这个观点并不适用于德军，所以我们必须承认，即使是最高形式的文明也不能消除人类的野蛮。我们所有关于人道主义的学说都必须考虑到这个背景。这将继续存在很长一段时间。

4 恐怖心理战术的弊端

德军为自己的四处杀戮和纵火申辩称，只有这种做法才能恐吓到敌国居民，才能迫使他们放弃抵抗，跪下来乞求。

恐怖统治一直是革命家和国王采用的手段，他们以这种手段威慑他们的敌人，让那些对他们心存疑虑、不愿臣服的人以儆效尤。同时，这种施虐还能暗暗满足很多人天性中嗜血的一面。所以，当同样的手段出现在历史上时，我们不应觉得惊讶。而且，正如我之前所说，亚述的浮雕表明，的确是国王亲手挖出战俘的眼珠，然后再命令士兵们做一些难度更高的虐待，比如剥下战俘的皮，然后用这些皮来装饰城墙。

我之前还提到过，早期的罗马人跟现在的德国人一样，对被侵略国家和对战俘的待遇有着相同的理论。在他们看来，任何对于征服者来说有利的战争都是正当的，而战败国毫无权利可言，利益只能最大限度地惠及本国民众，由其独享。

冷酷和野蛮一直是罗马的传统，但也并非一成不变，因为共和国后期，罗马人的礼仪和风俗都变得不那么血腥了。《埃涅伊德》里没有记载罗马人的任何野蛮行为，西塞罗称赞马赛勒斯没有毁掉锡拉库扎纪念碑，而同时他却对弗里斯掠劫者大为轻蔑。

当代德国人的残忍在于他们带着我们又回到了历史上最原始的时期，但是他们的谋杀、折磨和掠夺已经形成一定体系，这不是历史上的第一次。俾斯麦早就说过，在战争中必须对平民极其残忍，才能尽早达成和平协议。他在 1870 年说：

真正的战略在于狠狠打击你的敌人。你要尽可能对你进攻城市的居民造成最大程度的伤害，以打消他们的斗志，这样他们就会对政府施加压力，促使战争早日结束。必须向敌国人民传递这样一个讯息——除了留下他们的双眼哭泣，你不会留下一草一木。

我们的指导思想就是将战争变得残忍恐怖，让无辜的平民乞求和平。

我们已经见识了德国人是如何以火一样的热情遵守这个指导思想的，包括放火烧房屋，活烧妇女和儿童，或者以各种方式折磨他们，但是这些行为除了逼迫居民大规模迁徙之外，没有起到任何作用。

现在从法律或者人性的角度讨论这些做法的合法性无济于事，但我们至少可以反思一下它们造成的后果。这些战术不仅没有如德国人希望的那样卓有成效，甚至还引起了其他国家对德国人的深恶痛绝，从而为德国在世界上树立了无数的敌人。

事实上，恐怖战术只有在一种情况下有效，那就是战事时间较短的情况。一旦战线拉长，恐怖战术不仅无益，反而有害。它只会使敌人奋起反抗，因为一旦被侵略的民族意识到自己得不到饶恕，就会奋力抗争直至最后一秒。而且他们不但会反抗，还会牢牢记住这样的耻辱。开战之前，德国控制着比利时绝大部分的商业，尤其在安特卫普地区。早在和平时期，人人便已承认德国在比利时的地位。倘若德国考虑到这一点，他们就不会如此粗暴地对待这样一个国家。

此外，残酷手段的系统运用是建立在被侵略方永无可能踏入自己领土并进行报复的前提之上，但没有人能保证风水没有轮流转的一天。连拿破仑都做不到。如果哪天 10 万哥萨克大军踏入柏林，并且对柏林的男女老少施以德国人曾在迪南和鲁汶犯下的罪行，谁来可怜这些德国人？

5 德军的辩解

在全盘否认对自己的控告之后，德国人负隅顽抗，试图以报复为由，开脱自己在比利时人和法国人身上犯下的罪行。

众所周知，德国总理在国民议会上发表的言论，在其中他指控比利时小女孩儿挖出德国伤兵的眼珠；德国媒体也报道称，比利时牧师也挖出过德军战俘的眼睛并砍下他们的手指。尽管这些听起来极不可信，但是在所谓的事实面前倒也并非完全不可能。但是，一件令人意想不到的事情发生了，正是这件事彻底推翻了德国人的指控。

德国的新教教徒与天主教徒始终存在剑拔弩张的关系，新教教徒早已习惯不分青红皂白就往天主教徒身上泼脏水，而天主教徒为求自保，成立了调查领导办公室，这个办公室的主要职责就是澄清对天主教徒的指控。

德国天主教徒自然不会承认自己教内的牧师有罪，所以调查领导办公室展开了一系列细致的调查，不费吹灰之力就迫使德国当局承认对比利时天主教神职人员的指控完全是子虚乌有的。

德国人随后辩解道，他们之所以烧毁像鲁汶这样毫无抵抗能力的城市，是因为当地平民先对德军开火。他们认为，平民根本不该掺和到战争中来。但是，一旦这个问题涉及德国的自身利益，规则就反过来了。下面关于俄国进入东普鲁士的段落是从德国报纸上摘录下来的：

当敌人穿过德意志帝国的边境，他们将感受到来自我国人民的顽强抵抗，我们采用任何手段都是正当的。任何一个有能力作战的公民都有义务击退这些入侵者，将他们赶回家去。我们整个民族都必须拿起武器，不让敌人有喘息之机，我们必须用各种方式夺走他们的军火，截断他们的供给，俘获他们的侦察兵，捣毁他们的救护车和战地医院，然后在夜间杀掉他们。

6 运用恐怖方法的心理教训

以上我所阐述的烧杀抢掠等行径，早在两次巴尔干战争期间就被德国人和奥匈帝国人使用过了。这种毫无人性的作战方法似乎广为流传，甚至将我们带回到远古蛮荒时期。

倘若读者认为文明的进步会让人们更加聪明，更富情感，就大错特错了，因为这样的事情根本不可能发生。社会约束掩盖了一些国家野蛮的本性，但这不过是障眼法罢了，一旦社会失去了约束力，这样的本性就会立即重新显现。

在这些国家中，无论是文盲还是受过良好教育的人，其天性都是野蛮的，因为人的天性与智力的联系本来就不紧密，而且教育能够施加的影响力更是很小。一旦失去社会约束，德国军人的残暴天性就会暴露无遗。

在历史上，高度发达的文明曾经不止一次与嗜血残酷联系在一起。这种事情在文艺复兴时期、莫卧儿帝国时期都发生过，当时大量诗人、艺术家、学者，这些人为繁星分类，发明仪器测量黄赤交角，但同时也是这些人用战俘的头颅建造了金字塔。

德国战术的广泛传播并不代表人类的未来发展方向，《观察家杂志》说：

如果现代战役自此之后不设立一定规则，人类的未来只会是黑暗和不确定的。

如果人类对德国的做法无动于衷，被动承认这是战争所必不可少的元素，那么就无法阻止德国的敌人以其人之道还治其人之身。

毫无疑问，未来的战争里所有国家都会采取德国的做法，对敌人不讲人道、冷酷无情，因为凡是遵守《海牙国际公约》的国家在面对无所顾忌的国家时都是异常弱小的。

因此可想而知，人道主义学说正在逐渐退化，这一点通过对比德国军官的言论和他们对烧杀抢掠的看法以及 1796 年波拿巴对军队下达的命令就可见一斑。

不难理解，所有关于社会学、人道主义学、海牙公约，以及其他一些试图改善国际关系的学说，都没有起到任何作用，而且早就被人们扔到了大洋彼岸。

一旦这些暴行合法化，我相信他们一定会被编入一本特别的读物，而且将被作为初级教育的必读课本，因为与德国毗邻的这些国家的人民永远不会忘记德军入侵意味着什么。如果早就了解德国人的残暴本性的话，法国人民一定会敦促政府加强法国北部边境的防御工事，那么法国的繁华地带就不会成为一片废墟。而且，这本书还能够防止战后德国从太平洋展开新一轮侵略。虽然这本书不足以完全切断我们与德国人的商业往来，但至少会一直提醒我们，德国人是我们不共戴天的敌人，我们必须与他们保持距离。

第三章
德国的作战方法对于中立国家感情的影响

1 德国的作战方法对中立国造成的心理影响

德国喜好毁灭和屠杀的作战方法引起了全球抗议，但是德国人一开始并不以为意，因为他们不过是按业已形成的原则办事，所以他们并不知晓自己的做法会给中立国带来困扰。但随着抗议的声音越来越大，德国政府终于开始意识到，尽管他们的做法在他们自己看来并没有错，但滥用这种做法的后果却给他们树立了更多更强大的敌人。

由于进攻比利时这样一个中立国已经引起了英国的敌意，所以德国不确定招惹其他列强是否值得，尤其是美国。如果无法通过残忍手段获取战略优势，那无疑是个心理上的失误，而且再也无法说服人众顺从德意志的霸权和文化。

意识到他们的错误之后，德国人立刻试图通过报纸、讲座和宣传册转变舆论方向，只可惜当时世界对他们的恨意已深，而且他们的残忍行径根本无从抵赖，所以已经无力回天了。德国人最后都不得不承认这种宣传取得的成效微乎其微，以下从《科伦日报》中摘录的段落足以证明：

我们必须坦白，德国人，尤其是普鲁士人，并没有赢得人心。运用心理战术影响其他国家的情绪并不是德国人的强项。德国人希望通过媒体让中立国对自己产生共鸣，但是这已经为时已晚，而且似乎也缺乏技巧。

在下文中，我将概述世界多国公众对德国的抗议。我就此希望提醒各国，当有一天他们也想模仿德国人的做法时，他们也会遭到其他国家的谴责，也会引起他国公众巨大的敌意。

宣扬骑士精神的时代无疑已经离我们远去，但是当我们抛弃某些律条时，我们时常被带回历史上最黑暗的时期，体验原始的野蛮人性，这时或许只有公众舆论才能拯救我们。

2 美国人的反应

现在我将引用美国历史上最杰出的人士之一的几句话，他就是美国总统罗斯福。据 1914 年 11 月 8 日的《纽约时报》报道，罗斯福说道：

比利时没有犯下任何过错，但是比利时却受到了侵略，比利时的人民被套上枷锁。

德国人轰炸了不设防城市，尽管这是《海牙公约》里明确禁止的。《海牙公约》第 43 条和第 50 条禁止对平民进行集体惩罚。但是德国人没有遵循这些条款，因为他们认为这些条款完全不适用，否则维斯、鲁汶、亚斯科特和迪南就不会被毁灭了。而且德国人对比利时中部施以恐怖和系统的毁灭性惩罚，其实是为了散布恐惧心理，并非为了追索补偿。这正是《海牙公约》里明文禁止的。

1914年10月20日的《纽约时报》上，艾略特教授说：

德国的作战方法深刻影响了公众的看法。对于美国人来说，没有任何理由可以为德国人的种种恶行开脱——他们轰炸平民城市和不设防城市，毁坏珍贵纪念碑和艺术珍品，在北海上埋下水雷，以屠城为威胁勒索赎金，还逮捕手无寸铁的百姓，拘留平民作为换取和平的人质，然后当发生骚乱时将他们即刻处死。

一位名为沙佩尔的柏林人曾给闻名遐迩的卡内基研究所的校长丘奇先生寄送过一份德国知识分子的声明，而丘奇先生在他的回信中写道：

当我看到德国人固执地希望博得美国人的好感时，我甚至为他们感到惋惜。

沙佩尔博士，如果情形调换，如果别国的士兵在柏林的大街上大步前行，如果柏林的百姓看着自己的房屋被毁、同胞被杀，您和您的92位同僚难道不会向这些入侵者进行疯狂的报复吗？

……即使你们在未来一千年都友好地对待法国和比利时，即使这一千年里的每一分钟你们都在为赎罪而祈祷，也不足以抵销这两个国家所遭受的战火和洒下的鲜血，也抽不干你们的铁蹄下两国人民洒下的眼泪之海。

……你们根本没有理由发动这场战争。尽管你们装备齐全，国防强大，但是这世界上总有你们无法攻破的防线。你们的船只曾畅通无阻地在海上航行，你们的商品曾在世界上各个角落畅销，你们的祖国曾作为一个人道的国家享誉全球。但是人们对你们的好感已然丧失，今后50年你们都无法赢回你们曾经在物质和精神上拥有的优势地位。

在为数不多的几位亲眼看见比利时的灭顶之灾的美国人当中，德维尔先生是其中一位。他将他的恐怖记忆写成了一本书，下面我摘录其中一段：

我曾在世界许多地方目睹过大量恐怖而令人反感的事情，但没有哪次可怕过亚斯科特。我丝毫没有夸张，但是亚斯科特确实有三分之二的房屋被烧毁，在那之前被疯狂的士兵洗劫过的痕迹仍然清晰可见。犯罪的证据俯拾即是……

3 瑞士和其他中立国家的看法

与德国接壤的瑞士一开始是倾向于支持德国的，然而当他们得知德国在比利时大肆屠杀和纵火时，他们就倒戈相向了。

下文是一位瑞士联邦法官发表的一篇文章中的选段：

虽然德国在1867年严肃地保证不会进攻卢森堡，之前也在1831年严肃地保证不会进攻比利时，但是德军依然毫无理由地侵略了这两个国家。

即使是大海也冲刷不清他们身上的罪孽。

如果国家不再尊重国家之间神圣的契约，整个人类都会处于危险之中，在国际交往之中我们还能相信谁呢？如果法律条文不再有效，反而是谁强谁说了算，那条约还有什么价值呢？历史上那些恐怖可憎的前例难道可以为如今的侵略行为辩解吗？难道基督教1900年的历史、科学的发展、法律的进步以及其他成就全部都是白费了吗？难道胜利就可以掩盖那抹不掉的污迹吗？虽然现在德国人的额头上戴着胜利的花环，但当他们清醒的时候，想到他们引以为豪的德国式忠诚，他们一定会满面羞愧。

我之前说过，这个时代的德国当局企图蛊惑整个民族，让人无从辩驳。在1914年11月6日的《日内瓦日报》上，一位作者写道：

当一个人坚持自己拥有真理所以不动身寻求真相时，我们便拿他毫无办法。就目前来看，德国人为自己筑起了一道遮蔽天日的高墙，即使是最强大的意念也无法穿透。德国传教士歌颂和崇拜上帝，因为上帝让德国的皇帝、大臣、军队和整个德意志民族变得清白、正义和纯洁，德国人因此拥有恐怖的自信和伪善的满足感。这样的德国人可以以义愤为由毁灭世界上所有与他们想法不一致的人，还以此为豪。

……从另一方面来看，德国拥有头脑最清醒的历史学家和学者，他们已习惯于仅仅研读国内的文献，对所谓的“真相”深信不疑。他们在德皇和大臣面前歌功颂德时还把我们作为铁证。他们就像一群用功读书的小学生，无条件地信任自己的老师，这种情况下我们怎么能指望说服他们校墙之外另有真相呢？我们如何告知他们除了《德国国防报告书》，世界上还有各种书籍，其中记载的内容应该得到不失偏颇的估量？

德意志精神和欧洲其他地区的精神分歧太大，已没有交流和沟通的必要。

德国似乎陷入了病态的兴奋状态，已然集体癫狂，对此，时间是唯一的解药。根据以往类似病例的医学诊断，这种精神错乱症来势迅猛，但紧接着又会从极度兴奋过渡到极度抑郁。

在瑞士人写过的众多文章中，我想引用亨利·波吉博士发表在 1915 年 4 月 15 日《两个世界月刊》上的一篇文章。他写到瑞士人起初是如何同情德国人，之后又是如何转而对德国人的肆意破坏行为感到义愤填膺。如果当初德国人了解心理学的话，他们就会意识到肆意焚烧和屠杀不过是逞一时之快，而这样做带来的苦恼往往大于快乐：

战争伊始，即便德国总理在德国国民议会上做了那番愤世嫉俗的演讲，即便德国攻占中立国比利时，瑞士仍然少有人对此发表反对意见。这是因为，当时瑞士区大部分人和当地报纸都是支持德国的，因为他们种族上较为接近，商业联系较为紧密，两国也世代友好，这些原因都促使他们对德国抱有好感。

……然而，德国人随后在比利时和法国做出了恐怖而残忍的行径，在他们攻陷而且毁灭了梅赫伦、卢万及兰斯大教堂之后，瑞士德语地区的公共舆论和媒体都开始发生转向，还发起了许多声势浩大的抗议活动。连当时最著名的泛德主义者维特教授都给德国知识分子写了公开信，谴责德国人在鲁汶犯下的滔天罪行。

荷兰、丹麦、挪威和其他中立国家并没有像瑞士和美国那样坦白表明自己对德国人的看法，因为这些国家离德国太近，一直生活在德国的淫威之下，因而并没有太多的言论自由。比利时的遭遇更足以让他们珍惜来之不易的和平。

西班牙国内舆论则对德国存在很大分歧。战争初期，西班牙天主教派明确地站在德国人这边，这一点我在之前提到过。但是西班牙的著名学者卡哈尔却坚决采取相反的立场，以下是从他的文章中摘录出来的：

我们居住在窑洞中的祖先在光天化日之下进行烧杀抢掠，在折磨无辜平民的时候，尚不需借助人类学的观点；而今天的侵略者却利用他们深谙哲理、饱读诗书的优势开脱自己的罪行和罪孽，还向世人宣告他们是优越种族，因此可以为所欲为。

这位作者认为好战的种族将永远存在，不会消亡：

被征服的人民只会牢牢记住和极力模仿征服者所用的方法，而且会伺机以其人之道还治其人之身。当这帮孤儿长大成人之后，可怕的屠杀又会重新上演。

卷七

战争中的未知变量

第一章
现代战争的直接后果

1 现代战争对当前和未来的影响

现代战争有着不计其数的后果，其影响力可能波及至未来好几年。举例说来，1870 年战争之后，已经过了几乎半个世纪，但是德国仍然是法国经济和社会生活的负担。

由于当前要完全总结欧洲这场战争的多重影响还不可能，所以我只将简要阐述现代战争可能带来的教训、代价、损失和心理后果。

历史上还没有其他哪场战争能像“一战”这样牵涉了如此众多因素、导致了如此多重后果。这些多重的后果，无论是在物质层面还是精神层面都十分令人困惑，让人无法做出明确区分。

2 现代战争的复杂性

在古代打仗期间，对军队进行补给是很简单的事，比如在古罗马军队里，每个士兵都会自己带上武器和其他必需品，此处“其他必需品”通常是指少量的面粉，他们在找不到食物的时候就会自己给自己做饭吃。每当试图攻下一个城池，古代士兵便会就地用树干建造投石机、塔楼等攻城武器。

到了现代，情况完全不同，军队兵员众多，武器库庞大，再加上物资和装备，包括工厂、仓库、车间、邮电局、医院和驻扎营地，简直就是一个移动的城市。许多设施虽然处于后方，但对于在前线作战的军队来说却是必不可少的。

现代战场的复杂程度和军队行进所需要的军事战术也对铁路和公路运输系统提出了更高的要求，而这两个运输系统对运送物资和撤离伤员来说至关重要。一支由 45 000 名士兵、12 000 匹战马和 2000 辆战车组成的军队需要 30 英里的轨道和 100 列火车进行运送。

交通部门至关重要，俄国战败的绝大部分原因是因为他们的机动作战能力太差，而德奥军队轻松地胜过人数上占优势的俄军恰恰是源于前者可以迅速调动和转移军队。一支拥有 50 名军官、300 个士兵、200 匹战马和 35 辆战车的军队，必须时时刻刻听从来自总部的指令。

每个兵团都是一支独立作战队伍，他们随身只携带着一个星期的口粮，这就要求后方必须建立一个复杂的系统及时为士兵提供粮食和弹药。军队的指挥官分布在上百英里的前线上，都通过电报接受总司令的指令。

在现代战争中，火车扮演着十分重要的角色。法国在 20 天的军队调动和部署中动用了上千列次火车，这一事实足以证明火车的重要性。

马恩战役之后，法国军队试图包抄德军右翼，而德军也用上了相同的战术。在这场为期六周、以伊瑟战役告终的军事行动中，整支英军和部分法军是坐着火车从埃纳河转移到伊瑟河的。“6000 列火车将 70 个师运送到 60 英里至 375 英里之外。”

刚才我们只考虑到了运输问题的复杂性，如果我们把为好几百万人运送食物和弹药也考虑进去，就会意识到这会为国内外居民的生活造成多大的困扰。工厂等除了为前线军队生产食物和军需物资，根本无暇顾及其他，这样必然导致出口大幅减少，国民收入大幅下降。

这就是法国和德国面临的困境，因为这两个国家的出口量都大幅下跌。从另一方面来看，他们还需要从国外进口很多商品。由于进口意味着必须花钱购买国外价值相当的产品，就不可避免地带来了巨大的开销。大量进口是这两个国家陷入贫困的主要原因。因为，如果只有进口，没有出口，就赚不到钱，无法平衡支出开销。

正常情况下德国的出口总额是 480 万英镑，进口总额也是这个数。但打仗的时候几乎没有出口，却需要从中立国家进口很多东西，这就导致极大的贸易逆差，德国不得不四处举债，并将大量黄金输出国外。然而输出贵重金属也不是长远之计，因为总有消耗完的一天。

关于战争对货物贸易的影响我就谈到这里，因为如果再谈下去就要跟我的主题——战争的心理影响偏离了。

3 战争对国民的影响

古代战争只会影响到一小部分人，除非是大规模的侵略战争。因为那时候缺乏通信手段，居住在不同省份的当地人之间十分陌生，而且打仗的时候只会牵涉到为数不多的军队。所以，除非正好住在军队经过的地方，否则平民百姓的生活基本不受影响。

但是现代战争就大不相同了。以前的军队很少超过 10 万大军，但如今却动辄百万。这些军队像蚱蜢一样占据着全国的公路、铁路，使得交通系统全部瘫痪。虽然法国境内只有小片区域受到战争的影响，但是这些区域全部成为废墟。根据德国人自己的统计，他们在短短几个月内掠夺了 8000 万英镑的财产。另据美国上诉法院的亨利・马森法官估算，比利时在战争开始 82 天中的损失是 21 600 万英镑。

如今的比利时穷困潦倒，因为德国从一开始就残忍无情地烧杀抢掠，不留一草一木，直至将这个国家洗劫一空。

比利时和法国北部的遭遇引起了公众和媒体的注意，但其他许多重要国家，比如波兰、加利西亚和亚美尼亚其实也遭受了同样惨痛的经历。

关于波兰的情况，在此引述 1915 年 6 月 5 日《日内瓦日报》上的一段话：

> 战争已经波及波兰四分之三的地区，奥德军队已占领了波兰三分之二的领土，统治了波兰 1300 万的人口，而且据说他们还轰炸了 5000 个村庄和 200 个城镇，使这些地区不是成为废墟就是成为火海。
>
> ……铁路尽毁，贸易中断。波兰引以为豪的煤矿、制糖、纺织业以

及加利西亚的采油业都被迫停止，国内饥寒交迫、传染病肆虐。据医护人员说，波兰因饥饿和疾病死去的人比战场上战死的士兵还多。

如果战争对文明程度最高的国家都能造成如此后果，大家不禁在想，如果入侵者没有约束和禁忌，情况会糟糕到什么程度。倘若真是那样，那么大屠杀和大毁灭将永无止境。一名《晚间邮报》的战地记者从黑海港口霍帕发来报道说：

一场巨大的未知灾难就在眼前。整个亚美尼亚西部地区都在因遭受毁灭和屠杀哀号，这惨痛的经历使人们无比绝望。城市成了墓地。一直仰仗拜占庭帝国之辉煌的特拉比松港口也大半被毁，居民四处躲避战乱。

古时候的战争是野蛮的，但现代战争也一样残酷无情，而且影响范围更广。

4 人员伤亡

现代战争中的人员伤亡数目远远超过历史记载的任何一次大型战役，而且很难统计确切数字。以下是法军公布的截至 1915 年 2 月 15 日和同年 5 月 1 日的法军人员伤亡数据：

2 月 15 日　5 月 1 日

死亡……186 541 327 000

受伤…… 415 863 592 000

失踪或被俘…… 243 321 317 000

以上这些数据并不包括 1915 年 7 月阿拉斯战役的伤亡的 113 000 人，也不包括 1915 年 9 月香槟之战伤亡的 100 000 人。即使超过半数的伤员回到了战场，我们也不难估算出法军每年的伤亡人数在 100 万左右。

德国人的损失可能更为惨重，因为他们被迫双线作战，而且都是大规模军队作战。他们的伤亡人数大约是每年 200 万以上。

将这些数字统统加起来之后，我们不难得出结论，这场战争第一年的总伤亡人数接近 600 万。这个数字没有把囚禁在德国的 100 万名士兵算进去，这 100 万人当中有 60 万都是俄国人。正是在这场可怕的战役中，欧洲有无数的青年献出了生命。

长达 20 年的拿破仑战争都没有造成如此大规模的伤亡，耶拿和瓦格拉姆战役中仅损失了 3 万人，法兰西第一帝国最大战役——莱比锡之战也才造成了 6 万士兵的伤亡。

那些曾经称得上激烈大战的战役，在如今看来还抵不上前哨兵的轻轻一扫，在官方公报里也只能占据一两行的报道。虽然就死伤人数来说，现代战争似乎更为重大，但是他们取得的实际效果却不比历史上的战役。以前两场战役即可决定胜负，现在牺牲 3 万人却只是为了夺取一个小山坡或是几条战壕，而离最终的胜负之分还差十万八千里。

5 现代战争的军费消耗

在历史上，从来没有哪场战争像第一次世界大战一样花了这么多钱。

英国首相劳合·乔治告诉下议院，英国每月的军费高达4000万英镑，但此前看来最奢侈的拿破仑战役中，英国在20年期间总共才花费了84 000万英镑。克里米亚战争花费了不到8000万英镑，布尔战争花了两亿英镑出头。

在非战时期的45年里，英国军备花销高达千百万英镑，作为抵御攻击的保险费。虽然数额庞大，却没起到很好的效果，因为到了战争开始后才发现，英国和法国的准备与德国相比并不充分。法国好几个战队都在德国的进攻下失去作战能力，几百家工厂和几百座纪念碑被炸毁，这说明战前还应该加大军费开支，才能有效抵抗侵略者。

1915年8月20日，时任德国财政部长的赫弗里希在国民议会上说："战争期间一个月的军费支出比1870年普法战争军费总额还多三分之一。"国民议会刚刚通过的8亿英镑借款即刻告罄，德国不得不再次举债。

火炮和弹药是现代战争中最大的项目开销之一。一艘无畏战舰全速前进时每小时需要燃烧19吨煤，它的12架机关枪在两小时内发射150发子弹要花费20万英镑。一门12英寸口径的加农大炮发射一枚炮弹就价值200磅，就连最寒碜的CZ75手枪一枚子弹还要24先令。

以下数据是刊登在1915年7月19日《蓝色晨报》上一个专家做出的估算：

根据6月17日的法国公报，我们在阿拉斯北部的炮兵在24小时内发射了30万颗榴弹炮，几乎跟德国炮兵部队在1870年—1871年的普法战争中发射的总数一样多。

据我们估计，30 万颗榴弹炮重量达 4500 吨，这意味着我们当初动用了 300 辆大卡车和 6 列火车来运送它们。如果是通过公路运输的话，可能需要 4000 多辆 6 驾马车，总花费在 375 000 英镑左右。

除了将近 40 万英镑的弹药费，几天之后统计的伤亡人数是 113 000 人。这些数字可以很清晰地解释现代战争的代价是一个什么样的概念。

欧洲战争的后果是多种多样的，也是难以预料的。1914 年 10 月，著名化学家威廉·拉姆齐爵士提醒人们，德国每天需要 1000 吨棉花制造弹药，如果一开始就阻断了德国进口棉花等原料的途径的话，战争早在 4 月份就能结束了。我们也可以这样想，如果英国煤矿大罢工能够坚持再久一些，协约国也会因为缺少供给工厂和铁路的煤炭而休战了。

战争的另一个严重影响就是造成大量人群失业。法国政府不得不为 3 253 367 个家庭提供救济金，因为这些家庭的顶梁柱找不到工作。截至 6 月 30 日，也就是“一战”爆发不到一年时间，这些家庭共领取了 5200 万英镑的救济金，几乎是和平时期法兰西共和国年度预算的三分之一。

战争的开销还可以从大幅飙升的财政预算里看出来，1915 年 6 月法国已经花掉了 96 000 万英镑，其中的三分之二全部用在了打仗上，剩下的三分之一用来购买食物（748 万英镑）以及偿还公共债务和利息（57 008 000 英镑）。但这个数字不过是战争总开销的九牛一毛，法国几大富人区被掠夺的财产总额还要庞大得多。

到 1915 年 6 月，法国有 494 万英亩的土地被德国人占领，波及 325 万法国居民。被占土地的总价值大约在 4 亿英镑左右，而地面上的建筑，尤其是工厂更是价值不菲。

为了支付各项开销，参战国不得不四处举债。贷款这个方法可以一直使用到国民财富和贵金属储备耗尽为止。当然欠债总有偿还的一天，当这天真的到来的时候，参战国也打不下去了。

经济因素导致这场欧洲战役不可能无止境地打下去，所以不会加入“三十年抗战”和“百年大战”之列。原因很简单，现代战争使用的不仅是加农炮，更是百万英镑制成的“黄金”子弹，而一个国家的财富不可能取之不尽用之不竭，所以这样的战事长不了，而且参战国一旦意识到财富有限，也不可能在短暂的和平之后再次开战。

6 现代战争的时间跨度

很有可能以后的战争都会因为经济因素而非军事因素结束，因为堑壕战使得交战双方谁都无法取得绝对的优势，只能一点点耗完双方的防御战术。哪边队伍先消耗完哪边就输了。

法兰西共和国和法兰西第一帝国之间长达 20 年之久的斗争显然不能作为我这个观点的佐证，因为那时候双方的作战方法耗资较低，杀伤力也没有现在这么大。而如今我们一年内花掉的军费和损失的人数就超过了拿破仑时期的总和。

过去半个世纪以来战事不断，持续时间不等。1854 年的克里米亚战争持续了两年，1899 年的布尔战争持续了一年半，美国内战打了 5 年；但绝大部分战争时间要短得多。1870 年的普法战争仅持续了 6 个月，1904 年的日俄战争持续了 18 个月，1898 年的美西战争持续了 4 个月，

1912 年第一次巴尔干战争持续了 5 个月，而第二次巴尔干战争不到 6 个星期就结束了。

现代战争中代价最大、最血腥的莫过于美国的南北战争了，这也是唯一一次能够媲美目前这场欧洲斗争的战役。1865 年内战结束时，美国联邦剩下 100 万大军，美国南方联邦残余 70 万大军，而双方人员损失高达 100 万。美国北方各州债台高筑，达 56 000 万美元。南方盟军彻底垮台，负债高达 4 亿美元，不过这笔债务是用来偿还南方妇女的，她们在战时捐献出珠宝首饰，当其他一切物资来源都消耗殆尽后，她们剪下自己的长发拿到欧洲市场换钱。当然，获胜的一方也几乎没有得到多少好处，这在现代战争中屡见不鲜。

第二章
不可靠的战争报道

1 官方战事报道的真正价值

我无意长篇累牍地列举这场欧洲战争中的主要战役，我只希望大家能够记住它们留下的心理教训，以及不确定性在战争中所起到的重要作用，从而证明一个观点，那就是我们几乎不可能从几千人亲眼看见的事实中发掘出背后的真相。战争的后果虽然是确定的，但是对于这些后果的解读和诠释却基本错误，而且，我们对自己是否把握了每场伟大战役的所有细节感到非常怀疑，尤其是当这些战役只留下文字记录的时候。

关于当前这场战争的官方报道由几大强国操纵，而他们的舆论导向出于各国不同的心理原则，在此我给大家一一列举：

①战况逆转时封锁或掩盖消息。

②以歪曲事实的方式影响公众舆论。

第一种做法也称作沉默法，曾为英国和法国媒体使用，特别是战事刚开始的时候；德国人通过篡改事实随心所欲地使用着第二种方法；俄国则是两种方法都用上了。一方面，真相往往让人难以接受，另一方面，敌人总喜欢掩饰失利而夸大胜利。

事实上，读者很有可能从不同国家的公报中读到两则截然相反的报道，这样一来就不再有人关心过程而只关注结果了。举个例子，俄国的官方公报宣布已俘获大批战俘，缴获大批机关枪，但当读者最终发现俄军其实已撤离了极其重要的战略据点，而且还在且战且退之后，他们就再也不会相信官方的说法了。

德军的官方报道也是谎言连篇，导致最后无论他们说什么中立国都一概不听了。1915 年 4 月 10 日的《日内瓦日报》说道：

> 仔细研究德国公报就会发现，德国人从战争之初就没有讲过真话。他们的弥天大谎当真是匪夷所思，骇人听闻。

法军总参谋部则是沉默过了头。战争刚刚打响时，他们的电报充斥了最无关紧要的新闻，对诸如沙勒罗瓦等重要战役只字不提。整个 1914 年 8 月，法国人对前线战况可谓是一无所知。8 月 29 日，一份急件提到索姆省和孚日省的战况相近，人们这才发觉德国人已经打到自家门口了。但直到 9 月 1 日法国民众才突然听说德国装甲部队正在穿越贡比涅森林，而法国政府被迫撤离巴黎。

沉默法的最大弊端之一就是纸包不住火，总有零星信息会传到大众的耳朵里去。我觉得写新闻简报的记者实在不是心理学的行家，他们的这种行为在人们眼里很明显就是欲盖弥彰。比如，新闻里说德军从某个村庄撤退，但是之前却没有关于德军占领这个村庄的报道；还有当受伤的士兵、国外媒体和大使馆工作人员谈论一些重要战役的时候，人们甚至都没有在公报中读到过相关报道。很快，民众们就发现政府隐瞒了很多极其重要的事实，所以当人们惊觉本应还滞留在里尔的德军已经穿过贡比涅森林来到巴黎的大门口，并且还要将巴黎一片片烧为灰烬以迫使法国投降的时候，法国人集体陷入疯狂，到处都是溃败的军队和逃窜的百姓，这幅景象自 1870 年普法战争后就再没有出现过。

如果大众早就知道真相，就会慢慢适应。法国之所以陷入混乱是因为人们从小报上读到的恐怖故事。虽然审查制度成功防止了媒体报道任何重要信息，但是没能阻止各家报纸对诸如遭到焚毁的城市、妇女和儿童大屠杀以及俘虏受到的酷刑等事件的详细描述。这点正合德军之意，他们巴不得让每个人都认识到德军的残酷手段，使对手再无反抗的勇气和决心。

虽然后来马恩战役暂时拖住了德军进攻的脚步，也给了法军一线生机，但法国政府并没有取消媒体审查制度。我们对战役发生的地点和敌军数量一无所知，德国人却是知道得一清二楚，那些能够激起公众斗志的英勇行为也没能在民间流传。那些拯救了法兰西共和国的英雄事迹被描述得模模糊糊，不清不楚。过了好长一段时间，法国统治阶级才终于意识到精神的巨大力量，才开始宣传之前被包得严严实实的英雄壮举和英勇事迹。这样做不只为了抚慰民众，更是一件不容忽视的利器，通过叙述先前的胜利和成就，驱散笼罩在人们心头的恐惧和悲哀。英雄事迹即是英雄主义的萌芽。

针对报纸和媒体采用的沉默战术最终还是走到了尽头，主要是因为法国政府惧怕公众舆论会对战事进程造成影响。正是公共舆论的压力导致 1870 年普法战争中发生了一些灾难性事件，比如巴赞元帅的任命、麦克马洪元帅荒唐地下令进攻色当等。美西战争期间，也是迫于公众舆论的压力，西班牙舰队不得不开赴古巴圣地亚哥。可是那个港口实在太窄，每次只能通过一艘战舰，结果在美军的炮火之下，西班牙舰队全军覆没。

我想前面的论述已经十分透彻地表明，要对变化无常的战况做出真实准确的报道难度有多大，以及官方消息是多么的漏洞百出。

2 战事报道的价值：第一次佛兰德战役中各国将领们的幻觉

为使大家满足于战事报道的微末价值，我们只需对不同的报道进行比较。这其中存在各种各样的心理因素，比如每个将军都希望自己在报纸上看起来战绩卓勋，这种幻觉和心理暗示就导致大部分战事报道与真实情况相去甚远。

即使处在同一阵营，两个将军对于同一场战役的描述都有可能完全相反。我们来看看对第一次佛兰德战役的报道。1914 年 12 月 5 日法国《三军官方公报》的说法跟英军指挥官约翰·弗伦奇元帅的说法没有任何相似之处。

据法国《三军官方公报》报道，是法国大元帅制订了作战计划，英军只是次要角色，而英方报道则截然相反。我从法国官方文件中节选出以下几段话：

但是这需要时间，而英军不可能在 10 月 20 日之前抵达新的作战地点。

另一方面，比利时已孤军奋战了三月之久，可谓弹尽粮绝。总指挥官当机立断，下令立即前往支援。

早在 10 月 4 日，他便委任福煦将军带领军队赶赴法国北部进行部署，10 月 18 日至 11 月 12 日，法军不断集结，与比利时军队和一个英军军团形成了一支在达波将军统领下的法国军队，在利斯河和附近海域展开军事行动。

在评论这场战役时，《日内瓦日报》称，法军当局在迅速调动大规模军队方面显示出了无与伦比的优越性。这样的行动力是导致德军在佛兰德战役中溃败的关键因素。

而英国的版本则不尽相同。1914 年 12 月 1 日英国《泰晤士报》刊登了约翰·弗伦奇元帅的一份报告摘要，摘要里写道：

很显然，是我们的元帅最先命令驻扎在法国的英军抵御德军进攻的，也是他最先给予德军以迎头痛击的。在他的带领下，英军巧妙地转移到法国北部的埃纳省，截断了德军进攻加莱的队伍……我们的元帅对意志不坚定者的抱怨声和怀疑声充耳不闻，将士兵人数显著不足的军队部署在一条宽广的防线上……当然，我们必须感谢法国战友的可靠支持……达波将军、莫德海将军和卡斯特诺都是战场上名副其实的英雄。

从这篇报道来看，法军不过是英国大元帅的得力助手。

事实果真如此吗？我们真的需要英国将军预见并阻止德军进攻，才能避免法军的惨重损失吗？我们只能确认一个事实，那就是德国人输掉的这场战役是人类历史上最惨烈的战役之一，德军损失了 15 万士兵，英法联军损失了 5 万。

我们可能需要等很久才能等到关于这场战争的真相，但必须承认，法军公报也并不是完全准确的，有时候态度过于乐观。法国《时报》记者评论道：

当对当前战况进行评估时，我们经常忽略一个事实，那就是战略和军事部署的首要目标是在德军大肆侵犯兰斯、梅齐耶尔、里尔和阿戈讷之时维护国家的领土完整、荣誉和生命，所以公报中体现出的乐观主义在我看来非常奇怪。

除了几个小角落之外，德国人已经占领了几乎整个比利时和法国的北部和东北部地区，后者从人口和财富方面来看占到法国的六分之一。即使按最保守最乐观的估计，法国在土地、房屋、工厂、煤矿、铁路、公路和艺术作品方面至少损失了12亿英镑。那么侵略造成的死亡、耻辱和玷污呢？居然还有人说德国没有从侵略法国的过程中得到任何好处。他还想怎么样？

虽然代价惨重，但当我们回首黑暗的1914年8月，我们还是要感谢和赞美我们耐心勇敢、坚韧不拔的军队，是他们为我们筑起了堡垒，抵御了德军的进攻。

我不会在这场战役的结果上多费笔墨，我意在说明获得准确战况消息的难度。交战双方的将军，甚至同一军队的两名指挥官，都会从自身角度出发看待问题，所以对同一件事的描述可能会出现多个版本。对马恩战役的不同战事报道就是另一个典型例子。

第三章
马恩战役假说

1 战役开始后的第一次逆转

我们可能永远无法得知，法国总参谋部为什么会产生德军将会从东面进攻的幻觉，当时明明已经有大量的军旅作家指出德军会先攻击法国北部。

波拉尔将军在他一篇精彩的文章里提到，德军的整个作战计划都列在伯恩哈迪将军所著《现代战争论》里（第二卷第337页），此书的法语版本出现在1913年。书中写到德军右翼打算取道比利时从加莱进攻法国，这跟当时的情形一模一样。

所以说，德军的意图是可以一眼看穿的，那就是调动大批部队从防守薄弱的法国北部进攻，一举拿下巴黎，迫使法国和谈，再调头进攻俄国。

带着这个目标，200万德军侵入法国。法军当时只有150万，如果全部用于防守，这个数字也许够了。只可惜法国将军们将这150万士兵分散开来，部署在一条根本不需要加强防守的长达300英里的防线上。同样的错误法国人在1870年普法战争中就犯过，但这次更加让人难以理解，因为根本不难预见德军会取道比利时发动进攻。而且《泰晤士报》1914年8月刊登的地图显示，东部仅有三到四个德国军团，其余的都集结在北部和东北部。

法国总指挥部的这一错误预测几乎导致了灭顶之灾。最终当指挥部意识到这个错误并紧急调动军队从法国东部边境赶赴迪南—沙勒罗瓦—蒙斯前线时，为时已晚。8月20日至23日打响的沙勒罗瓦战役中，法军损失惨重。8月23日傍晚，法军大元帅下令全军撤退。8月24日沙勒罗瓦战役战败后，法军溃不成军。士兵们对这次撤退留下了恐怖的记忆，他们说德军当时就紧紧跟在他们后面，不给他们任何喘息的机会。

1914年11月10日的《法兰西日报》讲述了此次撤退中一名士兵的亲身经历，而且很多军官都告诉我，这件事绝对真实：

> 然后我们就开始撤退，情形真是糟糕透顶！……我们一直在赶路，不分昼夜，从不停步，完全不知道在往哪个方向走。我们跟不同军团的人混在一起；各路兵马冲撞到一起，有丢了战马的骑兵、找不着北的炮兵，还有骑着马的步兵。我赶了整整5天的路，最后发现了我所在的团……

德军则乘胜追击。9月3日克鲁克将军已经抵达了南图—凯伊—桑利防线，法军陷入了绝境。

2 德军进攻并焚毁巴黎的系统作战计划

德军攻占巴黎的计划既有心理依据，也有战略考虑。夺取法国首都会产生的精神冲击，在德国人看来拿下巴黎就可以立即停战了。他们打的算盘是巴黎失陷后，法国政府会立即求和，这样他们就不用像 1870 年那样在法国做长时间逗留。反过来，德军可以将 200 万大军调去支援尚未部署完毕的进攻苏联的部队。

据已沦为战犯的德国军官坦白，德军总指挥部决定只采用一种方式达到这个目的，那就是一个接一个焚毁巴黎的七大区，包括其居民，直到法国政府求和为止。所有人都同意这一决定，认为巴黎应当承受法国参议员特鲁约先生和拉维斯教授口中的命运。特鲁约参议员在 1915 年 4 月 2 日的《法兰西日报》上说道：

如果法国拒绝投降求和，不配合敌军玩这个所谓的“和平”游戏的话，敌军就打算一一破坏巴黎的七大区，但投降求和就意味着国家的彻底灭亡。敌军的目的就是让巴黎从地球上消失。

拉维斯教授在《巴黎评论》上也说了同样的话：

巴黎现在已经成为人质。看起来德国人是把巴黎分成了七个区，以此要挟法国政府投降。如果政府不同意讨论和平初约，德国人就炸毁一个区，如果政府还想拖延，就再炸掉一个，以此类推。我们丝毫不会质疑德国人摧毁巴黎的能力，正如日耳曼祖先所言——如果我没有记错的话应该是汪达尔人的领袖盖萨里克——“我总是有一种一把火烧掉罗马的冲动。”

德军战犯解释说，德国人当时没有其他办法迫使法国政府媾和，但又非常需要立即缔结和平条约，以返回俄国战场。根据我们对德军总指挥部的了解，他们绝不会迟疑采用这种方法的。

3 关于马恩战役起源的假说

现在我们处在千年历史长河的关键点上，因为如果巴黎被德军摧毁，其对世界发展的影响会比土耳其人占领君士坦丁堡来得重要。它会抹杀法国的道德存在，一个残缺不全的法国会被贬低到一个绝对弱势的地位，它遭受的痛苦和耻辱都是未能好好备战的苦果。

但是命运虽然将我们引领到悬崖的边缘，却没有把我们推下去。脱离如此险境的原因某天会与历史上关于理应造成的死亡数字理论相矛盾。这些理论完全取决于我们的想法，而且大家马上就会看到，即使是一个小插曲也可能在特定时刻拯救一个国家的命运。

当时德军已在巴黎城门之下。

法军大元帅担心如果不下令撤离，法军就会被德军从巴黎北边和东边两面包围。要想不被包围，只有撤离到巴黎南部，但这就意味着将巴黎拱手相让，任其灭亡。他该怎么做?

当时法军大元帅面临着艰难抉择，多重因素迫使他在马恩河上与德军开战——法军赢得了这场战役，拯救了巴黎。

以上所述都是事实，一言以蔽之，就是法军在马恩河战役中取得了胜利。但我们来假设一位历史学家此刻对这场战役进行深入调查，他问自己的第一个问题是，为什么大元帅没有坚持原定计划，命法军撤退到巴黎南部，而是对德军开战了呢？第二个问题是，当时德军明明已到巴黎城下，为什么克鲁克将军会放弃进攻巴黎，往东边奔去？

我们先来看看报纸上的官方消息，虽然不见得能起到什么作用。以下段落是从《法国三军公报》里摘录的：

到了9月4日，德军已经开进到我们大元帅制定的撤退警戒线上，这条警戒线在过去一连两周的激烈作战中已愈发清晰，这点可以从我们撤退过程中取得的零星胜利中得到佐证。所以说，我们的撤退是主动的，是经过深思熟虑的，是事先策划好的。每支部队都可以自由调遣部署，霞飞将军在6日下令各部队进行反攻的时候也并没有受到任何限制。

每日新闻无疑美化了这个版本。一份日报在谈到法军大元帅的时候说道：

大元帅的作战计划说明他对马恩河战役早已做好了充分准备。从9月5日开始的所有作战指令都由他亲笔书写，而且早在8月27日就已做好了部署。他为战役的不同阶段都做了分析和安排，就好比它们都是一件精密仪器上的零件，从某一特定时刻开始像钟表一样运转。

普通老百姓十分乐意读到这样的报道，他们无可厚非；但即使是最不长心眼的人也不难发现这其中的漏洞。事实上，法军从默兹河一路奔向马恩河绝无可能“是主动的，是经过深思熟虑的，是事先策划好的”。如此明显的夸张反倒证实了 1914 年 12 月 18 日《日内瓦日报》上所做的评论：

真相总是难以大白于天下，即便是完全无从抵赖的事实。就举一个例子吧，时至今日，仍有许多人相信法军大元帅从战争一开始就下定决心把敌人引到巴黎附近，然后再在马恩河战役上击败他们。马恩河战役对于一支刚刚遭受了一系列打击的军队来说的确是一场突如其来的华丽逆转，但它并非法军总参谋部的策划。法军不会引诱百万德军入境，然后将最富裕的地区交给敌人破坏和毁灭。

所有占领区的人民都声称他们的撤退是心甘情愿的。《日内瓦日报》不失时机地补充道：

看起来这场战争中的许多战役都是自愿打起来的，至少交战双方都这么说。比如，如果我们读奥地利公报，就不难发现他们吃的很多场败仗都是故意的。塞尔维亚军队放弃贝尔格莱德是出于自愿。德军也是自愿从阿尔萨斯和佛兰德撤退的。只要大致扫一眼《法国公报》，也能发现诸多类似的自觉行动。这样做无非是出于道德因素的考量。

由此可见，从报纸上我们无法形成准确的观点，所以我们一开始问自己的两个问题还是没有得到解答。第一个问题是为什么法国将军没有按原定计划撤退到巴黎南部，反而向敌军开战？

现在我们已来到了未知领域。我相信今后会有很多人写书试图澄清这个问题，不过目前我们只有两个假设。

第一个假设是政府介入，导致法军大元帅不得不放弃撤退。9 月 1 日，大元帅下达第 4 号军令，指挥军队退守到巴黎南部塞纳河对岸的布雷镇。第五军原计划撤退到诺让塞纳河畔。9 月 2 日，总指挥官向军政大臣汇报：“根据大元帅的提议，法军根本无法在马恩河沿岸组织起有效的防守。”随即大元帅通过第 3463 号军令宣布，他撤退的目的是将军队从敌军手上解救出来，以便在撤退结束之前做好夺取蓬苏约讷、诺让塞纳河畔、奥布河畔巴尔区、布里安勒沙托县和茹安维尔沿线的准备。第二个假设是法军大元帅想借德国克鲁克将军突然转向去往法国东面的机会进行突然袭击。9 月 4 日，他下令说：“我建议利用德国第一军来扭转当前危险的局面，让他们来承受法军的联合力量。9 月 5 日，我们将做好一切准备，6 日进攻。”

这两个假设，一个是政府介入，一个是利用克鲁克将军的调军，倒不是完全自相矛盾，把两者结合起来说不定就非常接近真相了。现在还有最后一个重要问题：为什么在已到巴黎的情况下德国将军会放弃进攻计划？现在我们来研究一下。

4 关于德军为何撤退而不继续进军巴黎的猜想

这场战役的最大谜团就是德军的突然撤军。当时他们的大部队离巴黎只有两天的行程，他们的先头部队已经到了蓬图瓦兹。对于虔诚的新教徒来说，这是一个名副其实的奇迹，但也可能这只是出于战略和心理上的考虑。

首先，我觉得我们可以排除一个假设，德军不可能恪守所谓的在进攻一个设防城市之前必须消灭其防守力量的规则；因为他们早已得知法军的一举一动，知道法军已经收到撤退到巴黎南部的命令，在进攻巴黎时他们不会遇到完全抵抗。也就是说克鲁克将军十分确信自己可以顺利进入巴黎。那么，他为什么停住了脚步呢？

这个问题的答案只能通过猜测，以下这个假设可能性最大。克鲁克将军认为攻占一个毫无防守能力的都城于他的名声没有太大好处，但如果他能一举歼灭东面的一小撮在贡比涅战役中大败而退的英军，就有可能名声大噪。

为了包围这支英军，他突然调头向东面进发。与此同时，法国莫努里将军心血来潮，纠集了一支多种部队也向克鲁克部队的方向前进，而克鲁克对此一无所知。当克鲁克将军发现自己的部队有可能受到侧翼攻击的时候，出于自保，他派遣了一个军团驻扎在莫城北部。德军把这次失利归结为被一支临时部队打了个措手不及，而此前德方并没有意识到这支军队的存在。《死亡邮报》在 1915 年 9 月 12 日那期上这样说道：

克鲁克将军的计划从战术角度来看天衣无缝，如果不是因为来自巴黎和莫城北部的两支法军的阻挠，本来是可以成功的。这两支优质部队的突然出现实在让克鲁克将军难以预料。

9 月 3 日，巴黎省长加利埃尼将军得知克鲁克军队的先头部队已经到了南图，正在向马恩河进发。加利埃尼将军清楚地认识到这是个千载难逢的机会，他下令莫努里将军于 9 月 5 日进攻疏于防守的德军侧翼，再从南特伊莱奥杜安进攻敌军后方。莫努里将军的部队跟克鲁克将军不断调遣的部队在乌尔克和南图交战了 4 天，而克鲁克将军很快意识到了自己的错误。这里就是这场战役的关键。克鲁克将军威胁包围莫努里将军的军队，莫努里军队只好败下阵来，退守到南图北部。9 月 9 日至 10 日间，克鲁克的军队撤退了——至于是什么原因，至今无人知晓。

从军事角度出发，克鲁克将军的调兵遣将无可厚非，当然他被指责没能在接近莫城时保护好右翼。当他发现莫努里将军的军队在乌尔克驻扎下来，并企图攻击德军侧翼时，克鲁克将军意识到自己被包围了，随即派遣了两个军团为侧翼解围，以此摆脱了暴露军队后的灾难。但是经此一役，德军整体失去了组织性，不得不全面撤退，克鲁克将军的侧翼前脚刚走，福熙将军接踵而至，将中心部队送入了巴黎玛莱的沼泽里。

看起来德军并不是同时撤退的。莫城和塞扎讷附近的德军 10 日开始撤离，靠近塞扎讷中心的德军 13 日开始撤离，而东面皇储的部队 15 日才开始撤离。

德军的撤退太过迅速，以至于过了 63 小时法国人才意识到自己打胜仗了。如果法军乘胜追击，不给德军喘息的机会，说不定能一口气把敌人赶出法国边境。如果追不了那么远，至少也能将他们赶到兰斯东面。这样一来这个古老的城市就不会遭到轰炸，兰斯大教堂也不会遭到破坏。

我不会详细描述马恩河战役的情况，因为我对此一无所知，而且到目前为止可能也没有人了解确切的情况。只有未来才有可能解释法国的这场胜利；现在我们只能断言，这不仅是我们英勇无畏的士兵取得的一场集体胜利，还掺杂了各种运气。

现在，我们可以十分确信地断言，马恩河战役放在任何一个时代都是一场伟大的战役。它在一个巨大的半圆形内展开，全长150英里，从莫努里将军驻扎在莫城向北15英里的南图维豪杜因，到凡尔登以南。这个半圆形包括莫城、科罗米尔斯、塞扎讷、费尔尚普努瓦斯和弗朗索瓦。

作家马勒塞尔写道：

我们得到了一切想得到的东西，我们可以为这些英雄事迹写上好几本书，有个人的，有集体的，它们都象征着马恩河战役的胜利。把这些事迹集中到一起，会不会觉得在这次命运的转变中，有些东西比军事战术来得重要？一支战无不胜的庞大军队，一路上都陶醉在胜利的喜悦中，却被一群饱受失败、撤退和饥饿三重折磨的士兵打垮。即使士兵们已经精疲力竭，他们的心脏还在坚强地跳动。这就是奇迹，一个国家力量的奇迹，一个种族勇气的奇迹，一个法国军事传统的奇迹。

参加这次马恩河战役的法国士兵多达100万人，德军人数比这还要多。战役持续了10天，从9月5日打到9月15日。德军损失了15万士兵，法军伤亡人数也不会比之小很多。

马恩战役使巴黎免遭灭顶之灾，是法国编年史上最重大的事件，它也再次证明了人类可以无止镜地刷新战争伤亡人数的上限。

第四章
和平问题

1 和平道路上的重重困难

最初大部分人尚未意识到实现和平所面临的重重困难。为了让事实变得更明晰，只需认真思考一下对盟国最有利的假设。让我们假设接受人类虔诚祷告的诸位上天神明赐予我们超凡的能力，能以每个月 100 公里而不是 100 码的速度前进，让我们再祈祷目前驻扎在柏林和巴黎之间的 200 万或 300 万德军凭空消失，假设我们已经抵达德国首都并对其实施管控。所有的困难会就此消失吗？绝没有这么简单！

在以上假设情况下应该如何开展后续事宜，即便睿智如马基雅弗利者也未必能预见到。

不管我们怎样假设，把德国划分成数个省区，还是实施强制性的裁军，毁灭性赔偿，或是其他计划，我们都会最终得出结论：想要防止 7000 万人做出任何报复性行为，我们必须无限期地维持强有力的军事管控，但即便如此也很难阻止他们。耶拿战役之后，拿破仑完全控制了普鲁士，当时他面临的难题跟今天一样，他没能解决这个难题。他自信已经打垮了普鲁士，但若干年之后，普鲁士的将军以征服者的姿态开进了巴黎。

如果不能以出奇制胜的方式解决这个问题，我们也许可以确信，这只是一个长期对抗的开始。这样的长期对抗还会有许多，就像历史上经常发生的那样，旷日持久，期间穿插一些零星的和平时期。30 年战争和百年战争便是例证，也许只有在未来才会出现比那些时期更残暴血腥的战争。

除非这些人的指导思想发生变化，否则欧洲国家显然只能享受一些转瞬即逝的和平时光，而且，哪怕想要令这样的和平时光维持短短 10 年或 15 年，我们都必须在这些好战分子战败后削弱他们的战斗力，确保他们无法太快发起这样的对抗。

因此，眼下这场战争很可能只有在某个参战国被完全摧毁后才能真正结束。这并不是实现和平的新办法，历史上有诸多类似的例子，尤其是在美国内战。正如 W. 艾略特先生写道的：

> 美国人永远忘不了内战的那 5 年，交战双方都意志坚决，直到南方的人力和物资都耗尽，战争才结束。南方州的首府在那场浩劫中被夷为平地。

对盟国来说，谋求不稳固的和平比继续打仗后果更不堪设想，任何情况下都是如此。任何对此持有怀疑态度的人只需回想一下德国驻美国大使伯恩斯托夫伯爵（Count Bernstorff）所设想的情况：

> 他的出发点是必须把法国削弱到葡萄牙那样的水平，即便必须杀掉

500 万法国人也在所不惜。更具体地说，他会分解法国，把 1500 万居住在圣瓦勒里到里昂一线以东的居民全部归入比利时的省区内，而比利时毫无疑问将成为德国领土。德国会要求我们支付 4 亿英镑的赔偿金，取缔我们的国界，裁减我们的军备，强迫法国抛弃英国和俄国转而与曾统治她 25 年之久的征服者为伍。最终，威廉二世将买下俄国，毁灭英国。

1915 年 5 月 20 日递交给帝国总理的一份秘密备忘录中对德国所迫切追求的和平条件做了坦率的描述，那份备忘录上有德意志帝国制造业和农业协会代表的签字：

比利时必须在经济上从属于德国。从比利时边境到法国索默河沿岸的地区，都必须成为德意志帝国的一部分。德国人将掌控法国东部边境的所有要塞，尤其是凡尔登和贝尔福。法国北部及加来海峡等产煤地区必须成为德国领土。在这些地区拥有地产的人应该被驱逐，其土地归德国人所有。应把波兰和波罗的海各省从俄罗斯手中夺过来。

与这份由行业领头人们签署的备忘录相呼应的，是另一份由多名教授签署的声明书。那份声明书更进一步提出了夺取法国殖民地的要求。德国的和平条件建立在毁灭和剥削被征服地区的基础之上，我们还可以从德国总理和财政部长在帝国国会上发表的最后几次演讲中看出这一点。英国外交大臣爱德华·格雷对这些演讲如此评价：

德国凌驾于所有其他国家之上，其他国家只能享受德国允许范围内的自由。这便是我们从德国总理的演讲中得出的结论。财政部长还补充，那些德国想要标记为战争教唆者的国家必须在数十年内担负起数百万的沉重赔款。换句话说，德国的想法是，在接下来数十年里，所有曾经反抗过德国的国家都必须辛苦挣钱，以战争赔款的形式向德国上贡。

针对1915年8月19日帝国总理在国会上发表的讲话，《福斯报》（*The Vossische Zeitung*）曾这样评价：

作为最伟大的国家，我们有责任从此担当起人类先锋的角色。服从比我们低下的人，是一种有悖此使命的罪行。

1915年9月4日的《日内瓦日报》刊登了某位德国知名人士对阿尔萨斯战后命运的看法，其看法非常典型：

战争结束后，整个阿尔萨斯都会匍匐在我们脚下。

所有渴望和平的人士都应该注意以上提到的这些事实。而法兰西共和国总统在1915年7月14日德利斯勒的纪念仪式上所说的话更是字字珠玑，一针见血地道破当前形势：

如果像施舍般时断时续的和平降临于我们已经被战火摧残成片片废墟的城市，明天将会怎样？我们已经力衰势竭，却将即刻面临一个内容严酷的新条约。我们将永远在政治、道义、经济上臣服于我们的敌人。法国的制造业者、农民、工人的命运都会被扬扬得意的敌人捏在手中，受辱的法兰西将从此意气消沉、自轻自蔑。

……我们的敌人不应有任何误会！法兰西已经奋起，并不是为了签署一份岌岌可危的和平协议，这样的和平只可能是提心吊胆、偷安一时的和平，介于一场始于无谓的战争和另一场更严重的战争之间；法兰西的奋起，也不是为了让自己今后再次遭到攻击、经历存亡危机。

2 未来冲突的隐忧

不管参战国最后达成怎样的和平，最大的困难将是制约那些可能引发未来争端的情况，这需要超人的睿智。

和平将会带来一系列改变，民族原则将会取代过去的均衡制。理论上这种变化很完美，因为它允许所有国家选择自己愿意遵循的制度。但此处存在一个严重的问题，即对于那些相互交融的民族来说，这种制度很难落实，例如巴尔干半岛地区，当地的希腊人、塞尔维亚人、保加利亚人、罗马尼亚人、匈牙利人以及其他一些民族对该地区内地点、名称一样的省区都宣称主权。这方面的困难似乎难以逾越。意大利城市特里斯特就是一个例子。该城周围的斯拉夫居民从查理曼大帝时代就居住在此，他们是永远不会接受拉丁人的统治的。

除了欧洲本地的问题，亚洲地区也会出现问题，其中最主要的是日本对中国的侵占。在欧洲各国大战的过程中，太平洋地区的日本人悄无声息地完成了侵占，这背后的历史故事值得心理学家进行一番深刻的研究。

我的各位读者应该还记得，当初法国外交官们还幻想过日本天皇能派兵到欧洲来支援他们，他们对亚洲地区的形势无知到了令人吃惊的地步！他们荒唐的提议得到了媒体的热烈鼓吹，尽管稍有智商的人都不难看出日本只会根据自身的利益出兵，而绝没有任何派兵来帮助我们的想法。（法国报刊当时都一致支持这些大使的想法，其中有一位前外长是最积极的提倡者。我猜想大概当时只有我尝试指出这种想法有多愚蠢。几乎每家报纸都拒绝刊登我对这件事的看法，只刊登克莱蒙梭的观点。但即便得以刊登，审查人员还是删掉了我原文中的一些关键内容。）也许正如预料的那样，日本利用了欧洲的这一战争冲突——因为各欧洲大国无暇他顾，无法充当中国的保护国，也无法在中国贯彻迅速扫清外国人的政策。

3 外国学者如何看待战争的结束与和平协议签署后欧洲的状况

今天我们已经可以预见欧洲一片黑暗的未来，但所有的预测都仅仅是假设，每个人也许都更愿意相信自己最满意的假设，也许不同民族的人对此问题的不同看法也十分值得研究。在诸多已经公布、内容大相径庭的预言中，我选出了一些知名人士的预言。

柏林大学的教授爱德华·迈尔称：

有一件事是确定的，想要世界恢复战前的状态是完全不可能的。战后的世界将截然不同于战前的世界，尽管很多国家的边界只有少许改变，甚至没有改变。很多新问题会浮出水面，等待我们去解决；而很多似乎已经解决的问题将再次引起我们的注意，并往往成为核心问题。

这场世界大战最直接、最灾难性的后果之一，也是英国造成的“多么顽固的臆想”！将是日本力量的可怕增长，从而无可避免地导致一场争夺太平洋控制权的大规模对抗。正如以往那样，英国的盲目已经使得所有敌人中最危险的那个武力大增。

迈尔认为德国有希望打垮英国，但他同时也补充道：

即便我们能征服所有的对手，我们将不得不满足于一些小成果，这是很有可能的。只要有机会，英国便会再次抗争。不论是领导同样的盟军还是有新成员国加入的盟军，英国都会做更充分的准备。这将导致一系列持久、激烈、血腥的战争，直到得出一个最终的结果。这就是为什么我认为英国应对这场世界大战负责！是现代历史的一个转折点，这其中有很多迹象显示现代文明将从此开始一段缓慢却无法扭转的下滑阶段，就像古迦太基战争之后那段历史一样。

匈牙利前总理安德拉希伯爵（Count Andrassy）曾写过一篇出色的文章——《世界战争和自由》，在文中他对日本和英国都显得毫无畏惧，对俄罗斯却极为恐惧：

如果俄罗斯帝国一下吸收这么大比例的人口，俄罗斯将成为自由生活、知识生活最可怕的敌人，因为没有其他大国可能像沙皇政府那样阻碍知识自由，即便情况会朝着我们预料的那样发展，也没有国家会必然被迫采取那样的高压控制。

……俄罗斯的政体无法容忍自由，这不仅是由于其自大心理和维持统治的便利，也是由于俄罗斯文化和种族的异质性使其只能通过高强度的中央集权才能保持国家的完整。一个自由的俄罗斯将难以维持统一，因此被纳入这个国家的被压迫种族越多，国家统治就越发具有帝国主义特性，压迫便是一种迫切、基本的必要手段。

……庞培被打败，接着恺撒死了，布鲁图斯和卡西乌斯的军团被奥古斯都和安东尼摧毁，从那时起罗马共和国的命运已经盖棺定论。奥克塔维厄斯和安东尼两个征服者之间的激烈对抗不可避免，但那只能决定谁来当世界的主人，而非自由是否得以存留。

“而即便欧洲中央的各个帝国被打败，同样的问题依然存在，即是由英国议会还是白色沙皇获取统治世界的主权。”

届时我们所渴望的和平将更加遥远，我们所希望的自由也将不复存在。

日耳曼联邦各主权国在过去近半个世纪一直对强大的普鲁士帝国俯首称臣，即便后者战败，也很难想象他们会与其决裂。德国跟随普鲁士而军力大增，即便以后被迫分开，再度统一的想法必然挥之不去。前比利时驻德国大臣比恩斯（Baron Beyens）曾公允地评价：

德国其他地区跟普鲁士地区一样欢迎这场战争。慕尼黑的反响比柏林更热烈，德累斯顿的暴徒们打碎英国公使馆窗户时的那股狂暴劲头丝毫不逊于普鲁士首都市民。这样的心态首先证明，不论是以往谦和安静的南部居民还是执迷于自身强大武力的北部居民，他们公开表露出来的这些态度已经十分扭曲，深受泛德意志主义的荼毒。它同时表明，所有的德国人现在都视日耳曼统一为民族自身存在不可或缺的条件。

理智尚未被全国性的狂热完全吞没的一些德国人清晰地意识到缔造和平的重重困难，从以下摘自奥斯特瑞尔斯教授（Professor Osterrieth）某篇文章的片段即可看出：

假设德国获胜，征服了英国并使其称臣；或者假设盟国成功分裂德国联邦并将德意志南部各国变为阶下囚，不论是两者中的哪种情况，这样的政治结局能否持久呢？

德国永远无法确保欧洲不会受到亚洲的侵略，同时也无力承担从英国接手的海上霸权的沉重负担；而如果盟国获胜，他们则更离不开德国，因为德国是面向亚洲的壁垒。只有在三大强国统一战线的情况下才能保存欧洲文明。这三大强国即是德国、法国和英国。三足鼎立，任何一国的失衡将威胁到另外两国的存亡。三国团结一致，便是欧洲的主心骨，其他欧洲国家在政治意义和民族意义上都依仗这三国。

从她自身的独特位置来看，俄罗斯自成一个世界，其正统植根于拜占庭。俄罗斯曾经试图同化我们的文化，但她的力量之源始终在亚洲，随着知识和社会发展，她将成为一个与众不同的新国家，且不像我们这样因传统而聚合在一起。欧洲必须尽力抵御贪婪的俄罗斯，因为她在本质上是个亚洲国家。

以下是一些意大利人士的看法，其中包括西格诺尔·帕累托（Signor Pareto）。他们也看到了困难所在，但同样想不出解决办法：

关于现在这场战争将如何结束有两种假设。我们可以假设最后实现和平，且各个参战国在力量上彼此平等，或接近平等，很明显那只是休战状态。我们也可以假设，最终某个参战国获得彻底的完胜。如果三协约国获胜，我并不认为在摧毁德国军力之后能阻止其再次重建壮大，正如耶拿战争后拿破仑也未能阻止普鲁士的再次强大。相反，战败的悲哀和羞辱感会蔓延，就像普鲁士经历过的那样，斗志会复活并激起德国人的爱国激情。如果中欧帝国获胜，我认为他们也无法在摧毁庞大的大英帝国之后阻止这个凭一腔炙热的复仇精神而团结在一起的国家以牙还牙，英国届时甚至有可能会获得来自美国这一强国的支持。同时我也不理解为何影响力甚远的俄罗斯会觉得受到威胁并丧失了对光明未来的希望。

另一个意大利人，里尼亚诺教授 (Professor Rignano) 则表示：

盟国不应该自欺欺人地认为他们能够摧毁德国，因为即便他们能取得决定性胜利，对敌人发号施令，他们也必须考虑到，在数年之后像德国这样的国家将会走出战败阴影。盟国只需回想一下法国在 1870 年和 1871 年战败后迅速恢复元气的那段历史便能明白这一点。

以上这些说法表明，尽管人们眼中的未来充满了抗争和不确定性，他们却都认为德国不会改变。关于这一点，我们也许应该留意，从政治角度来看，德国政体的发展比类似美国和英国这样的民主国家落后了不止一百年，因此德国现在的政体能否持续下去也值得怀疑。如果德国的专制政体转变为民主体制，那么德国不太可能再次发起侵略性战争。

我们现在来看看还有可能出现哪些设想，这些设想尚未有人明确地说出来。

4 根据经验来谈一谈战争的微小的积极作用

有些人认为，战争终究存在一定的积极意义。冲突是一个自然法则，抗争无处不在——即便是我们身体里的细胞之间也存在斗争，其代谢缓慢则代表着疾病，终止则是死亡。在这些人看来，历史似乎主要是一部战争史，和平则仅仅是偶尔发生的休战状态，因为所有的文明都是始建于征战，消亡于和平，而战争本身所造就的品质是和平无法造就的，这些品质使得参战民族的精神得以发扬光大。

无法否认这些看法也有一定的道理，但以往战争的毁灭性和血腥程度远远不及今天的战争。过去只是军队交战，而非全民参战。而今天，我必须重申，在当今情况下，只有参战国被完全摧毁，战争才会结束。只有当参战国的财富灰飞烟灭、货币贬值、国力衰竭，彼此之间的敌对才会停歇。

未来的人们是否能意识到，如果不能完全避免战争，至少应该尽量减少这种毁灭性的冲突？我们也许可以期待各国将会发现什么才是最符合自身利益的做法，但我们不应对他们的智慧持有过高的期望。

但首先我们应该撇开和平主义者那些“正义必然获胜、和平由此降临”之类的无知意愿，因为和平并不是正义的产物，而是比暴力更深远的经济、社会发展的必然结果，是主导人类的各种思想的一种深层转变。

一个民族的思想的细微变化便足以修正整个民族的心态，乃至行为。当德国的工业和经济都被摧毁时，日耳曼的战士们也许会产生以下这些想法：

①也许德国人并不是被上帝派来摧毁这个世界，继而统治这个世界的。

②屠杀自己憎恶的邻居并将他们的杰作和城池付之一炬的确令人心旷神怡，但这种美事对人力、财力都是极大的消耗。

③在当今世界的发展阶段，经济战争也许会让征战国赚上一笔，但军事战争只会让征战国在很长一段时间内元气大伤。

④比起摧毁敌人，跟敌人做生意更有利可图。

⑤当今这个时代，各国在金融、工业上彼此依赖，这种关系是所有暴力行为都无法抹杀的。国家之间也许彼此憎恨，但各国的气候地形、能力水平不同，必须互通有无才能各自长存。

我想，以上这些道理都是显而易见的，但这仅仅在理论上成立，因为催生我们行为的潜意识领域还没有认识到这些道理，而在这些道理成为我们行为的动机之前，数百万生命将不复存在。历史证明，在某个理性真理战胜某个感性或神秘的本源幻想之前，必然经历一个漫长的屠杀和毁灭性过程。从十字军东征到宗教战争，世界曾多次被卷入捍卫某种思想的战火之中，而那些思想如今已经既无说服力也无影响力。幻想是无敌的，只有时间能消灭它，这也是为什么各种幻想能长时间存在的原因。

结 语

在本书中我已经展现了欧洲战争的起源，也指出了其中所蕴含的心理层面的教训，但要深入探讨其政治、心理和社会影响，则需另起一册。

本书每章所得出的整体结论都非常具体，无法以一个总结进行简要概说，因此我尽量简约地谈一谈我自己对这些结论的看法。

此前，欧洲一直遭受巨大的震荡，那些欣然相信一切已经结束的人一批接一批地死去；然而，一个新世界从满目废墟中诞生。

从历史上看，当国家发展到一定阶段，似乎只有在这样重大的危机之时才能继续前进，也许只有这些危机才能将这些国家从已经根深蒂固的旧模式中脱离出来，从业已深入骨髓的习惯和偏见中摆脱出来。

现在德国正以牺牲自己的财富和未来繁荣为代价来追求其他国家屈从她的专横自大，我们诅咒她也完全合情合理；但如果没有发生战争，那么德国必然在世界仍保持漠然的态度时逐步将其可怕的霸权之梦变为现实，当其他各国终于意识到日耳曼暴君带来的沉重压力并试图摆脱时，为时已晚，工业、科学、商业以及其他各方面的国家财富资源都将落入德国人之手。

和平能带给德国人的是那股巨大的狂热浪潮所无法给予的；但他们被梦想遮住了双眼，看不清真相，因为他们自认可以再建一个罗马帝国。但那是永远不可能的，即便德国军队能横扫所有的战场，能将所有城池夷为平地，那都是不可能的，因为世界太渴望自由，进行反抗的方式太多太多，任何恺撒大帝都无望将世界纳入其统治之下。

现代社会的心态已经不可能允许任何主宰世界的统治，尽管这样的想法曾令无数征服者为之倾倒。自我们今天的时代，大部分国家宁愿消亡也不愿屈从凭武力施加的苟活。这些国家对自己的能力有清晰的认识，不会让任何独裁者的奴役、他人的欲望得逞，尽管被侵略的国家无疑会遭到破坏，他们却不需担心沦为奴役。

伟大的欧洲各国的命运如何，我们无从得知。未来是一本人类智慧无法参透的书。尽管无人知晓未来，我们至少可以回顾过往。现在源自过去，过去包含着现在所发生的一切的因由，以及未来一切的因由。今之颓丧错漏、几近毁灭，皆源起过往；今乃过往之后果，过往乃今之由来。

孟德斯鸠（Montesquieu）认为，罗马人之所以伟大，原因之一在于他们总是能认识到敌人的优点，并随之改善自己的方法。我们应牢记这一点，认真地学习德国人的军事和工业体系。当然，我们不能全盘照搬，因为他们的心态与我们不同，但可以通过不同的过程，寻求相似的结果。

当今的德国绝不是其历史学家曾设想过的杰出民族。德国人是耶拿战争中被拿破仑轻松征服者的后裔。除了异常严格的纪律和适应现代需求的严密组织，德国人并没有真正的过人之处。

德国的神秘主义倾向并不妨碍其追求实际目标。不像法国大革命时的军队，德国军队并不是为了让某种能令被征服者追随的信仰获胜，而是为了赢得至高无上的地位从而获得商业利润。我们在这方面难以超越德国，但我们其他已经经受时间洗礼的卓越品质仍然会屹立不倒。

德国人计划的战争已经根据实际情况发生变化，但整个战事，德国人始终意图谋求领土——首先是比利时和法国富裕的工业区，然后是波兰、立陶宛及俄罗斯的库兰地区，最后是君斯坦丁堡，如果有可能则更进一步吞并苏伊士运河和埃及。

但即便德国人能完成吞并计划的最后一步，也无法以此为战争的终结。他们在法国构建起一个防御工事以阻碍反击，那么在吞并其他区域之后，他们同样需要保护自己的战利品，而不是从此清闲无事。事实上，只要英国人卡住海上贸易的通道，德国人便无法长存，他们所有的胜利都会立刻变得毫无意义；而英国人可以一直封锁德国人的海上贸易直到这一封锁不再必要为止，因为英国海军的战斗力无人能敌。

战争结束时，法国将有可能在人力和财力上所剩无几，但也避免了她在正常衰落过程中可能出现的幻想和错误。

当我们最后总结这一切时会发现，政治和宗教分歧大大弱化了我们的社会结构，这是令人悲哀的。我们必须牢记，那些无法解决内部纷争的国家早已成为历史而不复存在，内忧重重的国家难以抵御外患。

将弱化的社会纽带重新系在一起是个艰巨的任务，而我们个人生活和社会生活的很多方面都将经历重大的改变。

其中最艰巨的工作之一便是让我们不再受恶意言语的欺骗：因为我们那些雄辩家只需大谈一些大众喜闻乐见的关于进步、和平主义、社会主义和世界大同的公式化语言便会成功地掩盖事实，而那些沉重的事实已经几乎让我们遭受灭顶之灾。

我们必须培养起责任感，我们已经或多或少地缺乏这种意识；我们应发扬团结精神，这方面我们更是缺失得厉害。这场战争给予了我们这些优秀的品质，在和平年代我们应该努力把这些品质发扬光大。

除此之外，我们应时刻高度关注社会法律和教育系统。

关于法国社会立法所带来的灾难性影响，读者可以参阅我的《政治心理学》一书，以了解社会立法将把我们引入怎样的深渊。

教育是所有改革的根本，在此我不做详谈。我只从我的《教育心理学》一书中选出一小段关于教师改革的内容：

世界通过科技和工业发展而向前迈进的过程中，那些构成性格的品质起到了决定性的作用。主动性、毅力、精确、敏锐、活力、意志、自律以及责任感，没有这些品质，即便再高的智能也只会一事无成，而如果这些品质不能一以贯之地继承下去，教育本身也无法创造这些品质。

我们的大学并不向学生灌输这些品质，而且更糟糕的是，压抑的学术体系会令那些已经具备这些品质的学生丧失这些品质。我们的教育方法需要来一次彻底的改变，因为我们的未来取决于教育问题是否能得到解决。这是我多年以来的看法，最近科学院的杰出人士 M.H. 勒・切特利尔（M.H.Le Chatelier），也表达了同样的看法。他认为，当下一代人无法完成必要的变革，对此我持同样的看法。而我们何时才能有贯彻改革的坚定意志，并找到一批能力出众的教授来担当此任呢？

不论欧洲能从挫败德国霸权大梦的胜利中获取怎样的成功，这种成功不会延续太久，因为独霸天下的理想是素来难以磨灭的神秘信仰之一。一个受命于天来征服并革新世界的国家是不会轻易放弃使命的，而德国在被反复击败之前是不会死心的。

文明国度现在要担心的远远不只是财富和国家精英的丧失，真正的威胁是丧失某些逐步修养而成的品格，那些人类文明因之灿烂、动人的品格，而今具备这些品格的人却面临怀璧之罪，这些品格似乎注定将会消亡。

忠诚、正直、亲切、信守承诺约定，或者换句话说，荣誉的各种形式，拥有这些品质的国家在鄙弃这些品质的国家面前显得软弱，也许这些优良品质难以继续存留下去，但等到它们全然泯灭的那一天，也就是黑暗暴力横扫一切、统治世界的时候，人类将沦入最野蛮蒙昧的倒退，文明的中心必然转移。

某位知名日耳曼学者声称，达尔文关于物种间无情斗争、适者生存的进化论必须取代人们越来越熟知的友爱、平等和自由等精神：即德国历史学家所称的生物正义。

尽管自然主义者尚未接受这一血腥的法则，这一法则也许适用于动物世界；但科学的意义正在于保护脆弱的人类，让我们不再受制于残酷的大自然。

难道我们要抹杀文明，让这些夺去国家年轻一代生命、摧毁一座又一座城市、损毁过去最珍贵文物的可怕的大屠杀永无止境地重复下去？难道残暴的武力注定像世界伊始之时那样成为各国的唯一统治者？难道人类必须屈从于奴役弱者的无情暴虐？没人知道答案。

如果人类赖以多次战胜自然的理性止于这场大战，也许我们会对这种理性感到失望。而倘若所有美好的存在都将被野蛮的斗争所取代，仅以肃杀的沉重的军营生活为例外，人类的未来将无疑是暗无天日的。

那是不可能的，因为我们不会有那样的未来。自然法则无疑很强大，但志在支配自然的科学也非常强大。在任何情况下，我们都不应自以为是地谈论自然法则，因为我们对它们知之甚少。我们时时求助于自然，而自然却是如此神秘。自然不以我们的意志为转移，不以我们的尺度为标准。我们的知识是短暂而浅显的；而自然只奉行永恒的规律。我们最深重的灾难对大自然而言不过如同无垠海面上难以察觉的微澜。大自然令生从死中来，在她的无穷尽的伟力之下，造就无数转瞬即逝的世间万象。

也许学者们不会受这些控制民众的幻想愚弄，并发现这些表象后面的真相，但他们之中还没有人看透这一切，悟出大自然的万物因果。

让我们心存过去光明岁月里培养起来的希望，因为今天的世界正在经历急速的变化，未来难以预测，今天的真理可能转眼成为明日黄花。

我们可以用通达的哲学观来看待一切，但我们不应忘记当前的危险。就在我写这篇文章的同时，法国最繁荣的省份正遭受无休止的践踏，俄罗斯的军队被击退，波兰已经失陷，而其主要城市和要塞已经被付之一炬或者落入德军控制。

如果我们意志坚定地追求胜利，那么这些灾难都是暂时的，因为占据一个国家的领土远远不够，要主宰一个民族，则必须毁灭其灵魂。

当汉尼拔在坎尼摧毁最后一支罗马军队时，他认为自己已经永远征服了曾经令自己国家恐惧的对手；但是他没能打垮罗马人的意志，最终从世界舞台上消失的是迦太基。

德军所侵略的国家中，没有一个已经被德国人击垮意志。这些国家都宁死不屈。

有这样的精神便足够了，因为今天没有任何暴君能有如此伟力可以控制不服从他的国民。拿破仑在西班牙认识到了这一点。他夺取了西班牙的城池，消灭了西班牙的军队，但他即便是历史上最伟大的战士，也没能令西班牙人屈服。

决定未来的关键，是我们顽强的意志力，征服或者死亡，但永远不会妥协！这是所有德国人将要奴役的国家公民的简短宣言。不论是自然，还是人，抑或是命运本身，都不能与强大、坚毅的意志相抗衡。这个观点我曾多次复述，今天再次重申。